学校高质量教育体系创建范式

李文旭　余　逸　黄美英　赖海虹　吴回生　著

江西高校出版社
JIANGXI UNIVERSITIES AND COLLEGES PRESS

图书在版编目（ＣＩＰ）数据

学校高质量教育体系创建范式／李文旭等著.
南昌：江西高校出版社，2024.9. —— ISBN 978 - 7 -
5762 - 4874 - 6

Ⅰ．G47

中国国家版本馆 CIP 数据核字第 2024UV8377 号

出 版 发 行	江西高校出版社	
社 址	江西省南昌市洪都北大道 96 号	
总 编 室 电 话	(0791)88504319	
销 售 电 话	(0791)88522516	
网 址	www.juacp.com	
印 刷	南昌市光华印刷有限责任公司	
经 销	全国新华书店	
开 本	700 mm×1000 mm 1/16	
印 张	14.25	
字 数	226 千字	
版 次	2024 年 9 月第 1 版	
	2024 年 9 月第 1 次印刷	
书 号	ISBN 978 - 7 - 5762 - 4874 - 6	
定 价	68.00 元	

赣版权登字 -07 -2024 -369

百年大计,教育为本。教育兴则国家兴,教育强则国家强。当今世界,国际竞争日趋激烈,一个国家的发展能否抢占先机、赢得主动,越来越取决于国民素质,特别是广大劳动者的素质,而教育是提高人民综合素质,促进人的全面发展的重要途径。实现中华民族伟大复兴,是近代以来中国人民最伟大的梦想。坚持把服务中华民族伟大复兴作为教育的重要使命,就要坚定不移做到为党育人、为国育才,努力培养社会主义建设者和接班人。

中共中央、国务院印发《质量强国建设纲要》,进一步明确高质量发展是全面建设社会主义现代化国家的首要任务。贯彻落实高质量发展国家战略,必须坚持在习近平新时代中国特色社会主义思想科学指引下,实现社会经济发展从速度规模型向质量效益型转变。贯彻落实高质量发展国家战略,就是要加快构建新发展格局,坚定实施创新驱动发展战略,构建高水平社会主义市场经济体制,全面推进乡村振兴,推进区域协调发展,推进高水平对外开放。

推动高质量发展是适应我国社会主要矛盾变化和全面建成小康社会、全面建设社会主义现代化国家的必然要求。

教育领域贯彻落实高质量发展战略,就是坚持把建设高质量教育体系作为根本任务,坚持把服务中华民族伟大复兴作为教育的重要使命,坚持以人民为中心发展教育,办好人民满意的教育。全面贯彻党的教育方针,坚持优先发展教育事业,坚持立德树人,增强学生文明素养、社会责任意识、实践本领,培养德智体美劳全面发展的社会主义建设者和接班人。

面对新时代的新形势和新任务,各级各类学校贯彻落实高质量发展战略,必须高度认识为党育人、为国育才的使命和担当,必须明确办学方向,不断深化教育改革,坚持不懈做好立德树人的工作。新时代的教育工作者必须把建设高质量教育体系扛在肩上,砥砺前行,深化教育改革创新。校长要以高超的教育智慧治校、治教,着眼于老师"教好"、学生"学好"、学校"管好",激发教育事业发展生机与活力,不断提高教育质量,把学校建设成为高质量教育体系的现代化学校。

一、学校高质量教育体系创建的现实和未来

《中华人民共和国国民经济和社会发展第十四个五年规划和2035年远景目标纲要》进一步明确了建设高质量教育体系的改革发展任务。规划强调,落实立德树人根本任务,"十四五"期间要注重做到"六个聚焦"。一是聚焦"五育并举"。着力构建全面培养、融合培养的体系,促进学生德智体美劳全面发展,落实立德树人根本任务。二是聚焦转变育人方式。近年来,党中央、国务院对深化

教育改革,全面贯彻党的教育方针做出了一系列工作部署。党中央、国务院和教育部颁发了一系列重要文件,顶层设计全面系统。现在,关键是要把顶层设计加以落实,落实到教育教学领域,落实到育人的各个环节。重点是深化教学改革,转变育人方式。三是聚焦创新素养和创新人才培养。"十四五"期间,基础教育培养的学生是中国 2035 年到 2050 年期间各条战线的建设者和接班人,是担当国家走向强起来重任的一代新人。因此,基础教育要聚焦青少年创新素养的培养,培育创新人才。四是聚焦教育评价体制改革。中共中央、国务院印发了《深化新时代教育评价改革总体方案》。当前,教育各个领域都在落实方案精神,全面推动教育评价改革。评价改革要在教育领域的各个方面,包括教学评价、学校评价、学生评价等方面同步开展,营造良好的育人环境。五是聚焦高素质教师队伍建设。构建高质量教育体系的关键支撑是建设高素质的教师队伍,高素质的教育体系必须以高素质的教师队伍建设为基础。六是聚焦教育生态优化。良好的教育生态既是构建高质量教育体系的必要条件,也是高质量教育体系的重要组成部分。学校、家庭、社会都要更新教育理念,凝聚发展素质教育的人才观和教育质量观,克服当前社会普遍存在的教育焦虑,为教育改革营造宽松环境,让学生在学习中有幸福感,让家长在育儿中有幸福感,让学校、教师在育人中有幸福感。

学校是教育的细胞,是高质量教育体系建设的基石,高质量教育体系建设呼唤"学校行动"。建设高质量教育体系的现代化学校,应当坚持办好人民满意的教育,坚持立德树人,坚持培养德智体美劳全面发展的社会主义建设者和接班人。这就要求教育管理人员、校长和教师，贯彻落实教育方针，凝心聚力开展教育教学改革，奋力创建优质化、特色化、精品化学校。

优质化学校是提供高质量教育服务的学校，这样的学校，回归育人初心，坚持育人为本。高质量教育的优质学校，应当坚持党和国家教育方针，遵循教育规律，营造最适合师生教育情境和发展需要的环境，实现学生全面而有个性发展。与此同时，教育改革与发展要求学校办出特色，努力打造具有个性化教育的学校。早在1993年，中共中央、国务院印发的《中国教育改革和发展纲要》就指出："中小学要由'应试教育'转向全面提高国民素质的轨道，面向全体学生，全面提高学生的思想道德、文化科学、劳动技能和身体心理素质，促进学生生动活泼地发展，办出各自的特色。"另外，《国家中长期教育改革和发展规划纲要（2010—2020 年）》中也明确指出，要"树立以提高质量为核心的教育发展观，注重教育内涵发展，鼓励学校办出特色、办出水平，出名师，育英才"。培养全面发展的社会主义建设者和接班人，全方位创建特色学校，彻底改变"千校一貌""千人一面"的办学局面，培养具有鲜明个性和创新精神的新型人才，是当前中国教育面临的重大课题。

创办特色学校，是一项庞大而艰巨的系统工程，除了校长要有特色办学的思想，教师要有特色办学的素质外，学校还要在规范化管理中建立一整套特色办学的保障机制。首先，学校应形成一个为办特色学校服务的，组织严密、上下通畅、环境和谐、规范化管理的网络。其次，学校应形成一个受特色办学制约的调节系统，保证整个创建过程沿着"优势项目—学校特色—特色学校—品牌学校"的健康轨道发展。

高质量教育体系建设和实现教育现代化,需要众多的学校从规范化向优质化、特色化、精品化转变。打造优质化、特色化、精品化学校,是进一步深化学校内涵发展的需要,是在精细化管理、精致化教学引领下,创设优美校园环境,构建和谐校园,凸显学校个性,创设良好育人环境,培养一流师资队伍,追求优质教学质量,培养学生爱校爱国意识,促进学生全面发展。

二、学校高质量教育体系创建策略与路径

建设高质量教育体系的号角吹响,许多学校从优质化、特色化、精品化角度进行理论探索和创新实践。由此,教育理论工作者和教学一线教师总结了有关优质化、特色化、精品化学校创建的先进经验和远见卓识的观点。

有专家指出,建设高质量教育的优质学校,必须尊重教育规律,坚持全面发展规律,并以脑科学作为依据。他们认为人的大脑结构是分区的,不同的区域具有不同的功能,而人脑的智慧水平与大脑神经网络的联结有关,人的活动方式越丰富多样,刺激大脑神经联结的物质就越活跃。这说明,人的教育越全面,越有助于促进人的发展。中国科学院心理研究所2021年3月发布的《中国国民心理健康发展报告(2019~2020)》显示,2020年青少年抑郁检出率为24.6%,其中重度抑郁为7.4%;从小学到高中,随着年级增长,抑郁检出率呈现上升趋势。心理科学研究表明,严重睡眠不足影响情绪,情绪不良的积累会导致抑郁风险大幅度增加。所以,学校在培养人才工作中,应当高度重视身心和谐发展。坚持知行合一规律,落实立德树人根本任务,培养德智体美劳全面发展的社会

主义建设者和接班人,需要在育人体系上处理好知与行、认识与实践等关系,克服知行分离、远离社会、实践缺失等问题,切实做到"理论与实践相结合""课内与课外相结合""解决思想问题与解决实际问题相结合",坚持因材施教规律。当下的学校教育为什么同质化严重?因为整个教育都围绕着考试升学来运转。这是一种以"育分"为旨的教育,而"育人"与"育分"大相径庭。每个人都是独一无二的,教育只有回到人,尊重每个人的独特性,为每个学生提供可选择的教育,才能激发每个学生的潜能,激活每个学生的发展。

在实现学校特色化方面,一些学校对实践经验进行了深度总结,认为打造特色学校要重视以下三个方面:(1)先进的办学思想是关键。先进的学校需要先进的文化作为指导。要创建特色化的学校,同样需要先进的办学思想。先进的办学思想是指采取顺应时代发展的教学模式,提出符合时代潮流的教学思想。(2)科学、可持续发展的办学模式是路径。在学校的办学发展过程中,要建立科学的发展策略,顺应时代的发展潮流和现实的教育需求,积极贯彻相关的政策,逐渐形成系统的教学模式和办学经验,并将这种具有优势的教育方式积极推广到更多学校的发展建设中。要想进行特色化教学,就要形成可持续的办学模式。特色化的学校建设模式要经得起时间的考验和实际的教学检验。学校要立足于当前的时代潮流和方针政策,立足于学生的综合发展。特色化办学过程中所形成的办学特色要逐渐成为学校的传统,这对将来学校的发展会起到指导作用,对社会有较为深远的影响。(3)超高的教育水平是保障。教育水平是对一个学校教学能力以及管理水平的考验。在这样超高教育水平的要求下,教师的教学水平会明显高于其他学校,科研水平也较高,同时,学生的综合素质也会高于其他学校。

有的学者指出,打造精品化学校,需要从以下方面着手:(1)教育教学质量要到位。通过精细化管理与精致化教学来提高办学质量,提升办学品位,使每一项教育活动、每一节课堂教学、每一个科研成果、每一个校本课程、每一个特色项目都成为精品。要促进学生个性发展,促进教师专业成长,最大限度地调动师生积极性,同时对外要开阔办学视野,走国际化、现代化办学之路。(2)教师幸福指数要上位。要营建良好的学校生活,提升教师幸福指数,着力改善教师生活与工作条件,努力为教师专业成长搭建平台,合力共建和谐精神家园。(3)校园环境要进位。要按照校安工程要求,科学合理地规划校园布局,建设一个功能齐全、设施完备、环境优美的精品校园,从而使校园环境达到净化、绿化、美化、人文化。(4)开设精心而有魅力的德育活动。学生社团活动使学生素质与能力得到锻炼与提高。养成教育、感恩教育、生命教育、励志教育等使学生养成了良好习惯,形成了正确人生观、价值观。校园文化艺术节、体育节等丰富多彩的活动,使学生情操得到了陶冶与升华,学生的感恩之心、爱心、孝心、责任心也将得到提升。(5)办学模式特色化。实施素质教育是学校发展的内在本质要求,而创建特色学校(如创办特色教育或教学活动)则是实施素质教育的外在体现。人要靠特长优势立足社会、谋求发展,同样,学校要在社会中有自己的优势,就要以特色服务于学生,以特色服务于社会,以特色促发展。

7

三、本书的逻辑建构、内容和创新

本书以学校效能理论作为理论基础,认为学校效能问题是教育发展达到一定水平之后显现出来的深层次问题。学校效能是教育主体有效实现教育目标的能力,具有根本性、合目的性、全面性、整体性、经济性、主体性、潜在性和持久性八个特征。学校效能可以通过方向、质量、效率、内容、方法、增值、主体的自身发展和基础条件八个维度来进行评价和改进。

基于学校效能理论和对学校办学规律的深刻认识,创建优质化、特色化、精品化学校的"九宫格"逐步形成,成为本书的框架和内容。"九宫格"的具体内容包括:学校灵魂:办学理念;学校经络:治理结构;学校营养:课程建设;学校命脉:德育体系;学校基石:教学质量;学校躯干:教师队伍;学校根基:课堂教学;学校精神:校园文化;学校力量:教育科研。

本书的创新和亮点有二。一是,创立了高质量教育的"学校办学九宫格"模型。学校办学是一项系统工程,既涉及学校外部环境因素,又涉及学校内部因素。要创建高质量教育的优质化、特色化、精品化学校,需要整合各种教育资源,也要处理教育教学的各种关系。本书从学校办学出发,依据学校效能理论,构建了学校办学理念、治理结构、课程建设、德育体系、教学质量、教师队伍、课堂教学、校园文化、教育科研等方面的"学校办学九宫格",构建了学校办学的理论和实践的新模式。二是,注重高质量教育体系创建的工具性、操作性。创建高质量教育体系,构建优质化、特色化、精品化学校,不仅需要理论武装,更需要建设系统工程的操作技术和方法。本书在着重阐明理论和原理的同时，对创建高质量教育体系工作方法进行"深入解剖"，帮助教育管理者、校长和教师深刻领会理论，并运用"工具"，创建高质量教育体系，打造优质化、特色化、精品化学校，达到学以致用的目的。

本书的"学校办学九宫格"模型为教育管理者、校长和学校管理者、教师提供了"理论模型"和"实用工具"，适用于教育行政干部、校长和教师培训。对于教育理论研究者来说，本书的理论体系和逻辑建构，值得借鉴和思辨。

本书在写作过程中，借鉴了许多专家学者的研究成果，在此表示诚挚感谢！当然，由于作者的水平所限，书中还存在许多不足，敬请读者给予批评指正。同时，本书的出版得到了广东省国典教育改革发展研究院的大力支持，在此表示衷心感谢！

2024 年 6 月 20 日

目 录 CONTENTS

第一章　学校灵魂:办学理念

"办学理念"与学校发展息息相关。那么,什么是办学理念? 办学理念对学校的生存和发展有什么意义? 学校办学理念应当如何凝练?

一、办学理念的概念和内涵

"理念"一词原是个哲学概念,是"西方哲学史和西方美学史用语"①。在西方哲学家那里,"理念"一词含义广泛,不仅包容了认识、观念、思想、构想、理想(预想)、信念、精神、理性等含义,而且包含了目的、目标、宗旨、原则、追求等意蕴②。《现代汉语规范词典》对"理念"作了三点诠释:一是思想、观念,如文化理念;二是信念,如人生理念;三是认定和追求的某种目标、原则、方法等,多具有个性、行业性和学科性,如语文教育新理念③。

从 20 世纪末开始,"理念"一词广泛出现在基础教育领域,并成为学校推进教育改革、落实现代教育思想的依据,成为学校促进办学特色、治理方式和发展路径多元化的基础与理由,同时生发出了"办学理念"的提法。随后,陆续有学者基于自身理解对这个概念进行了界定。有的学者认为办学理念是指随时代进步而变化的、影响和决定学校整体发展的、反映教育本质要求的、来源于办学实践又作用于办学实践的理性认识和价值追求④。有的学者认为办学理念是校长基于"办怎样的学校"和"怎样办好学校"的深层次思考的结晶⑤。有的学者认为办学理念即学校发展中的一系列教育观念、教

① 金炳华.哲学大辞典[Z].修订本.上海:上海辞书出版社,2001:820-821.
② 韩延明.理念、教育理念及大学理念探析[J].教育研究,2003,24(9):50-55.
③ 李行健.现代汉语规范词典[Z].4 版.北京:外语教学与研究出版社,2022:843-844.
④ 史燕来.中小学校办学理念探析[J].中国教育学刊,2004(5):59-62.
⑤ 何晓秋.办学理念与理念办学[J].中小学校长,2003(9):21-22.

育思想及其教育价值所追求的集合体,是学校自主建构起来的教育哲学①。有的学者认为办学理念是建立在对教育规律和时代特征深刻认识基础之上的,它回答的是"学校是什么""学校具有什么使命""学校发挥什么作用"等一些基本问题,其将办学理念界定为学校成员创造并共享的核心教育观念,集中反映了学校的价值追求,决定着学校的发展方向②。

办学理念,是教育理念的下位概念,是校长基于"办怎么样的学校"和"怎样办好学校"的深层次思考的结晶。从某种意义上说,办学理念就是学校生存理由、生存动力、生存期望的有机构成。从内容来说,办学理念包括学校理念、教育目的理念、教师理念、治校理念等;从结构来说,办学理念包括办学目标、工作思路、办学特色等要素。办学理念的功能就是要回答学校的全部活动所涉及的三个基本问题:为什么? 做什么? 怎么做? 这三个问题的答案共同解决了学校的终极问题:学校是什么?

一所学校的办学理念应能回答下列三个基本问题:一是"学生是什么?"学生观是办学理念的原点问题。对学生的不同理解形成了不同的学生观。"以学生为主体"的观念虽被广泛认可,但学生是怎样的主体却需要具体回答。为此,就要充分认识到不同学段学生的特征,如小学生具有童趣、童心和童真,初中生可塑性强,高中生生理发育成熟、自我意识增强、独立思考能力提升等。二是"学校是什么?"如何理解学校,会决定学校行为、学校思维乃至整个学校的发展方式。有的学校的办学理念是"把学校办成省内一流、国内知名的示范性学校",很显然,这仅仅是学校发展的具体目标,而不是办学理念。三是"教育是什么?"教育观是办学理念的思想基础。只有建立正确的教育观,才会有正确的教学观、课程观、德育观、质量观、评价观。

办学理念对办学起着定向的作用,这对学校的发展是至关重要的。凝练办学思想是办高质量教育的现实需要。校长办学思想是以校长为首的学校领导团队基于学校的具体情况和已有的办学经验,针对学校发展的根本问题而确立的指导思想,是教育思想与管理方略相互融通、理念体系与实践

---

① 郭元祥.论学校的办学理念[J].教育科学论坛,2006(4):5-8.

② 罗欣,郑金洲.办学理念:问题探寻与改进策略[J].上海教育科研,2011(6):30-32.

体系相互支撑的知行系统。

办学理念的高度常常决定了学校发展的高度。对学校而言，有了正确的思想引领，办学站位更加高远、办学方向更加明确、办学意志更加坚定、办学行为更加自觉，其办学的优质性和特色也将自然生成和显现。

许多校长拥有丰富的办学实践经验，但其办学思想还处在模糊、隐性和不自觉的状态。凝练办学思想能够促使校长的办学思想从模糊、隐性和不自觉的状态转化为清晰、显性和自觉的状态。在此过程中，校长能够把感性认识理性化、隐性认识显性化、零散认识系统化、个人认识公共化，从而促进自己专业素养与专业能力的提升。

二、办学理念的意义

具有远见卓识的办学者和校长，在带领学校发展的过程中，脑海中一定出现过这些问题：办什么学校？培养什么样的人？如何培养人？这些答案必然落实在办学理念上。从教育现实来看，名校之所以成为名校，最根本的原因就在于其办学理念的先进性，并以此不断追求办学效益，从而造就桃李芬芳，得到学子和社会的高度赞扬。反观一些办学历史很长的普通学校，由于没有形成办学理念或办学理念模糊，办学效益不高，只是在教育改革和发展中随波逐流，最终无法形成学校特色，没有形成学校品牌。

（一）校长专业发展的内在需要

校长专业素养包括价值观、知识、技能和专长等方面，其中价值观是校长专业素养的核心要素。校长专业价值观是与校长角色相关的一系列认识、观念、理想的综合体，包含多方面内容，如教育观、学校观、质量观、教师观、学生观、办学理念等。办学理念是校长专业价值观的核心内容，对校长的专业发展具有重要的影响。第一，办学理念对校长专业发展具有定向作用。办学理念引导校长从整体上把握办学活动，并引导校长确立起办学理想及办学的基本信念，从而使校长办学活动成为在理想和信念指导下的自觉活动。第二，办学理念具有动力作用。校长专业化过程是一个不断克服内在矛盾和外在矛盾的长期过程，是校长各种素质不断成长的过程。是否有强大的内在动力直接决定了校长专业化水平高低。而是否具有这种内在精神动力，与校长对人生、对教育、对办学的认识密切相关。我们认为自己是什么样的人就会成为什么样的人。办学理念以其强大的理想力量和信念力量,引导校长在专业化发展道路上不断前行。第三,办学理念具有升华作用。办学理念,是校长教育追求的概括和提升,是其办学经验的概括和提升,是一个从实践探索到经验反思,再到理性概括和提升的成长过程。办学理念的确立,标志着校长的专业成熟。

(二)学校组织发展的内在需要

学校作为专门的教育组织,与政治组织、经济组织相区别的最重要属性就是其文化属性。校长领导学校发展,就是要不断丰富学校的文化内涵,丰富学校的精神文化。苏霍姆林斯基在谈到学校教师集体的培养时指出,培养教师集体,高明之处就在于让教师们过着丰富多彩的精神生活,即给他们提供充裕的自由支配时间,让他们有暇思考教学难题和总结工作经验,有暇结合工作实际博览群书,引导他们沿着实践、读书、科研相结合的道路不断前进,使之做到有所发现、有所创新,做到使个人的探索小溪汇成集体的创造洪流,最终达到用共同的教育信念,把教师团结成一支攻克教育堡垒的坚强队伍。学校的精神文化,主要是生活在学校中的人的精神的外化,学校的精神文化与生活在其中的人的精神文化具有同质性。校长办学理念对学校精神文化的发展、对教师精神生活具有重大而深刻的影响。近几年笔者对中小学的观察也表明,校长有先进的办学理念,教师就有信念,学校精神文化就丰富,学校就发展得比较快速,否则,学校就发展得比较慢。

(三)时代发展的迫切需要

现代化是中国走向未来的主题。现代化在带来进步的同时,也带来了种种问题。其中最大的问题在于人们越来越远离精神生活,越来越远离崇高,越来越迷恋物质生活和感官生活,人们普遍生活在空洞、孤独与焦虑之中。这虽然不完全是由教育引起的,却是与教育有关的。可以说,物质主义和工具理性的教育,扩大了现代化的局限性。对此,有学者指出,要走出时代困境,教育必须成为精神教育。就是说,教育应当促使人的心理健康发展,应当不断提升人的道德水准,应当引导人们确定并坚守人的精神信念,应当促进人的精神发展。要开展精神教育,必须确立一些基本信念。精神教育的基本信念可以概括为解放儿童、学会生活、追求崇高和完善人格四个方面。缺乏基本信念,教育就不可能成为精神教育,也就不可能发挥出对时代发展的引导作用。也就是说,中小学校长的办学理念,不但影响着校长自身和他所领导的学校的发展,还影响着他所处的时代的发展。

三、办学理念的本质特征

办学理念的本质特征是基于性质的提炼。这里所说的性质,是指所有办学理念共同具有的性质,是判断一个办学理念是其所是的本质特征。

(一)实践性

办学理念的实践性,是指办学理念是"出于实践、为了实践、在实践中"的,这是办学理念的基本立场。"出于实践",是说办学理念只能是基于学校的现实状况和地域境遇而提出来的,那种贴标签式的办学理念严格来说并不能称为某学校的办学理念。"为了实践",则立场鲜明地指出办学理念不是"纸上谈兵",而要切实服务于学校办学,引导学校华丽转身或是精益求精。"在实践中",指的是办学理念存在于学校工作的方方面面,以怎么教、怎么学、怎么管理、师生关系等为载体,而不是藏于文本、挂在墙上。所以,办学理念存在的意义在于改变行动、改进学校。

(二)系统性

办学理念的系统性,是指办学理念作为学校办学的行动蓝图,必须是系统的、一以贯之的,这是办学理念的外在形态。在真实的学校生活中,办学理念以系统的方式存在于一个更大的系统——学校文化这个系统之中。一般而言,学校文化包括精神文化、制度文化、行为文化、物质文化等。办学理念就隶属于精神文化。与此同时,办学理念又是自成系统的。它一般包括价值观、学校定位、育人目标、校训以及一以贯之而又相互区别的教学理念、课程理念、管理理念、师生观、空间设计理念等。需要明确的是,办学理念的系统性并不仅仅指向结构,其更强调的是系统构成组件之间的一致性连接,即学校理念是一种起到统摄、整合、凝聚作用的灵魂式的存在。

(三)校本性

办学理念的校本性,是指办学理念是属于特定学校的,具有身份上的唯一性。有一千所学校,就应该有一千个办学理念。具体而言,学校要以改进自身为出发点,吸收各种教育理念,基于学校实际,对症下药式地探寻出适合本校的办学理念。相应的,没有谁能比学校成员更了解学校了,因而办学理念的建构者只能是学校里的人,专家、教育行政干部等作为"局外人"可以提供建议,但不能替代决策。即使是教育集团,也要遵循办学理念的校本性。

四、办学理念的核心维度

尽管中小学的办学理念因校而异,但确立办学理念需要遵循规律。中小学办学理念的核心维度应包括以下几个方面:

(一)创新生活是学校的基本使命

在当前教育中,学校、教师、家长、学生,普遍重视的是对知识的学习和掌握。但是,社会发展表明,"知识人"既不利于个体人生幸福,也不利于社会持续发展。以知识为中心的教育,会导致学生与生活世界的分离,出现全面的生活危机。这种危机可以概括为五个方面:一是完美的、高标准的、理想化的教育目标,远离生活世界,理性有余,基础性不足;二是膨胀的"书本世界"的课程,远离儿童的生活世界,导致了学生对人生与社会自主思考的忽视;三是偏重"书本世界"或"科学世界"的教学,学生被淹没在科学知识的海洋里,单一的学习方式导致课堂教学缺乏生命的活力;四是教育中学生生活的物质空间和精神空间狭小,学校不仅没有成为学生的精神家园,相反成为他们的精神牢笼;五是脱离生活的道德灌输和说教式的德育,不能把学生培养成道德生活的主体,难以使学生完成人格的自我建构。

面向未来,应当超越培养知识人的教育信条,立足生活世界,理解教育。在生活世界中,教育并不只是完成知识和技能上的某种确定目标,而是形成精神的运动和发展。教育,是生活中的教育,是为美好生活的教育。生活是引航教育的远方之灯,也是停泊教育的永恒之岸。在生活世界之中,教育可以把生活的历史经验和客观经验融入学生的个体精神世界之中,把学生的生活经验及其境遇揭示出来,促使学生与生活于其中的"物理世界"、"社会世界"和"主观世界"发生互动,从而使学生作为精神的存在不断走向新的可能性,不断在现实生活基础上建构出新的生活。因此,教育应加强课程与生活世界的联系,创造充满生命活力的课堂,构建生活德育,使教育过程成为师生创新生活的过程,使学校成为创新生活的基地。也就是说,教育应当从知识世界走向生活世界,引导学生以理解生活、享受生活、创造有意义的生活为根本追求。

（二）爱是教育的基本途径

自由是人之为人的本性。追求人的自由本性，必须努力摆脱限制与奴役，走向自我与自我、自我与他人、自我与自然等方面的结合。促使这种结合具有不同方式。弗罗姆指出，狂欢的方式、遵从的方式、创造的方式等均可以促使结合，但唯有爱才是人类生存问题的根本解答。因为"以狂欢或情欲放纵的形式达到的结合是转瞬即逝的结合，以从众和遵循公约的办法达到的结合是虚伪的结合"，而爱包含了给予、责任、关心、尊敬、了解等积极的人性因素，爱引导"我"进入存在的深处并形成个体人格，爱建构"我"和他人、自然的人性化联系。深刻的爱存在于从"生存"到"生存"的关系中，对于爱者来说，一切"实存"都变得人化了。一块风景的灵魂、诸种事物的精神以及每个地方的精神风貌都在自然的爱的目光中呈现出来。由此，爱是人性的自我展现，是个体人格的成长动力。爱使"我"既有力量抗拒现实生活中的诱惑、痛苦与困惑，又使"我"有力量超越现实存在，使"自我"的成长成为可能。因此，没有爱的地方就没有教育。

确立爱的办学理念，是理解爱、享受爱、创造爱的过程；确立爱的办学理念，就是相信每一个生命都包含着强大的原始生命力，都足以支持他发展自我的兴趣和能力，足以支持他追求幸福；确立爱的办学理念，就是相信每一个生命的神奇，每个个体都不是人类的样品或标本，每个人都是独特性的展现；确立爱的办学理念，就是无私地、孜孜不倦地为学生创造和给予，使自我和学生都成长为一个可爱的"人"。

（三）教师是学校发展的第一关键资源

影响学校发展的因素多种多样，比如经费、制度、师资、生源等，其中，教师是学校发展的第一关键资源。这是中小学校长应确立的共同办学理念。第一，教师是各类教育活动的主要实施者。不管是知识教育、品格教育、审美教育还是劳动教育，都离不开教师。教师直接承担着各类具体的教育活动。正是通过教师的活动，各类教育活动才成为可能。第二，教师具有独立的教育价值。教师作为各类教育活动的实施者，不但在各类教育活动中发挥作用，而且不管在哪类教育活动中，教师自身就是最重要的教育因素。教育活动总是在教师与学生之间展开，教育活动存在于师生关系中。这不仅仅是教育发生的背景,其本身就是有意义的教育活动,具有教育性。第三,教师是影响教育意义生成的关键因素。所谓教育意义的生成,是指各类教育条件、教育活动进入学生的精神世界,为学生所理解、内化,从而促使学生发展特别是精神发展的过程。这一过程虽然是学生精神世界的内部变化过程,但并不是孤立、封闭的。在这一过程中,教师一方面对各类教育条件、教育活动进行操作,包括改造、解释等,使其便于学生理解和领会,另一方面对学生的内部精神进行改造,比如激发学生兴趣、培养学生相应能力、训练学生思维与行为习惯等。由此可见,教师是教育意义生成的设计者、组织者和实施者,是教育设备设施和教育活动生成教育意义的重要中介因素①。

五、办学理念的凝练

办学理念既需要学校有意识地追求和孕育,也需要一个集中攻坚的"诞生"过程,更要在"诞生"之后经历生长与变化的过程。

(一)鼓励人人表达观点

办学理念是由学校中的人提出来的,包括但不限于校长、教师、学生、家长等。教师应基于校情分析和对学校未来发展趋势的判断,把自己对教育以及对学校的认识、判断和憧憬表达出来。如果教师自己没有清晰的愿景,那么试图提出一个共享的愿景几乎是不可能的。由校长简单地宣布一个理念,然后强加给学校,无法推动学校向前发展。办学理念是共同愿景,而不是个人愿景。忽视教师意见和愿景会导致办学理念的"二元结构"现象——校长独唱改革高调,教师们我行我素,严重时可能导致校长与教师矛盾激化,学校冲突四起,学校发展遭遇重重障碍,出现许多事与愿违的情况。

(二)进行有前提的协商

人人表达,只是办学理念诞生的第一步。止步于表达,其结果极有可能是陷入表达的堆积和混乱。所以办学理念的"诞生"要超越"独白式表达",进入"对话式表达"的协商程序。"独白式表达"可能具有随意性、模糊性,不能真正体现表达者的意愿,而对话需要深入反思自己的真实意图和真正需要,不断澄清自己对办学理念的理解。在今天这样一个价值多元、利益多样

---

① 叶文梓. 论中小学校长的办学理念[J]. 教育研究. 2007,28(4):85-89.

化的时代,没有任何一种主张、要求及信仰是不证自明的,任何的利益主张、偏好要求要想获得公共的支持,就必须在公共辩论与说服的过程中获得公共的证明,即每一位学校成员都要提供"他人可以接受的理由"。但是所有人都要清楚,不管是"对话式表达"还是"独白式表达",其本质都是一种表达,表达本身为办学理念的合法性与合理性提供了基础,但并不能确保结果的合法性与合理性。因此,办学理念的协商还需要引入一个重要的前提:表达必须基于公共利益、以"为学生与学校的更好发展"为宗旨,不能仅考虑某一个学科、部门、位置。

(三)达成以话语为载体的共识

办学理念诞生的共识阶段,指的是学校形成独有的办学理念话语体系。该体系客观地规定了学校成员讨论的问题域、核心概念、分析框架和理论依据。如此才能使得办学理念的讨论更加彻底、更加聚焦、更加深刻、更加自觉,才能形成有根的、能说服人的、可实施的办学理念。此外,作为话语体系的办学理念,还要广泛体现在学校管理、师生交往、课程建构等方面。而对于这个过程,学校要有意为之,并以多种形式来反复打磨。

(四)通过故事对外传播办学理念

前三个阶段主要发生在学校场域之内,发生于学校成员之间,以形成一套取得校内共识的话语体系为宗旨。但在开放办学的今天,每一所学校的办学理念都需要提高其"能见度",扩大其话语范围,还需要对外"亮相"。之所以如此,一是避免自我陶醉而带来的故步自封;二是借助他者的力量,在对外宣传的过程中接受检验和质疑,在与其他学校的比较中得到凸显与确信。那么,学校就要有故事思维,在讲好学校故事中传播学校的办学理念。讲好学校故事有两个原则。首先,从故事来源看,应是学校办学理念诞生过程中所发生的冲突及冲突的化解,真实和冲突是好故事的重要特征。其次,从故事表达看,要避免"有故事,没理念"和"有理念,没故事"两种情况。有的学校确实在讲故事,但在该故事中却看不到该学校,没有体现该校的办学理念;有的学校虽然在表达办学理念,却是板起面孔说理。理想状态是,学校故事与办学理念之间具有对应关系,听其故事,可辨其校。

六、办学理念的落实

办学理念是指导办学者如何办学的一种思想观念、价值取向和行为准则。办学理念的内核是学生观、教育观、学校观。从一个合理、与时俱进、清晰的办学理念中,人们能够解读出一所学校所具有并达到的学生观、教育观、学校观、价值观以及教师观的先进程度。办学理念不是校训,也不能与办学特色混为一谈。

用理念指导办学,已经成为越来越多办学者的共识。现在,无论是小学、中学还是高校,各级各类学校基本上都有自己的办学理念。大家对办学理念越来越重视,不少学校把它列为学校思想教育、精神育人、文化建设的重要组成部分。这是因为办学理念有其独特的作用。

办学理念是学校的灵魂,是学校发展的纲领和生命力。有什么样的办学理念,就有什么样的学校。实践证明,一个有特色、有品位、有成绩、有影响的学校,肯定有一个正确而先进的办学理念。办学理念是学校全体人员的行动指南。正确而又先进的办学理念指明了学校全体人员的前进方向。有了方向和行动指南,全校师生员工就会思想认识一致、行动一致,就会使学校的各项工作顺利完成。办学理念可以凝聚人心,振奋精神,是办学的内在动力。当学校有了一个正确而先进的办学理念,全校师生员工就会有共同的认识、共同的愿景、共同的奋斗目标,就会心往一处想,劲往一处使,就会有为目标而奋斗的内在动力。办学理念是推进学校改革和创新的先导。当前,学校处在改革创新的时代,如何改革创新? 改革创新的方向和目标是什么? 要解决这些问题,必须要有一个正确而先进的办学理念来引领,发挥其先导作用。

办学理念,贵在贯彻和落实。办学理念再好,如果不落实,就只是一个口号。落实办学理念,需要进行学习教育,需要全校师生员工的共同努力,需要大家共同行动。落实办学理念必须要让办学理念在学校方方面面的工作中得以渗透、体现和贯彻,最终用办学理念规范办学行为,指导学校工作。

开展办学理念宣传教育,把办学理念变成全校师生员工的共识和自觉行动。要落实办学理念,首先必须加强办学理念的宣传教育,要将其纳入学校的教育教学之中,要发挥思政课教师的骨干作用,把办学理念渗透在有关教学内容之中。学校可以列出专题向师生进行宣讲,还可以编写校本教材,将其作为校本课程纳入教学计划。学校要组织全校干部和师生员工反复学习和讨论,组织专班进行研究。在学习中,学校领导班子成员,特别是主要领导必须要带头学、带头讲、带头贯彻落实,要积极引导师生员工将办学理念落实到自己的教育教学、管理和学习之中。师生员工通过学习、实践、反思、再实践的过程,加深对办学理念的理解,更进一步体验和论证办学理念的正确性、指导性和实效性,从而丰富和拓展办学理念。当全体师生员工一致认同学校办学理念并形成共同愿景时,每个人真正和学校的工作及任务目标完全融合在一起,就会改变被动与遵从的角色,激发新的思考方式与行动方式,更加主动地全身心地投入学习和工作之中。这样,学校就会进一步发展,越办越好。

对照办学理念认真梳理和审视思想观念和工作,不断地加以转变和改进。要贯彻落实办学理念,学校领导和每一位教职员工都要认真地梳理、审视学校和个人的思想观念和工作,看是否符合学校办学理念的要求。要认真对照检查,冷静思考,对符合的、做得正确的要坚持,对不符合的、做得不正确的要改进和改正,对薄弱的必须要加强。更重要的是,在新形势、新任务、新要求下,我们要不断思考应该如何丰富、拓展、深化和创新办学理念,使办学理念更具先进性、指导性和实效性。当然,这是一个长期的课题,所以,实践和创新办学理念,将永无止境。

校长要带头学习和践行办学理念。苏霍姆林斯基说:"校长对学校的领导,首先是教育思想的领导,其次才是行政的领导。"因此,校长必须善于用先进的办学理念引领学校。办学理念是校长对教育和学校的理性认识和理想追求,它决定校长的教育行为,指导学校的办学方向,使校长个人行为以及在此基础上的学校整体行为具有自觉性和目的性。由此可见,校长在贯彻落实办学理念中的作用是非常重要的。校长在贯彻落实办学理念中,一方面要在思考、统筹和安排学校工作时体现办学理念,不能让理念与工作成为"两张皮",要做到理念指导工作,工作体现理念,使理念与工作要紧密结合,相互交融,相互印证;另一方面,校长作为学校工作实施的组织者,必须要狠抓体现办学理念的各项工作的落实,采取措施,加大检查、协调、督办的力度,务求各项工作取得实效,真正让办学理念落到实处。作为校长个体,要用办学理念规范自己的行为,带头践行和落实办学理念。凡是学校安排的工作和要求大家做的,校长要带头落实,做到以身作则,真正成为实践办学理念的带头人。此外,校长还必须做一个学习者、思考者、研究者,要不断加强自身的学习,勤于钻研,不断地总结经验,广泛听取意见,集思广益。因为一所学校的办学理念往往需要反复提炼、研磨,需要不断丰富、完善,不可能在将理念体系构筑起来后,就一劳永逸了。所以,校长应当勤于学习,善于思考,认真总结,敢于超越,不断拓展和丰富办学理念的新内涵,不断总结和寻求落实办学理念的新办法、新措施,从而使学校的办学理念长盛不衰,让办学理念引领学校永葆生机活力。

加强办学理念的宣传,提高社会认可度。要让办学理念深入人心,人人皆知,必须要加大宣传力度。不仅要在校内宣传办学理念,更要重视对社会的宣传,提高社会对学校办学理念的知晓度和认可度。

办学理念仅让本校师生员工知道还不够,还应该让社会大众知道。可以请社会有关人士对办学理念提出意见和建议,让他们帮助学校对办学理念进行总结、提炼、概括、把脉,使办学理念更加完善、精辟、科学。同时,让社会大众知道学校办学理念,可以提高社会对学校的关注度、认可度,只有社会大众觉得学校办学理念好,才是真正的好。这样,办学理念才站得住。有了社会的广泛认可,办学理念就有了坚实的社会基础,只有群众满意、社会满意,学校才有较好的美誉度,才会受到人民群众的欢迎。让社会大众知道学校的办学理念,有利于社会的监督。是否贯彻落实了办学理念,只有让社会大众知道,才可以检验,社会大众不知道,就无从评价和检验。同时,社会大众知道了学校办学理念,更促使学校在工作中认真落实,否则,社会大众不认可,学校办学理念很可能被认为只是一句口号、一个形式,这样也会影响学校的形象和声誉。

如何让社会大众知道和认可学校的办学理念,主要在于做好宣传工作。可以通过"请进来,走出去"做好宣传工作。可以请社会有关人士进学校,召开座谈会,学校向他们介绍办学理念的内涵、意义、作用和做法,请他们对办学理念提出意见和建议。学校可以召开学生家长会,利用学校网站进行宣传,还可以通过报纸、广播、电视、网络等工具和手段向社会宣传。通过多种形式的宣传,让社会大众了解、认同学校的办学理念,从而取得社会对学校办学的关心和支持。

七、办学理念评估

评估办学理念实施所产生的效益,不宜漫无边际、全面开花,而应根据学校组织运作的规律确定评估要点。这时候我们就会发现,这些要点可以串成一个逻辑上环环相扣的"价值链"。如图 1-1 所示:

制度支持 → 流程支持 → 心态支持 → 环境支持 → 目标实现

图 1-1 办学理念评估要点

(一)评估是否形成了支持性的组织制度

组织制度能够考察为落实办学理念而配套或调整的机构、规章制度等是否建立,以及作用发挥得如何。机构和规章是办学理念实施的最基本的保障,这方面工作的进度与质量将直接影响到后续工作的成效。

评估这一块工作可围绕以下问题展开:

(1)办学理念有没有与学校三年或五年发展规划有效对接?

(2)学校为实现办学理念所改建或新增的组织机构运转如何? 成效是否明显?

(3)学校针对办学理念实施的保障性规章制度有没有制定到位? 已制定的制度执行情况如何?

(二)评估是否形成了支持性的组织流程

所谓流程,就是办学理念实施的途径,管理学一般将其具化为规划流程、人力资源流程和运行流程三个方面。规划流程是学校规划和开拓未来的流程,是对如何贯彻办学理念所做的谋篇布局,也就是决定如何"做正确的事";人力资源流程就是要把合适的人放到合适的岗位,做到量才适用,也就是决定如何"用正确的人";运行流程即实施步骤,它通过详细的措施以确保每个人都能完成自己的任务,即决定如何"正确地做事"。这三个流程是彼此紧密联系在一起的:规划的制定必须考虑到学校人员的条件和运行过程中可能出现的实际情况,而对人员的分配也应当根据规划和运行计划的要求进行,同时学校的运行计划也必须与它的规划目标和人力条件相结合。

这一环节的主要任务就是评估这些流程是否通畅,是否可以有效支持办学理念的贯彻。可针对这些问题进行评估：

（1）学校为推进办学理念所做的模式选择（全面推进式、分步推进式或核心辐射式）是否适用？需不需要做一些调整？

（2）实施的部署有没有做到"横向到边"？

（3）跟进方案是否具有针对性？有没有遗漏或误导？

（4）是否做到了科研先行，通过研究明确文化建设的价值取向、内容范畴、推新策略和实施方法？

（5）理念贯彻方案是否都已落实到部门和人员？是否做到了让合适的人做合适的事？

（6）在进行文化建设的过程中，各级领导和相关成员是否尽到了责任？

（7）目前教师的专业化程度如何？

（8）理念的实施有没有做到"纵向到底"？

（9）学校成员是否都已知道要做什么并且明了怎么做？

（三）评估是否形成了支持性的人员心态

学校可以通过各种组织手段规范、约束成员的行为，但即使做到了"劲往一处使"，也并不一定意味着所有人"心往一处想"。所以评估办学理念实施的成效，不仅要看学校成员的执行力，还需对教师及校内其他成员的心态加以考察，以确定学校的办学理念是否已真正内化为学校成员的信念。可以从这些问题入手加以甄别：

（1）理念宣导是否已使学校成员充分认同了学校的办学理念？

（2）学校的文化氛围以及成员工作的积极性如何？

（3）学校内部各种非正式群体与办学理念的大方向是否保持一致？

（4）教师间的合作倾向如何？

（5）学校的管理实践在多大程度上考虑了利益相关者的利益？

（6）学校对贯彻办学理念有哪些激励措施？成效如何？

（7）学校成员行为是否发生了变化？变化的范围和程度如何？

（四）评估是否形成了支持性的外部环境

校外的支持性环境对办学理念的贯彻也有着十分重要的推动作用，所以学校一方面要积极影响社会，营造有利于学校推进文化建设的舆论氛围，另一方面则必须持续关注社会环境，评估环境变化对学校文化的影响，适时

调整学校办学理念的执行行为,以适应新形势,与时俱进。这个环节的评估内容如下:

(1)家长及社会各界是否了解了本校办学理念的重要意义和内容?是否关心、支持、参与了学校的文化建设?

(2)上级领导对本校的文化建设了解程度与支持力度如何?

(3)周边同类学校对本校理念及其实施的态度如何?与其他学校相比,本校办学理念的差异化程度怎样?

(4)学校是否有专人负责对外宣传?学校自媒体的运作与社会影响如何?与主流媒体沟通的频度与效益如何?有没有积极创造有价值的新闻点吸引媒体宣传?

(5)学校有没有接受社会意见反馈的渠道?

(五)评估是否获得了理想的绩效

前面的评估主要是着眼于实施过程,这一环节则是在前面的基础上对阶段性成果的综合评估,看是否达到了相应的目标要求,以及绩效是否能支持总体理念的实现。可针对这些问题进行评估:

(1)老师们对学校办学理念的接受程度究竟有多大?办学理念是否已深入人心?

(2)办学理念有没有转化为部门公约?办学理念在部门计划和工作实践中得到了多大程度的体现?

(3)学校的管理风格和管理质量是否发生了变化?

(4)教师的教育行为变化程度有多大?

(5)社会公众对学校形象的认识是否发生了较大改变?

第二章　学校经络：治理结构

建设高质量教育的现代化学校，必须建立现代学校制度，完善学校内部治理结构，这是推进学校管理科学化和民主化的关键。同时，学校治理结构影响着培养人才的数量和质量，进而影响学校的办学质量和办学水平。

一、学校治理结构概述

完善学校内部治理结构是现代学校制度建设的关键环节。针对当下学校理事会议制度缺失、家委会权责不清、家长学校活动形式单一等现状，学校应在提高合作治理价值认识的同时，通过制度建设和自我监管，充分发挥学校理事会的基本功能，规范家委会日常工作，全面挖掘和利用家长以及社会教育资源等有效途径，推进内部治理现代化建设①。

什么叫学校治理结构？治理不同于管理，管理强调自上而下的组织、领导、指挥和控制，治理则强调多元主体之间的共同参与、配合、协调以及制衡关系。确切地说，治理是指各利益相关者围绕共同目标，通过一定的规则和程序，彼此分享权力，协调配合又相互制衡，共同管理组织事务。管理的权力主体是单一的，治理则是共同管理、多元共治。在学校内部，过去强调管理，现在强调治理，校领导、教职工、学生、家长乃至社区力量都是治理的主体，大家相互配合、彼此制衡，共同管理学校事务。学校治理结构则是关于学校权力在各利益相关者之间的划分以及各方之间的权利、义务、责任关系的一种搭配与安排②。

随着义务教育阶段办学条件全面提升，现代学校章程建设逐步健全，智慧教育有序开展，课程改革走向深水区，育人模式转型不断深化，劳动、体育、艺术教育重新回归，学校改革总体路线已由单刀独进的"散点式"改革走

---

① 余玉敏.学校内部治理结构的现状及改进策略[J].课外语文,2016(12):164.
② 雷思明.学校如何完善内部治理结构[N].中国教师报,2022-06-08(10).

向错综复杂且相互交织的全局性、系统性变革。学校治理体系和治理能力的现代化理当成为新时代以综合性改革书写学校强校提质"新答卷"的关键突破口。

学校治理现代化适逢其时。习近平总书记在 2018 年全国教育大会上强调："要深化办学体制和教育管理改革,充分激发教育事业发展生机活力。"[①] 教育体制改革在新时代党和国家教育战略部署中的重要性再次凸显,从大环境看,《关于进一步激发中小学办学活力的若干意见》等一系列政策文件的出台,不仅从顶层设计上描绘了教育改革蓝图、推进"放管服"改革,更从制度标准上明晰和完善了政府、社会和学校在现代教育治理结构中的地位、关系与职能,学校致力于内部治理的时机已然成熟。在一系列政策利好的背景下,从管理走向治理、全面提升学校治理能力,是学校强校提质的核心竞争力,也是学校迈向现代化的必由之路。

构建多中心的现代学校内部治理体系。治理的核心要义是多元主体参与,通过学校管理层的适度分权,实现教师、学生、家长和社会等多主体共享治理,因而其治理主体、治理目的、治理内容与治理方式都与传统行政权力指引下科层式"管理"与"被管理"有着本质的不同。从学校内部治理的内容看,除专业领域和管理领域外,在管理层和不同主体之间还存在一个竞争性的"协商区间"。对正在从依赖走向独立、从家庭走向社会的学生而言,通过组织和个人赋权,从制度和机制上赋予学生参与教学和校园生活治理的权力,可以实现学生的全面而有个性的发展;调动并维护教师、学生在课程教学专业领域平等的共享自治权,加快推进育人模式转型;探索竞争性"协商区间"不同主体间的权力让渡与分配机制,强化并提升非传统管理主体在不同治理类型、治理层次中的共享决策权;构建管理领域不同主体共同参与、协商对话、合谋共治的"学校—利益相关人"治理网络结构,最终通过学校治理结构和治理水平的现代化,实现学校教育的强校提质。

完善具有学校特色的学校治理机制。基于学生、学校教育的特殊问题,

---

① 张烁.习近平在全国教育大会上强调　坚持中国特色社会主义教育发展道路培养德智体美劳全面发展的社会主义建设者和接班人[N].人民日报,2018 – 09 – 11(1).

17

如学生学业负担过重、家长焦虑、"五育"并举、综合评价落地等,完善学校治理机制。从处于成长时期的学生心理特点出发,减少强制性、禁止性规定,减少单边治理行为,畅通问题发现与提出、利益表达与诉求渠道,完善民主协商、共同决策、互动合作与公开反馈机制,丰富治理工具、治理载体,尤其是下沉的师生微型自治组织,并在问题解决的多轮迭代中,固化成具有生长性、迭代性的校本治理制度和安排,从而使多元主体在事前、事中、事后全程参与,形成自治性"软法"与学校规范性"硬法"相互补充,治理规则多元化,有规范、有温度、有效能的善治格局。

数据驱动学校治理现代化。发挥数据在促进学校治理精准化、个性化、高效化方面的独特作用,加快推进学校治理现代化。其一,通过新技术赋权,在强校提质的教育教学改革中,重构学校管理层与其他主体间的权责关系,将信息掌控权与传播权让渡给更多的治理主体,同时社会大众也可以利用新媒体进行自我赋权,参与意见表达和协商,形成一种数据支持的"整体智治";其二,调整和优化教学组织、管理、实施中教师和学生、教学资源和教学评价之间的关系,如利用课程超市、个性化课程、个性化学习路径,使不同利益相关者在拥有、支配、使用、调度教育资源过程中能更加个性化地实现治学主体地位,实现赋权增能;其三,基于数据推进"循证"治理。将数据思维贯穿治理过程,跟踪、采摘、综合各类教育数据,建立基于数据的学校资源配置机制、决策执行机制、反馈监督机制,以及诊断与风险预警机制。为此,应提升学校治理主体的数据素养,通过完整的学校治理绩效评估,为学校办学优势、办学特色、师生发展提供实证分析,不断促进初中学校治理能力提高,推进学校的强校提质。

二、中小学治理结构的发展

新中国成立以来,在中小学管理体系中,领导体制经历过多次变革,由校务委员会制到党支部领导下的校长负责制,再到校长负责制;组织实施方面,经历了由集权封闭到民主开放的过程。这些宏观领导方式渗透进了学校内部的组织结构,导致中小学组织结构从单一化向多样化发展,从等级式向扁平式发展,从垄断型向混合型发展。组织结构的弹性、组织内网络式关系重组,使得中小学组织结构的变革趋于规范科学,教师主动发展意识和实践创新意识得到激发,组织管理更加灵活高效。

从整体上看,我国中小学组织结构经历了三个重要的改革发展时期,每次变革都是对旧事物的摒弃和对新事物的接纳,都是对前一个时期的延续,同时也为后一时期奠定基础。这样交叠前行的过程,推动了中小学组织结构走向专业化和科学化。

(一)中小学治理的三个阶段

1.政本集权阶段(1949 年—1984 年)

(1)中小学组织结构的直线职能型发展

1949 年至 1951 年,各地中小学校成立临时机构性质的校务委员会,主要以进步的教职员工和学生为骨干成员,负责管理学校事务;1952 年实行校长责任制;1958 年实施党支部领导下的校长负责制;1963 年推行校长负责制;1966 年取消党政领导,施行"革命委员会"制;1978 年采取党支部领导下的校长分工负责制,党政力量彼此交融又互相牵制。基于科层制的行政组织模式使得中小学组织权力逐渐集中,重心上提。

1963 年,中共中央印发的《全日制中学暂行工作条例(草案)》和《全日制小学暂行工作条例(草案)》,对我国中小学的组织结构做出了规定。这一时期我国中小学教学组织结构包括教务处、教导处、总务处、政教处。教务处和总务处最先设立,后因强调"教"与"导"合一,教务处改为教导处,负责教学事务、班主任工作、课外校外活动;后来为了加强学校思想政治工作,增设政教处,管理班主任工作和团队工作,又将教导处改为教务处,负责管理学校教学事务①。

在此期间,中小学的教育科研工作主要由教研组负责实施,而教研组是依附在教务处或教导处之下的,是一种非行政组织。1966 年教研组消亡,1977 年教研组恢复。1966 年以前,教研组负责教学和教育实践,属专业性组织,因其选聘机制为任命制,所以带有一定的行政组织色彩。1977 年后,教研组的教学管理职能得到强化,行政化倾向愈加强烈。

此时,中小学教学组织结构的最高管理者是校长;教务处(教导处)、总

---

① 祝成林,张宝臣.中小学教科室发展脉络及启示[J].教学与管理(理论版),2013,12(4):36 – 38.

务处、政教处等居于其下,负责具体管理工作;教研组属教务处或教导处,负责学校教科研工作;学校教师承担教学和学生管理工作。

此阶段中小学组织结构模式主要是直线职能型(见图 2-1),即以直线制为基础,在各级行政领导下设置相应的职能部门。该模式的优点是既能够集中统一指挥,又能使各部门有序分工实现专业化管理。其缺点是,这种模式属于典型的"集权式"结构,权力高度集中于校长,下级缺乏自主权,同时各职能部门之间缺少横向联系,容易造成矛盾,另外,信息传递线路较长,影响管理的速度和效率。

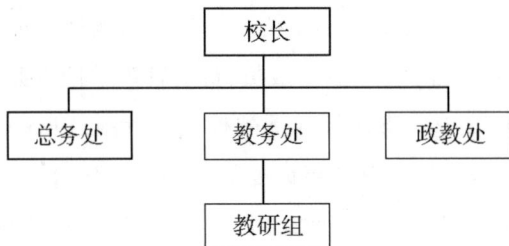

图 2-1　直线职能型组织结构

(2)基本特点:行政本位、权威管理

政本集权时期的中小学组织结构具有三大特点。

一是突出的政治服务倾向。1949—1966 年,中小学组织政治化色彩较重。1958 年 9 月,《中共中央、国务院关于教育工作的指示》中明确要求:"……教育工作必须由党来领导。没有党的领导,社会主义的教育是不能设想的……为了加强党在教育事业中的领导,各级党委要输送一批干部到教育机关和学校中去。"①

此后,中小学校全面实行党支部领导下的校长负责制,学校的重大问题由党支部决定,而校长则负责贯彻落实。1978 年,教育部在《全日制中学暂行工作条例(试行草案)》《全日制小学暂行工作条例(试行草案)》中规定,全日制中小学实行党支部领导下的校长分工负责制,学校的一切重大问题必须经过党支部讨论决定。中小学先后两次实行的这种党支部领导下的校长负责制,并没有很好地平衡好党政工作与学校管理工作,一定程度上影响

① 中共中央、国务院关于教育工作的指示[J].北京师范大学学报(社会科学版),1958(S1):1-5.

了学校办学质量和管理水平的提高。

二是鲜明的行政本位制度。中小学组织结构套用国家行政机关的模式,具有明显的行政化倾向,基本上是在行政管理的模式下运作,行政权力掌控了学校的日常运行。学校内部组织以严格的行政建制组建起来,学校的校长和中层分别具有一定的行政级别,表现出典型的科层式组织结构属性①。学校领导工作考虑的最主要因素是上级的行政命令,以强制性指令为主,学校自主发展的空间很小。

三是典型的权威管理模式。中小学组织管理采用的是典型的工业模式:严格的层级制,民主管理薄弱。组织结构由高到低分三层,即校级领导、中层领导、基层教职工,校长居于顶端,下辖层级式结构,校级和中层构成学校的管理层。组织内部具有较严格的权力等级划分,上级负责谋划、决策,下级被动、机械地执行,缺乏主动性和创造性。整个组织系统以"服从命令和遵守纪律"为最高控制原则,一人指挥,众人行动。组织还通过强化规章制度来进行制度化管理,具有鲜明的刚性管理特征。

2. 教本分权阶段(1985 年—1999 年)

(1)中小学组织结构的矩阵型扩展

20 世纪 80 年代中期,伴随着以"改革"和"开放"为标识的社会快速转型,学校教育也朝着分权化方向发生着深刻变革,主要表现在:宏观层面上,中央政府简政放权,把基础教育管理权交给地方;学校层面上,重新确立校长负责制,扩大学校的办学自主权。

从 1985 年发布的《中共中央关于教育体制改革的决定》,1993 年中共中央、国务院印发的《中国教育改革和发展纲要》等文件中可以看出,实行校长负责制已成为中等以下各类学校改革的重心。一是学校成立了作为审议机构的校务委员会;二是为了加强民主管理和民主监督,学校建立了以教师为主体的教职工代表大会制度;三是学校党组织逐步从过去对学校各项事务"大包大揽、一管到底"中解脱出来。中小学采用校长负责制,赋予了校长相应的权力,提高了学校的管理效率。

20 世纪 80 年代之后,随着中小学校规模的扩大,学校行政重心开始下

---

① 张立新. 当代我国学校内部组织变革研究[D]. 上海:华东师范大学,2007.

移,将教学监督检查和教师人事管理等原本属于学校行政机构的管理权下放到教研组,使得教研组的管理职能凸显出来,这时期不少学校还设立了教育科学研究室。1992 年国家教委印发的《九年义务教育全日制小学、初级中学课程计划(试行)》催发第七次课程改革,教育科学研究成为中小学的重要工作,教科室开始成为独立的行政机构,其作用从隐性走向显性。另外,学校规模的扩大促使一些学校出现了另一类型的行政组织——年级组。这些学校实行以年级组为主体,年级组与教研组并存的双层管理体制。根据学生管理的需要,不少学校亦成立了德育处或学生处,学校逐步形成了教育、教学的双轨管理体制。而为缓解年级组的行政管理压力,减少跨年级教研组教师间的沟通障碍,备课组应运而生,成为教研组和年级组管理工作中的交叉区域。这一时期,中小学教学组织结构在横向上不断扩展,除设置教导处(教务处)、总务处、政教处(德育处)外,有的学校还设置了校长办公室、教科室、年级组等。非教学组织结构中,作为教育民主化发展的产物,这一时期学校普遍增设了教职工代表大会。

由于学校规模的扩大和组织结构的横向扩展,这一阶段中小学组织结构模式以矩阵型为主(见图 2-2)。矩阵型组织结构既保持了教学管理系统原有的纵向直线职能结构,又以年级组作为横向协调部门,从而加强了部门间横向的交流与协作①。

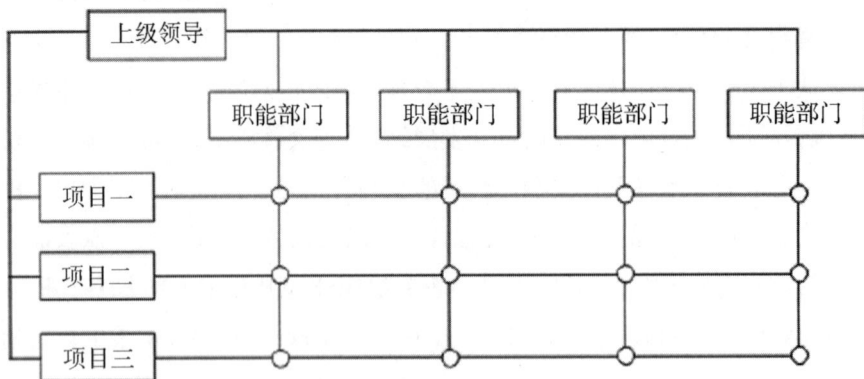

图 2-2 矩阵型组织结构

---

① 方学礼.中小学教学管理组织结构的变革[J].中小学管理,2005(7):8-9.

矩阵型组织结构的优势是各部门之间的沟通和交流更加便捷、快速,且灵活性和适应性更高,还有利于高效配置专家,减少官僚主义现象;缺点是要向多个上级汇报,有可能引发个人和组织决策上的纠结与混乱。

(2)基本特点:多样化、民主化、专业化

教本分权时期的中小学组织结构主要具有以下三大特点。

一是结构复杂多样化。年级组、备课组等之前隐性的层级在教学本位制度的驱使下,逐渐成为组织内部的实体机构,传统的中小学组织结构受到冲击。不少学校实行了校级管理和年级组管理两级管理模式,年级组与处室的关系,出现了从属式、平行式、交叉式等主要模式;在业务处室、年级组与教研组、备课组等关系的摆放中,出现了多重交叉形式①。

这样既有三级管理模式,又有二级管理模式,打破了原先垂直的等级化金字塔模式,从单一的组织结构模式向复杂化、多样化发展。

二是制度转向民主化。1985 年之后,中小学开始陆续设立审议机构——校务委员会,以及建立民主管理机构——教职工代表大会。这种校长负责制、民主审议制和民主监督制"三制分立"的学校管理结构,体现了我国中小学组织管理的民主化走向。校务委员会一般由学校党支部书记、校长、副校长、处室主任、工会主席、共青团和少先队代表等组成,赋予中层共同参与问题研究与决策的权力。教代会由教职工选举代表组成,代表们在学校党支部的领导下,行使民主权利,参与学校民主管理和监督。有些中小学构建了三个层次的民主决策程序——最高层是教代会,第二层是中层以上干部参加的行政会议,第三层是校级领导之间的碰头会,充分体现了决策的民主性。

三是管理趋于专业化。中小学组织结构一直包含以学科为参照组成的教研组;20 世纪 80 年代开始产生的年级组,加强了学科教师之间的横向联系。此外,教科室的存在方式从隐性依附到显性独立等,都体现出学校对于教学和实施专业管理的重视。教研组长、年级组长和备课组长是学校教学

① 黄文健.年级组与各职能处室究竟应是怎样的关系[J].中小学校长,2008,(7):44-46.

工作的骨干力量,是校长权力落实落地的主要依靠,负责管理和带领本学科教师队伍。20世纪90年代,有的学校将"以行政事务为中心"的管理方式改变为"以教育教学为中心",实行校长负责制下的适度放权,校长把部分权力下放给各处室主任和教研组长,充分发挥教研组长的作用。

3.校本放权阶段(2000年以来)

(1)中小学组织结构的扁平化演变

进入21世纪,全球化趋势加剧,我国社会进入全面转型的新时期。社会转型表现在政府与社会关系的调整上,即政府更多地放权于社会、放权于市场,在加强宏观管理的前提下向学校放权。如此一来,校本管理受到重视,以学校为本位的管理改革增强了学校的主动性、主体感。

各地中小学校建立了"政府统筹、社会参与、学校自主管理"的校本管理体制,使学校的管理运行走向开放化、自主化。校本管理打破了长期以来我国中小学"闭门办学"的状态,促使学校加强与社区和家长的联系,尊重家长和社区的知情权、参与权和选择权。2010年出台的《国家中长期教育改革和发展规划纲要(2010—2020年)》提出,取消学校实际存在的行政级别和行政化管理模式,逐步推行校长职级制,并且明确了要制定中小学校长的任职资格标准,积极促进校长专业化。职级制改革进一步扩大了学校办学自主权,强化了校长的职业意识。21世纪进入信息时代,信息技术教育是时代的必然要求,有条件的中小学陆续设立了电化教育研究室(处)或信息技术室(处),使其担负起学校的信息技术教育责任。该时期中小学教学组织结构增加了信息技术处,非教学组织结构增设了家长委员会(以下简称"家委会")等。家委会在参与学校管理活动方面发挥着相应的作用和履行应有的责任,并且对学校工作实施有效监督。

校本放权阶段,中小学组织结构开始从封闭的、静态的集权化管理,转向开放的、动态的民主化管理,扁平式组织结构成为主流(见图2-3)。学校管理重心从校长个人下移到基层,纵向结构层次减少、横向范围拓宽。这种组织结构有利于部门之间信息的更快传递,有利于教师、学生、家长、社区等利益相关者更广泛地参与到学校的管理中。

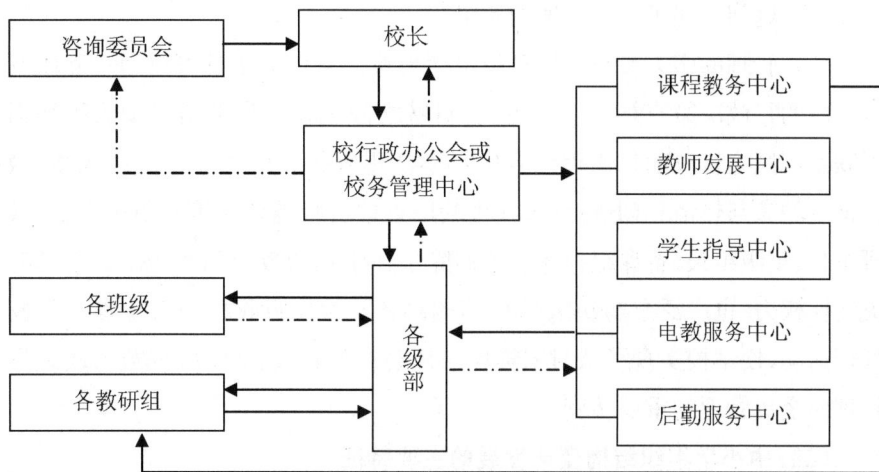

图 2-3　扁平式组织结构

（2）基本特点：网络化、人本化、多元化

校本放权时期的中小学组织结构主要表现出以下三大特点。

一是结构的网络化。在网络信息技术的支持下，中小学在内部打破了原有的科层化组织结构，构建起一种弹性大、灵活性强的网络组织；在外部，通过与家长和社区合作，形成以学校为中心，以关注学生和学校发展的社会力量为依托的网络化组织。在这种网络化的组织中，信息传递的便捷使得中层管理者的许多职能被取代，组织结构向扁平化发展；组织中的横向互动增加，组织内部各部门构成紧密联系的整体，每个成员成为网络结构中的一个因子。学校与家长、社区等校外力量组建的相互信任、信息共享、责任共担的虚拟联合体，打破了组织的边界，增强了中小学应对复杂多变的外界环境的能力。

二是制度的人本取向。人本取向首先体现在校长职级制的实施上，促进了中小学校长的专业化和职业化发展，为校长个人的成长搭建了理想平台。而在中小学组织内部，人本取向最突出的体现是以教师为本、以学生为本，充分关心和尊重师生，做到激励人、发展人，以人的发展促进组织的发展。其一，管理权的下放，打通了中小学教职员工表达意见和建议的渠道，激励教师们敢想、敢做；其二，职工代表大会制度的实施，充分尊重一线教师的看法和观点，给予他们进行平等、开放交流的机会；其三，家委会制度在学校和家庭间搭建了一座沟通的桥梁。

三是管理的多方参与。信息技术使得校内每位员工都可以通过互联网对高层的行政决策直接发表意见,各科室之间也在信息网络的助力下加强了联系。民主行政的思想促使各中小学注重维护教职工和学生的权益,激发师生的参与热情和创造意识,并将基层管理者吸纳到决策队伍中来,如教研组长、年级组长、备课组长等。他们除了在学校的教学和教研事务中具有决定性权力,也广泛参与决策学校其他事务。学校吸收校外人士参与学校管理活动,使学校实现了从封闭管理向社会参与管理、从学校少数行政人员管理向全员管理的重要转变。

(二)中小学组织结构变革发展的主要特征

1. 从依附社会政治经济形势向遵从自身发展规律转变

中小学组织结构的几次变化,都受到当时社会政治经济形势的影响。20世纪80年代和21世纪初的两次社会转型,都带来了学校的简政放权,唤醒了学校组织变革的内生动力。各中小学从之前的自上而下、大规模、集体性的变革中脱离出来,开始关注学校内部改革,并从实际工作中总结规律,尝试实行多种组织结构模式,如多层委员会式组织模式、项目组织模式等。每一种组织结构模式只适合于某种特定环境,作为一个动态开放的机制,学校组织结构将随着教育的发展而不断发展。

2. 从经验主义、拿来主义,向规范化和科学化转变

不少中小学只凭借上级的指示和经验办学,照搬校外行政组织模式,甚至简单移植企业组织模式,组织机构僵硬、刻板,缺乏对自身发展的理性思考,这样形成的组织结构很难有效促进学校发展。随着校本管理制度和校长职级制的施行,中小学建立了适应多方参与校务管理的组织结构,形成了有利于管理信息共享的组织体系,明确了校长、中层管理者、教师、家长和社区等管理角色的职责和要求,同时建立相应的责任机制、校务公开机制和激励机制等,使学校组织的内部管理更加规范和科学,向有机的、柔性的组织结构过渡。

3. 从行政集权向民主管理转变

在一系列增权赋能政策的推动下,中小学迎来了自主管理、自主发展的好时期。政府宏观上的调控、社会参与管理、学校自主办学,使学校实现了

权力重心的下移、组织结构的开放、管理过程的多方参与和活力发展。校务委员会、教职工代表大会制度体现了学校管理的服务性倾向。民主监督机制的建立健全,为广大教职工、家长、社区人员搭建了一个广泛参与学校管理的正常渠道。这些措施能够有力地促使中小学组织从封闭静态的集权化管理转向开放动态的民主化管理。

4.从外控型领导向校本管理转变

我国中小学很长时间以来习惯于政府和教育主管部门的外控领导,管理上被动守旧,这已严重影响了学校的自主发展和教学质量的提高,因此,校本管理应运而生。政府将管理权交还给学校,实行校长负责制和校长职级制,充分激发学校的内动力和校长工作的主动性、创造性,从而引导每所学校都能根据自身的需要,确定符合自身发展的目标和方向,组建独特的管理队伍,探索适合自身状况的管理模式,最大限度地提高学校管理的效能和效率。

5.从科层组织向专业型组织转变

科层组织内部具有严格的权力等级,强调的是权威而非学科专业,不利于校长职业化和学校专业化的发展。而专业型组织主要是一种教本和校本组织运作机制,适应了教育变革和学校管理创新的需要。校长职级制的实施及完善,促进了校长自身的专业化发展;中小学组织结构中教研组、年级组和备课组等在学校教学和教研事务中拥有的决定性权力,体现了专业化管理;社会专业人士参与学校的管理,成为学校专业化发展的推动力量。所有这些促进了中小学组织的专业型转变。专业型组织将进一步提升校长和教师的专业意识、专业知识和专业能力,从而为社会提供更加成熟有效的专业化服务。

(三)中小学组织结构变革发展的未来趋向

1.以现代信息技术的深度融入彰显现代化的组织结构

中小学组织中的成员面临新时期信息化、网络化环境的严峻考验,组织重构不可避免。

首先,现代信息技术有效提高了工作效率,学校可实施动态开放的组织管理模式,精简组织机构和办公人员,降低管理成本。其次,随着中小学组织规模的进一步扩大和招生类别的增加,中小学组织结构将会向事业部型演变,组织的高层负责战略决策和长远规划,各学段、年级、分校自行管理,必要时自主决策。再次,中小学还可利用信息技术打通与社会公众的沟通渠道,搜集民意,集中民智,实施开放式办学,形成无边界组织。最后,信息技术将带来无纸化办公,打破受时间和地点局限的办公模式。这需要学校管理者优化学校组织内部资源,建立健全信息化操作制度,构建内外部信息交流平台,实现组织内外信息共享,提高办公效率。

2. 以学术氛围的营造促进组织的专业化发展

学术氛围的营造,首先要求校长以身作则,带头进行教学科学研究。学校管理者要善于在工作中思考和总结,提高理论修养,拓展自身职业发展空间,同时运用教育规律办学和施教,以自身专业化带动组织专业化发展。其次,要建立专业取向的学校管理模式,重用教学专家和业务骨干,加强业务领导,建立健全教师专业发展制度,如设立专业发展委员会、课题协作组,实行学科带头人制、首席教师制等。最后,要推进教师的专业化发展。一是改变过去对中小学教师发展的漠视状态,从学校层面制定学生、学校和教师三维发展目标,引导教师树立专业发展的意识;二是保障教师的专业自主权不受外界因素的干涉,强化教师的专业地位,赋予他们参与学校专业决策的权力;三是创建沟通与合作的组织文化,通过管理者与教师的交流与沟通、教师之间的互信与合作,打造宽松的职业发展环境;四是要营造组织学习气氛,实现团队学习。

3. 以组织服务理念的提升强化协同管理机制

中小学组织具有服务性质,并且应坚持"以人为本"的服务理念,除了为学生和教师服务,还为家长和社会服务。在复杂多变的社会环境中,若想提供更优质的服务,中小学除了具备专业服务意识和水平外,还需要借助各方力量进行协同管理。

随着中小学组织管理变得更加柔性化、交叉化和开放化,协同管理成为可能。首先,学校通过推进教师专业化发展,实施专业化管理来实现对教师的专业化服务,并赋予教师专业决策权,使教师成为学校内部协同管理机制的基本构成单位。其次,学校在为学生服务的基础上进一步实现为家长、社会服务。一方面,各中小学应本着校务公开、坦诚服务的意愿,把家长纳入学校管理队伍中,实现家校合作、共建共享;另一方面,学校自身资源有限,只有充分利用社会资源,协同管理,才能达到共赢。中小学可以在自主办学的前提下,积极进行校企合作、校地合作、校校合作,充分利用社区、企事业单位的资源,建立多向合作模式,实施互动发展。总之,中小学应秉持提升组织服务的理念,通过建立学校内部和外部协同管理机制,依靠信息交换与共享,联合教师、家长、社区及社会专业人士等开展协同管理,共同为学校充满活力的发展做出新的探索①。

三、学校治理结构变革的经验和教训

从新中国成立到现在,不论是整个国家基础教育阶段的学校数目,还是学校的办学规模,都有了极大的增长,而规模增长与治理复杂程度是成正比的,这也导致学校治理体系建设的每一个阶段,除了要应对阶段性的社会问题与教育问题之外,还需要不断调整治理体系以适应规模增长和教育发展带来的新问题。在各级各类学校组织复杂化、结构多样化、水平差异化以及人民群众教育诉求个性化的背景下,公平与效益的博弈、质量与速度的纠结,无不对教育发展理念和教育治理方式带来全方位的冲击,催促着中国教育加快实现由教育管理向教育治理转变,建立现代学校治理体系。于是,着眼于教育的未来发展,回望新中国成立以来学校管理发展历程,现代化学校治理体系建设主要有以下启示。

第一,学校治理体系是国家治理体系中的子体系,所以学校治理体系的建设既要顺应国家治理体系的变化,又要服务于国家治理体系的治理目标。新中国成立之初,在国家治理上重在团结一切可以团结的力量,大家齐心协力建设新中国,也正是在这样的背景下,学校治理的核心任务与国家治理的趋势是高度一致的,那就是要团结学校所在区域内的各种进步的教职员工和学生,共同建设属于我们自己的学校。当国家治理体系相对稳定之后,就要从建设阶段转向整治阶段。在这样的背景下学校治理也从依靠多方力量转向学校自身治理体系的建立,于是就有了从校务委员会向校长责任制的转型。因此,当后期国家治理体系受到扰乱难以正常发挥作用的时候,学校

---

① 张新平,范建丽. 70 年:中小学组织结构之变革与发展[J]. 中小学管理,2019 (9):14 – 20.

治理体系也相应地失去了治理功能,学校教育随之进入休克阶段。当国家治理体系再次恢复健康并持续向好的时候,学校治理体系也逐渐变得稳定。1993 年之后,以校长负责制为核心的学校治理体系稳定下来,开始了校内治理结构的建设与完善进程。

第二,学校治理体系要逐步从对具体人的规范与对具体事件的管理转向对具体人与具体事件背后治理机制的建设上来。无论是早期的校长责任制、后面不断变化的党支部领导下的校长负责制,还是现在稳定下来的校长负责制,在最初都重在协调学校中具体的校长个人与党组织的关系,注重校长个人在学校管理过程中权力的制衡与责任的担当。于是出现了这样的情况:一旦把权力下放给校长个人,在校长个人对学校负起责任的同时,难免出现校长个人主观独断的现象;可一旦用党组织来约束校长个人的管理权力,要么出现党支部书记独断的现象,要么出现校长个人不再承担或者无力承担管理责任的事实。不论是对具体个人的充分信任,还是对具体个人权利与义务的制衡,都会因为具体个人的多样性与易变性,很难收到持久的成效。非常幸运的是,在1993 年全面实施校长负责制之后,我们在校长负责制中就不再将具体的校长个人与"校长负责制"这一制度相捆绑,而是进一步对校长这个岗位以及以校长本人作为核心的学校行政集体进行规范,并以学校行政集体的运行机制来规范校长负责制中的校长个人,这种治理思路既深化了学校以校长为核心的行政集体建设,又避免了校长负责制随着校长个人的变化而反复的可能。因此,学校治理体系建设在本质上并不着眼于具体人的规范和具体事件的管理,它需要通过对人性的体认,对学校组织的构成与运行机制有深度理解,据此来设计和建设学校的组织结构和制度体系。

第三,学校拥有作为组织所具备的普遍性治理特征,学校治理体系的完整性直接影响"促进学生全面发展"这个教育目的的达成。学校的确是一类组织,所以可以按照组织的模式来管理,但学校不论是组织目的还是组织的人员构成,都比普通的组织更为复杂与多样。怎么走向现代学校治理? 学校要以育人为本,落实立德树人根本任务,确立这一共享价值是学校治理的前提。因此,从组织目的来讲,学校要培养全面发展的人,就必须拥有丰富的教育专业资源,以此促进和保障学生全面发展。很明显,学校要达成促进学生全面发展这个组织目的,只拥有专业资源是不够的,需要丰富的行政资源来予以推动,还需要借助家长资源来助力学校教育,更需要借助社区和社会来创造丰富多彩的育人机会。是故,学校治理的复杂性来自既要充分尊重教师群体的专业自主权,又要建立不同学科或者不同专业教师之间在专业自主权使用过程中的协商机制,从而在保障教师个人专业自主权的同时还能够汇集教师团队的集体智慧;还来自在尊重教师群体专业自主权的同时,要通过行政管理权的发挥,既充分使用教育行政资源,又能够通过行政管理来提高学校专业资源的使用效率;还来自在尊重教师群体专业自主权的同时,要为家长、社区乃至于整个社会参与学校教育教学过程提供机会,为愿意贡献自己独特教育资源的人提供机会与渠道。所以说,构建学校治理体系建设是一个非常艰巨的任务,只有全面地理解学校治理活动,才能够系统地推进学校治理的"体系建设"。如果说在普遍性的组织里,治理体系的不完备只影响组织效能,那么学校组织中,治理体系的不完备在削弱组织效能的同时,还会弱化甚至异化学校的组织目的,导致学生的单向度发展甚至负向发展。

四、建立现代学校治理结构的挑战

纵观新中国"学校治理体系"建设历程,虽然整个过程比较周折,也的确在探索现代化学校治理体系的过程中走了不少弯路,但整体而言还是搭建起了学校治理的体系结构,确保了作为全球最大规模的基础教育得以有序开展,并为国家经济与社会发展输送了与其需求相适应的人才。在中小学校治理发展历程中,正是由于学校内部治理体系的建设不到位,导致很长一段时间都徘徊在学校领导体制上。到了后期,随着学校治理体系的建设逐步从关注学校领导体制转向构建学校管理模式,从规范校长个人的权力与责任转向关心学校内部治理体系,学校治理体系的建设才开始进入正轨,并在后续近三十年里对前期明确下来的管理制度和治理体系进行持续优化,一直到今天才勾勒出现代化导向的学校治理体系蓝图。综合学校治理体系的建设经验,尤其是遵循十八届三中全会以来在国家治理体系和治理能力现代化建设中的基本原则,可以从学校集体决策机制、教育方针的维护与保障机制、教育教学专业审议机制以及综合育人协作机制四个方面,来架构和建设面向未来教育的现代化学校治理体系。

以校长为核心的行政团队集体决策机制。校长是学校的灵魂人物,如何界定这位灵魂人物的权利与义务,既决定着学校发展的方向,也决定着学校发展的效率。从1985年《中共中央关于教育体制改革的决定》提出逐步实施校长负责制以来,越来越明晰"校长负责制"不再是单纯对"校长责任制"的明确,而是对围绕校长负责制形成的一系列制度安排的明确;而且"校长负责制"中的"校长",也不再单纯是对校长本人的明确,而是对以校长为核心的整个行政团队的明确。这种观点也为其他国家在进行学校治理方式的转变时所接受。有了把"校长"延伸为"以校长为核心的行政团队",把"校长负责制"延伸为"围绕校长负责制的一系列制度安排",不但让学校治理体系有了系统性的架构,也让大家看到了如何进一步充实和完善学校治理体系的方向。以校长为核心的行政团队,既包括作为学校法人代表的校长本人,需要在制度层面承担法人责任和在学校发展的实践层面承担领导责任,还包括以校长本人为核心搭建起来的,包括学校副校长以及相关领导班子成员在内的领导层,共同分担管理决策权力和具体的管理责任,还包括由学校领导班子成员分工负责组成的学校中层管理干部及由此延伸到的由具体教师组成的行政执行团队,他们也在自己的岗位职责范围内享有参与学校相关决策的权利,并据此承担相应的管理职责和教育职责。于是,这就改变了传统观念中把学校所有行政决策权都集中于校长本人身上,然后再通过层层授权或者分权的方式来助力学校行政权力的实现。其实,当我们把校长视为学校行政团队的集体形象时,就能够理解团队中的每一成员都在自己的岗位上享有应有的权利并必须承担相应的义务,而学校整个行政团队的集体决策也不再是校长本人一人的决定,而是通过学校校长办公会、学校行政工作会议、学校教代会以及学校教师大会等决策形式,来达成学校行政管理的共识,最终形成学校层面的管理决策。

学校党组织对国家教育方针的维护及其保障。尽管"校长负责制"有别于"党支部领导下的校长负责制",但能不能有效发挥党组织在学校管理和发展中的作用,依然是我国学校治理体系完善与否、学校治理体系有效与否的重要因素。2015年教育部下发的《关于深入推进教育管办评分离,促进政府职能转变的若干意见》也明确提出"完善学校内部治理结构。进一步加强和改善党对学校的领导,在中小学、民办学校充分发挥基层党组织的政治核心作用"。基层党组织的政治核心作用除了对中小学党组织自身建设、学校师资队伍建设的政治方向进行把关之外,还有保证学校育人方向和育人目的与党和国家的教育方针保持一致。2014年教育部印发的《关于全面深化课程改革 落实立德树人根本任务的意见》也规定:"立德树人是发展中国特色社会主义教育事业的核心所在,是培养德智体美全面发展的社会主义建设者和接班人的本质要求。课程是教育思想、教育目标和教育内容的主要载体,集中体现国家意志和社会主义核心价值观,是学校教育教学活动的基本依据,直接影响人才培养质量。"所以要"全面贯彻党的教育方针,遵循教育规律和学生成长规律"。这一系列的规定事关"培养什么人、怎样培养人、为谁培养人"这一根本问题的解决,学校以校长为核心的行政管理团队和以教师为主体的教学专业团队都有义务来落实这些规定,但究竟他们实践的方向是否正确、程度是否到位,依然需要学校党组织予以维护和保障。学校党组织既需要对育人方向和育人目的予以把关,还需要通过师资队伍政治思想工作以及学生德育工作来引领教师的教学思想和学生的学习动机。因此,学校党组织在发挥教育方针的维护和保障职能时,其工作机制并不必然在具体工作中体现,更多时候是通过对工作人员的政治思想工作以及对每项教学活动教育意义的引领来实现。

以教师为主体的教育教学专业审议机制。在党组织把握教育教学方向、在以校长为核心的行政团队的集体决策和具体管理活动之下,学校教育教学任务的达成就落到了以教师为主体的教育教学团队身上。学校内部治理结构的完善需要着眼于培育和提升教师的专业精神和奉献精神,激发教师的专业荣誉感,从外在的"要我好好干"变为内在的"我要好好干"。学校教育教学团队并不只是简单地完成教育教学任务这么简单,教育教学活动是一项既高度专业化又高度个性化的活动。高度专业化意味着教师有着专属于自己的专业资源。如果要充分发挥这些专业资源的教育作用,一方面要激发教师的工作积极性,另一方面要尊重教师的专业自主权。前者保证教师愿意使用专属于自己的专业资源,后者保证教师有最大化使用专属于自己专业资源的制度安排与教育机会。但是,要赋予教师在教育教学活动过程中的专业自主权,并不是说对教师教育教学活动不予干预,教师教育教学决策除了要接受学校教育目的和育人目标的引领之外,还需要学科教学与学生德育之间、学科教学与学科教学之间、教师教学与学生学习之间,就各自的专业自主权进行协商。毫无疑问,不论是学科教师、班主任还是学生自己,都会最科学地也最大可能地遵循教学规律、德育规律和学习规律,但教学、德育和学习都是在有限的时间和空间中展开的,当我们看到三者都最大化的时候,很可能得不到三者共同的最大化。要做到教学、德育与学习的共同最大化,就需要学科教师、班主任和学生在专业自主权上相互协商,在具体的学科教学、学生德育和学科学习上相互让步,这就需要引入专业审议机制。这种为了整体最大化而弱化分项活动专业的做法,必须在学科教师、班主任和学生之间来达成共识,如果采用行政干预的方式来操作,就会导致行政权力挤压专业权利的现象,最终得不偿失。

师生家社政一体化的综合育人合作机制。虽然学校治理体系的建设是一个独立问题,但也不能忽视"体系"所代表的问题的复杂性和综合性。学生的成长是一件极其复杂的事情,有可能一种教学活动会产生多个学习结果,也可能一个学习结果是由多个教学活动生成的,而不同教学活动又可能由不同的教学主体来开展,不同的教学主体拥有不同教学活动所必不可少的教学资源。所以,既要在教育教学活动上进行全面设计,尽可能最大化使用来自不同教育主体的教学资源,也需要在学校层面建立不同教育主体之间的合作机制,从而有效地发挥多教育主体间的育人合力。其实,要促进学生全面发展,不仅要在各个专项教学活动中考虑如何支撑学生全面发展,更重要的是要尽可能多地创造多方教育主体参与教育教学活动的机会,并拥有愿意尽其所能投入教学资源的动力。在《关于全面深化课程改革 落实立德树人根本任务的意见》中就规定:"完善各方参与的育人机制。地方各级教育行政部门要建立健全中小学教学指导专业组织,聘请有关专家学者共同参与教学研究与指导。创新管理机制,支持和鼓励学校聘用社会专业人士担任兼职教师或来校挂职。学校要建立健全中小学家长委员会制度,加强家长学校建设,推动家长转变教育观念,树立良好家风,提高家庭教育水平,形成家校育人合力。"这只是提出了一些具体的做法,更需要研究和推进的是隐在这些做法背后的活动机制,即不同的教育主体,尤其是外在于学校的教育主体,为什么愿意参与到学校育人活动之中来,而且他们还乐意为此提供专属于自己的教育资源。对校内教育主体来讲,有效的激励机制和相对完善的绩效考核制度至关重要;而校外教育主体既需要吸引他们参与活动,也需要借助于他们的教育使命和资源投入来开展校内的教育教学活动。当然,需要注意的是,社会参与学校管理是需要一定条件的,如合理的民主参与制度、参与者的民主议事水平以及学校管理者的办学理念等。这里特别要指出的是,在缺乏明确理念的前提下提倡社会参与,不但容易产生妨碍正常教育教学活动的嫌疑,而且也关系到公共教育质量的问题。

五、新时代中小学校治理结构建设

推进教育治理体系和治理能力现代化,是我国深化教育体制改革所面临的一项重要任务。中小学的内部治理结构作为教育治理体系的重要组成部分,已成为激发学校办学活力、确保学校各项工作健康运行、提高教育教学质量的关键所在。立足新时代,开启新征程,我国中小学的内部治理体系和治理结构应在以下方面做出积极的改进和完善。

一是决策治理机制。2022 年 1 月,中共中央办公厅印发了《关于建立中小学校党组织领导的校长负责制的意见(试行)》。通知指出,加强党对教育工作的全面领导是办好教育的根本保证。建立中小学校党组织领导的校长负责制,是坚持为党育人、为国育才,保证党的教育方针和党中央决策部署在中小学校得到贯彻落实的必然要求。要把党建工作作为办学治校的重要内容,发挥基层党组织作用,加强党员队伍建设,使基层党组织成为学校教书育人的坚强战斗堡垒。要把思想政治工作紧紧抓在手上,深入开展社会主义核心价值观教育,抓好学生德育工作,把弘扬革命传统、传承红色基因深刻融入学校教育,厚植爱党、爱国、爱人民、爱社会主义的情感,努力培养德智体美劳全面发展的社会主义建设者和接班人。要加强分类指导、分步实施,针对不同类型、不同规模的学校,在做好思想准备、组织准备、工作准备的前提下,成熟一个调整一个,推动改革落到实处。实行中小学校党组织领导的校长负责制既要充分发挥学校党组织领导作用,又要切实发挥校长在教育、教学、管理等各项实际工作中的具体指挥和负责作用。中小学校党组织全面领导学校工作,履行把方向、管大局、作决策、抓班子、带队伍、保落实的领导职责。学校党组织实行集体领导和个人分工负责相结合的制度。

凡属重大问题都要按照集体领导、民主集中、个别酝酿、会议决定的原则,由党组织会议集体讨论作出决定。党组织班子成员根据集体的决定和分工,切实履行职责。学校党组织书记主持党组织全面工作,负责组织党组织重要活动,督促检查党组织决议贯彻落实,督促党组织班子成员履行职责、发挥作用。校长在学校党组织领导下,依法依规行使职权,按照学校党组织有关决议,全面负责学校的教育教学和行政管理等工作。实行中小学校党组织领导的校长负责制还要求建立健全议事决策制度,完善协调运行机制,加强组织领导。

二是监督民主机制。教师可以通过教职工大会或教代会参与学校管理,实施民主监督。在教职工大会或教代会召开期间,教师通过提案、建议等形式,就学校管理、教师权益等问题向工会反映有关情况,并有权要求学校领导予以反馈答复。因此,中小学校要设置专门的工作组织和工作人员,特别是吸纳律师、社会代表、家长代表等第三方参与来接收提案和建议。

三是学术评价和专业指导机制。中小学要建立由教师代表、专家代表、家长代表组成的学术委员会,并根据课程设置建立各学科专业的教科研组织,在教育教学和科研创新上实施专家治学和学术自由。要把教师专业评价、课堂评价、学生学业评价充分交给学校学术委员会或教科研组织实施,确保专业、客观和科学。

四是社会合作机制。中小学的发展离不开社会支持,同时学校要为社会服务、接受社会监督。学校要建立家长委员会、社区合作委员会等机构,由专门的学校人员与社会方方面面进行对接、交流、合作,积极营造全社会尊师重教的良好氛围。

六、建设现代学校内部治理结构的路径

建立一个相对完善的学校治理体系,基本上可以保证学校治理活动在方向上的正确性和在治理结构上的系统性,但如果要高品质和高效率地实现学校治理功能,还需要提高学校的治理能力,通过学校治理能力的现代化来落实学校治理体系的现代化,并用学校治理的现代化来促进学校教育的现代化。学校治理能力的现代化建设,主要包括学校教育主体的治理能力提升、治理路径建设和参与治理的保障机制三个方面。教育主体治理能力

的高低决定着学校治理层次与格局,治理路径的建设成效决定着学校治理能力发挥渠道的畅通程度,而参与治理的保障机制决定着教育主体参与学校治理的机会与空间。

　　教育主体的治理能力既包括教育主体在参与学校治理过程中需要具备的能力,也包括教育主体对学校治理过程的参与意愿,而两者的综合才是教育主体在学校治理实践过程中真正表现出的治理能力。从学校管理到学校治理,看起来处于不同位置的教育主体都拥有了参与学校事务的权利,但权利与义务总是如影相随,权利的行使一旦受制于义务的承担时,就会成为一项非常专业的事情。教师要从承担义务的角度来行使参与学校治理的权利,这就意味着教师要对参与治理的活动或者项目有全面而又真实的了解,并从中洞悉活动的目的以及活动中参与各方的利益所在,从而精准表达自己的利益诉求并最大化发挥自己在活动中的作用。所以,从被管理者到治理参与者,这不只是一种意识的变化,而是对治理参与者全新的要求。当被管理者作为管理决策的执行人时,不论是在活动过程中的专业决策,还是在活动中自己的利益诉求,都不是自己所能够决定的,甚至不是自己所能够争取的。一旦从被管理者转变为学校治理的参与者,那就意味着不论是在教育活动中如何科学地发挥专业能力,或是通过教育活动来实现利益诉求,由于少了外在的强制性规定,就不得不考虑专业决策能力和利益表达能力的高低,这会对学校治理的成效产生直接的影响。此外,教育主体拥有的学校治理能力只是一种可能性,至于能够在学校治理实践中把这种可能实现到什么程度还受制于很多因素,其中最重要的就是治理参与者的主观意愿。在推进学校治理的过程中,并不是越有治理能力的教育主体就越有参与学校治理的意愿。事实往往相反,那些具备良好治理能力的教育主体,他们通常有着较弱的参与学校治理的意愿,因为他们非常清楚参与学校治理的成本,而学校治理有着较为明显的公共性,这也就为他们"搭便车"提供了可能与机会。

　　学校治理路径建设,是为那些对学校治理有参与能力且有参与意愿的教育主体提供的进入学校治理实践的道路。如果学校治理路径比较多元化,就会让不同的教育主体都找得到属于自己的参与学校治理的道路;如果学校治理路径比较通畅,那大家参与学校治理的摩擦就小,不论是参与治理过程中的满意程度,还是参与治理中的利益获取都会更加顺利,也会激励大家更愿意参与学校治理。在学校管理体系中,建立了管理者听取被管理者意见或者建议的自上而下的渠道,也建立了被管理者向管理者反映问题和表达利益诉求的渠道,当然也存在教师通过教代会和教师大会对学校重大事件行使决策权的渠道。但这些渠道有着明显的层级关系,是上下级、管理者和被管理者、权利行使者和决策执行者之间的关系,直接目的并不是为了更好地决策,重心在于更好地执行。从学校管理转向学校治理,就需要在此基础上弱化层级关系,在现有的管理渠道中增加相互协商的机会和平台,这能够让彼此间的交流少了上下级的管理关系,多一点信息互动的机会。或者可以增设一些平等的交流渠道,这主要是在各种权利交叉使用的地方,比如学校行政管理权与教学自主权之间、教学自主权与家长知情权之间,这些权利主体在自己权利的使用范围内,彼此间并没有明显的上下级关系,而是通过更好的协商来寻找到不同权利之间的共识,从而促进教育教学工作的效能最大化。因此,学校治理路径的建设,既可以利用现在的管理渠道来实现学校治理的功能,也需要建立更多的治理路径,来实现不同权利主体之间的交流与对接。

参与学校治理的保障机制,既是对参与学校治理过程的保障,也是对参与学校治理过程中相关主体权利的保障。学校治理并不仅仅是一种理念,而是一项具体的工作,它需要一个相对完整的流程和相对系统的制度来予以规范,从而科学而又高效地达成学校治理的任务。比如,以校长为核心的行政团队集体决策,这就需要完善学校行政会议的议事规则,既要保证校长个人的决策权利,更要保证学校行政团队在会议过程中具有充分表达自己意见和建议的机会,虽然行政团队的意见和建议并不必然进入行政团队的集体决定,但这个过程应该是自由完整的。再如,以教师为主体的教育教学专业审议过程,既然是专业审议就意味着教师的专业意见比行政建议更有权威性,需要在审议结果中有一定的体现,但这也对教师提出意见的专业水平要求更高,需要教师证明自己提出的意见是专业的。这就不能像行政建议时只是提出自己的利益诉求或者活动建议,在专业审议中需要教师自我论证活动建议的科学性和利益诉求的正当性。在保障参与学校治理过程的科学性与有效性的同时,由于教育主体参与学校治理具有较大的公共性,即在满足自己的利益诉求和专业表达的同时,也会同时满足与自己类似情况或者相同专业人群的利益诉求和专业表达,所以还需要有强有力的制度来保障学校治理参与者的个人利益和权利。从学校层面来讲,要尽可能推动学校决策的公开与公正,并将决策过程数据化或证据化,通过决策过程的阳光化来破除学校治理过程中参与者内心的担忧,保护参与者的参与积极性,吸引更多教育主体参与到学校治理过程中来,毕竟参与教育治理的主体范围越宽,各类利益相关者的代表性和话语权越充分,对于管理事务的参与程度越深,就越能体现民意民情,多元利益就越能得到充分表达,治理的民主性就越高,最后善治的程度也就越高。

促进学校治理现代化,这并不是因为今天有了这样一个概念或者提法才向学校发展提出的新问题。似乎更应该把学校治理看成是经典问题在新时代的新表现,才不至于漠视以前在这项事业上积累的经验与遭遇到的困难。是故,学校治理并不是从零开始。只有系统回顾和全面总结过往学校治理工作的经验,尤其是自新中国成立以来在学校管理制度化和体系化上形成的宝贵经验,结合新时代对学校治理提出的新要求,面对学校治理实践中面临的新问题,才能够为学校治理体系和治理能力现代化寻找到可行而又高效的路径。

对一所学校而言,提升治理能力,关键在于进一步完善内部治理结构。

首先,明确学校各利益相关者的核心利益是什么,他们需要哪些权力来维护自身的核心利益。以教职工和学生为例。教职工的核心利益包括工资、福利待遇,教职工聘任、考核、职称评定、奖惩办法,教育教学方法的选择与革新,学校发展规划等。其他诸如学校干部人事任免、财务预算和支出、招生与收费、学生奖惩等事务,虽然也关乎教职工利益,也为他们所关注,但并非其核心利益。对于教职工的核心利益,他们应当有权发出自己的声音,有权参与决策,有权监督相关事务的执行情况。对于非核心利益,教职工享有知情权、建议权、监督权、评议权。学生的核心利益包括校园安全环境的创设,学校重大教育教学改革举措,学业、品行的评价标准和方法,学生的奖励与惩处制度,在校伙食选择、校服征订等。对于这些核心利益,学生应享有决策权、评价权、监督权和救济权。

其次,需设立相应的治理机构,赋予其相关的治理权。当前,各个学校普遍设立的治理机构包括:党支部(党委)、校长办公会、教职工(代表)大会、学生代表大会(初、高中)、少先队代表大会(小学)、家长委员会、校务委员会等。还有少数学校设立了学术委员会(享有学术方面的最高治权)、教师委员会(相当于教代会的常设机构)等。其中有不少机构实际上并未发挥实际作用。现在,如果要让它们成为某一利益相关者参与学校治理的权力机构,则需要"旧瓶装新酒",重新划分、界定其职能,赋予其足以维护其所代表的利益相关者核心利益的相关治理权,这样它们才能成为真正的"治理机构"。比如,学生伙食的选择、校服的征订,其决策权应当由学生代表大会或者家长委员会来行使。对于那些属于所有利益相关者共同核心利益的事务,则应当由学校最高决策机构——校务委员会(由各利益相关方代表组成)来行使决策权。

再次,需要制定各个治理机构的运作规范和议事规则。设立各个治理机构只是第一步,让它们良好运转,切实履行职能才是关键。为此,需要制定相应的配套制度。治理机构的权利、义务、责任是什么,机构由多少人组成,人选是怎么产生的,如何征集议题,如何召集会议,议题如何表决(包括出席人数、表决程序和方式等)等,都需要相应的制度来明确和规范。离开了这些操作程序的支持,治理机构的职能就无从发挥。

最后,需要学校章程来确认和保障各利益相关者的治理权。章程是学校的"宪法",是学校自主管理的依据。学校治理结构事关重大,直接决定着学校如何实现自主管理,应当成为章程的核心内容之一。而经过章程确认和保障的学校治理结构,则具有了合法性和正当性,应当不折不扣地执行,违规则需要承担相应的责任[①]。

---

① 雷思明.学校如何完善内部治理结构[N].中国教师报,2022－06－08(10).

第三章　学校营养:课程建设

　　学校是培养人才的摇篮,而课程是人才培养蓝图的具体体现,是实现教育目的与培养目标的基础,它规定了学校"教什么"和"学什么"等基本问题。课程及其顺序构成了学生达到教育目的与培养目标所应学习的基本内容体系,它具体表现了培养人才的蓝图。离开了一定的课程,对人才的培养只能是一句空话。由于培养人才的主要途径是通过教学实现的,而在教学过程中课程设置又占据核心地位,因此,科学的课程开发和课程实施,对于学生的身心发展起着决定性作用。

一、基础教育课程改革的背景

　　在改革开放和现代化建设新时期,实现现代化,科技是关键,基础在教育。当今世界,以信息技术为主要标志的科技进步日新月异,高科技成果向现实生产力的转化越来越快,知识经济预示人类的经济社会生活将发生新的巨大变化。国家的综合国力和国际竞争能力越来越取决于教育发展、科学技术和知识创新的水平,教育将始终处于优先发展的战略地位。《中国教育改革和发展纲要》指出:中小学要由应试教育转向全面提高国民素质的轨道,面向全体学生,全面提高学生的思想道德、文化科学、劳动技能和身体心理素质,促进学生生动活泼地发展,办出各自的特色,全面推进素质教育。素质教育就是以提高国民素质为根本宗旨,以培养学生的创新精神和实践能力为重点,培养德智体美劳等方面全面发展的社会主义建设者和接班人。

　　全面推进素质教育,要面向现代化、面向世界、面向未来,使受教育者坚持学习科学文化与加强思想修养的统一,坚持学习书本知识与投身社会实践的统一,坚持实现自身价值与服务祖国人民的统一,坚持树立远大理想与进行艰苦奋斗的统一。全面推进素质教育,要坚持面向全体学生,为学生的全面发展创造相应的条件,依法保障适龄儿童和青少年学习的基本权利,尊重学生身心发展特点和教育规律,使学生生动活泼、积极主动地得到发展。

实施素质教育应当贯穿于幼儿教育、中小学教育、职业教育、成人教育、高等教育等各级各类教育,应当贯穿于学校教育、家庭教育和社会教育等各个方面。在不同阶段和不同方面应当有不同的内容和重点,各种教育活动相互配合。实施素质教育,必须把德育、智育、体育、美育等有机地统一在教育活动的各个环节中,促进学生的全面发展和健康成长。

1999 年 1 月,国务院批转了教育部《面向 21 世纪教育振兴行动计划》。该计划就是为了实现中国共产党十五大所确定的跨世纪社会主义现代化建设的目标与任务,落实科教兴国战略,全面推进教育的改革和发展,提高全民族的素质和创新能力而制定的。《面向 21 世纪教育振兴行动计划》提出,实施"跨世纪素质教育工程",整体推进素质教育,全面提高国民素质和民族创新能力。改革课程体系和评价制度,2000 年初步形成现代化基础教育课程框架和课程标准,改革教育内容和教学方法,推行新的评价制度,开展教师培训,启动新课程的实验。争取经过 10 年左右的实验,在全国推行 21 世纪基础教育课程教材体系。

面向 21 世纪的基础教育课程改革,针对培养适应新时代人才的需要,对课程设置和课程实施存在的问题,提出了课程改革的目标和课程改革的要求。课程教材是学校教育的核心,课程教材改革是教育改革的关键。随着中国教育改革的不断深入,课程教材改革的理论研究与实践探索成为教育领域最热门的话题。此次改革确立了新的课程观,提出课程是教师、学生、教材、环境四个因素的整合。建设的新课程不仅是文本课程,更是体验课程。课程不再只是知识的载体,而是教师和学生共同探求新知识的过程。

《面向 21 世纪教育振兴行动计划》颁布和实施,把课程管理改革作为新课程建设的主要任务和内容。中国自 20 世纪 50 年代至 80 年代初一直采用苏联的课程管理模式,即由中央对全国的课程教材进行一级管理,全国实行统一的教学计划、教学大纲和教材。这种集中统一的课程管理模式显然与复杂多样的国情不相适应,同时也无法发挥地方教育行政部门的主动性和积极性。

1992 年国家教委颁布的《九年义务教育全日制小学、初级中学课程计划(试行)》在课程设置的内容中将课程分为国家安排课程和地方安排课两类,这是课程管理上的一个重大突破。但地方安排课程所占比例很小,留给各地的课程管理的空间仍然十分有限。

1996年3月印发的《全日制普通高级中学课程计划(试验)》第一次将"课程管理"作为课程计划中的单独一部分列出,规定:"普通高中课程由中央、地方、学校三级管理;本课程计划中的12门学科课程(包括必修和限选)由国家教委统一规定基本课时数,颁布学科教学大纲,并规划、组织编写和审查教材;各地根据课程计划的精神,按照实际情况,由省级教育行政部门或其授权的教育部门参照《课程安排示例表》,制订本省实施的高中课程计划,提出有关任意选修学科及活动类课程的实施方案,指导学校执行;学校应根据国家教委和本省(自治区、直辖市)课程计划的有关规定,从实际出发,对必修学科和限选学科做出具体安排,合理设置本学校的任选课和活动课。"这次的高中课程计划没有像以往那样给出一个固定的课程安排表,而只是规定了"周课时累计数"和一个课程安排示例表,具体的课程安排表由各省制订,学校则可以发挥自己的积极性安排任选课和活动课。

1999年教育部的《面向21世纪教育振兴行动计划》在关于课程管理的内容上不仅再次明确了课程三级管理制度,而且更进一步扩大了地方和学校的权利,允许地方和学校开发符合本地实际需要的课程。该计划还明确了调整课程政策,明确国家、地方和学校三级课程管理权,建立对地方和学校课程指导和评估的制度,下放课程设计的权利,支持和鼓励地方发挥积极性,开发适合地方经济发展和社会需求的课程,给予学校一定的开发课程的权利并承担相应的责任。

在教科书制度方面,为了适应中国幅员辽阔、人口众多、经济发展不平衡的现实,国家"在统一基本要求,统一审定的前提下,逐步实现教材的多样化",即所谓"一纲多本",允许各地在国家规定的教学大纲的指导下编写多种教材,经审定后方可被选用。学校校长和教师可根据本校实际选择教材,教育行政部门要给予指导。与此相配套,教科书制度由以前的"国编制"变为"审定制",实行编审分开。1986年,国家教委成立了新中国成立以来第一个权威性的教材审定机构——"全国中小学教材审定委员会"及其下属的"各学科教材审查委员会",并设立了常设办事机构"国家教委中小学教材审定委员会办公室"。同时,一系列课程管理的重要文件颁布,如《全国中小学教材审定委员会工作章程》《中小学教材审定标准》《中小学教材送审办法》

等,规范了教材的编写与审定工作。

与义务教育教学计划和教学大纲相配套,"全国中小学教材审定委员会"规划了六套不同层次、不同特色的教材,其中人民教育出版社、课程教材研究所编写了"六三制"和"五四制"两种学制的两套教材。此外,上海市、浙江省根据本地经济文化发展的需要,分别制订了具有地方特色的教学计划和课程标准,编写了相应的教材。河北省教委根据农村简易小学的需要制订和编写复式教学的课程和教材。这是新中国成立以来第一次在全国同时使用多套不同特色的教材。

《面向 21 世纪教育振兴行动计划》作为基础教育课程改革的重要政策文件,对基础教育的课程结构改革提出了新要求。受苏联的影响,新中国成立后的中小学只有单一的学科课程,课程结构不合理。突出表现在以学术性课程为主,实用性课程、适应地方需要的课程、对学生进行生活教育的课程薄弱,在一定程度上表现出了脱离实际、脱离社会、脱离生活;必修课过多,对学生要求过于统一,缺乏弹性;各类学科的比例不够合理,体育、音乐、美术学科比较薄弱,社会科学类的学科比较薄弱;课程门类过多,课时总量偏高,学生的课业负担较重,不利于学生生动、活泼、主动地发展。总之,旧的课程结构无法完成提高学生全面素质、促进学生个性健康发展的艰巨任务。

为了适应世界范围内科技的飞速发展,迎接 21 世纪知识经济的挑战,参与世界各国的政治经济竞争,课程设置与课程结构的改革迫在眉睫。课程教材的改革首先在义务教育阶段展开。经过大量的实际调查和理论研究,并广泛听取各地教育部门和教师的意见,国家教委于 1992 年颁发了新的课程计划《义务教育全日制小学、初级中学课程计划(试行)》,并于 1993 年秋季开始执行。该计划确立了由学科与活动构成的课程结构。学科课程中,以必修课为主,初中阶段适当设置选修课;以分科课为主,适当设置综合课;以按学年、学期安排的课为主,适当设置短期课;以文化基础教育为主,在适当年级因地制宜地渗透职业技术教育;在保证学生学好语文、数学等工具学科所需要的课时的前提下,适当调减工具学科课时,增加艺(术)体(育)劳(技)学科、社会学科、自然学科的课时。新课程计划确认了活动的课程价值,活动在实施全面发展教育中同学科相辅相成。

1993 年,国家教委着手研究制订与新的义务教育课程计划相衔接的普通高中课程计划,并于 1996 年颁布了《全日制普通高级中学课程计划(试验)》,这个计划从 1997 年秋季起在江西、山西、天津三地开始试验,计划试验三年。新的普通高中课程由学科类课程和活动类课程组成,它们各自的比例为 90.1% 和 9.9% 。学科类课程分为必修、限定选修和任意选修三种方式,必修学科是每个高中学生必须学习的课程,共计十二门,占高中总课时的 62.4%;限定选修学科是学生在学习必修学科的基础上,侧重接受升学预备教育或接受就业预备教育所必须进一步学习的课程,占总课时的 12.2% 至 18.7%;

任意选修学科是为发展学生兴趣爱好、拓宽和加深知识、培养特长、提高某方面的能力而设置的,占总课时的 9.0% 至 15.5% 。活动类课程包括校会、班会、社会实践、体育锻炼、科技、艺术等活动,其中科技、艺术等活动是学生自愿选择参加的活动课程。

随着新世纪的来临,义务教育课程计划存在的问题,影响着教育教学质量,新一轮课程教材改革势在必行。《面向 21 世纪教育振兴行动计划》提出要构建面向 21 世纪的基础教育现代化课程体系。义务教育应充分体现普及性和公平性,义务教育的课程目标、内容与要求应按照《义务教育法》的要求,保证基础性和发展性,不能任意扩大和拔高,要给学生全面、丰富的发展留有充足的空间和时间,要有利于学生自主、多样、持续、有创造性地发展。高中课程要多样化、综合化和具有选择性,要以提高学生的基础学力和发展能力为基本要求,既要满足学生对提高文化素养的强烈愿望,又要满足他们因不同需要而产生的对提供多种选择的要求①。

2001 年,在党中央、国务院的领导下,教育部正式启动了新一轮基础教育课程改革,颁发了《基础教育课程改革纲要(试行)》等一系列政策文件,初步构建了符合时代要求、具有中国特色的基础教育课程体系。《基础教育课程改革纲要(试行)》提出了六项改革目标,第一项就是"改变课程过于注重知识传授的倾向,强调形成积极主动的学习态度,使获得基础知识与基本技

---

① 教育部.面向 21 世纪教育振兴行动计划学习参考资料[M].北京:北京师范大学出版社,1999:68.

能的过程同时成为学会学习和形成正确价值观的过程"。这一目标有破有立,破的是用机械刻板的方式强化知识传授和能力训练的传统课程。传统课程过于注重知识点的传授、记忆和应对考试能力的训练,学生处于被动接受的地位;重智轻德、弱化体育、美育;重书本轻实践,导致课程教材"繁、难、偏、旧"。这种被称为"双基"模式的课程与素质教育的理念是背离的,不利于学生全面发展,不利于培养具有创新精神和实践能力的时代新人。在破"双基"目标的同时,课程改革要立的是知识技能、过程方法、情感态度价值观相统一的课程理念和新的课程模式,也就是三维目标。

三维目标强调课程不仅要使学生获得基础知识和基本技能,还要使学生在获得基础知识和基本技能的过程中学会学习,形成正确的价值观。三维目标的课程理念突出了培养学生情感态度价值观在课程目标中的地位,体现了全面发展的价值取向;突出了过程与方法的育人功能,体现了学习者的主体地位。三维目标是对传统"双基"课程理念的突破,是素质教育思想和要求在课程中的落实。三维目标的课程理念随着新课程的实施,得到了广大教师的认同,推动了全面培养教育实践的发展,促进了育人方式的转变。新课程呈现出生机活力,育人质量明显提升。

培育学科核心素养是2017年完成修订的普通高中课程标准提出来的。修订工作始于2014年,贯彻党的十八大精神,始终把落实立德树人根本任务作为修订的指导思想和使命担当。各门课程自觉认识本课程培养时代新人、立德树人的使命与贡献,聚焦培养学生适应未来发展的正确价值观、必备品格和关键能力,即学生发展核心素养。根据培育学生核心素养的课程功能定位,各学科深入研究本门课程对培育学生发展核心素养必须做出和可以做出的贡献,凝练本门课程的学科核心素养。学科核心素养是对三维目标的坚持,也是对三维目标的提升。三维目标的方向是全面培养、全面发展,三维应该是一个融合的整体。但在近二十年的课程实施过程中,实施者对三维融合的理解深浅不一,对本门课程培育什么样的情感态度价值观的理解把握深度参差不齐,甚至出现重实轻虚的现象,知识能力训练抓得实,情感态度价值观的育人目标虚化,过程方法育人的自觉性不强,导致改革的预期效果难以实现。学科核心素养将本课程培育学生具备怎样的正确价值观、必备品格和关键能力鲜明地揭示和凝练起来,贯穿在整个课程设计之中,课程实施目标明确,实施者的自觉性和操作性增强,立德树人的任务能够得到更为有效的落实。近年来,普通高中新课程的实施实践,从教材编写、教师培训到课程教学实施,充分显示了学科核心素养目标是对三维目标的提升。

围绕构建新课程体系的目标,教育部组织研制了新课程方案、新课程标准,组织编写了新的教材。新方案、新标准和新教材,努力体现课程改革坚持的推进素质教育的理念,课程结构的综合性、选择性明显增强。课程内容努力革除"繁、难、偏、旧"的弊端,加强与学生生活、现代社会和科技发展的联系,精选学生必备知识和技能。根据"先实验、后推广""先义务教育、后普通高中"的安排,2001 年秋季开学,义务教育新课程在全国 38 个国家级课程改革实验区开展实验。在国家开展实验的同时,省一级也建立实验区开展实验,实验区逐步扩大。在认真总结国家和省两级实验区的经验,以及对实验区工作进行全面评估和广泛交流的基础上,推广工作有序开展。2005 年秋季开学,全国义务教育阶段中小学起始年级全部启用新课程。普通高中新课程的课程方案和各学科课程标准是在 2003 年 4 月颁布的,并于 2004 年秋季开学,由山东、宁夏、广东、海南四省区率先进入高中新课程实验,边实验、边推广,到 2010 年秋季,普通高中新课程全面覆盖全国各省区。

2022 年,教育部印发《义务教育课程方案和课程标准(2022 年版)》。课程标准是国家规范基础教育课程运作的纲领性文件,也是教育行政部门推进课程改革行动的指导性文件。所以,从国家层面讲,基础教育课程改革乃至整个基础教育改革往往都要从课程标准的研制或修订开始,这几乎是国际的惯例。课程标准的研制和修订是基础教育改革的引擎和支点。没有这个引擎,改革引发不出来;缺乏这个支点,改革就无从着力。实际上所有行业都无一例外,标准的制定和确立是改革与发展的源头,谁掌握了标准,谁就掌握了行业的领导权和话语权。课程标准是基础教育改革的第一依据、第一推动力。我国二十年来基础教育改革的实质性进展都是源于课程标准的研制和修订。

本次课程标准修订强化和凸显人的因素,将课程目标指向核心素养,推动基础教育课程由学科立场向教育立场(学生发展)转型。学科立场和教育立场是课程标准研制和修订的两种基本立场。学科立场是学科本位论的体现,教育立场则是以人为本(儿童本位论)的反映。本次义务教育课程标准修订以立德树人根本任务为指引,以核心素养(人的全面发展)为导向,旗帜鲜明地把课程从学科立场转向教育立场,以人的发展特别是核心素养的形成为宗旨重建课程标准的方方面面。

本次义务教育课程标准修订在凝练课程培育的核心素养上特别强调三个核心点:

第一,深度挖掘各门课程的独特育人功能。学校教育是以课程为载体进行的,各门课程的确立则是以其独特的育人价值和功能为依据。事物之所以存在并拥有立足之地,继而具有独立甚至崇高的学科地位,很大程度上是由它独特的"功能"所决定的。所以,凝练各门课程培育的核心素养,首先就是要深度挖掘和精准阐述课程独特的育人性。

第二,注重本课程对促进学生一般发展应做的贡献。每门课程虽各有侧重,但都内在地包含德智体美劳的要素和成分。发挥全面育人功能、促进学生一般发展是每门课程不可推卸的职责,学生德智体美劳全面发展需要所有课程共同发力。

第三,遵循义务教育的规律,体现义务教育的特性。提炼义务教育阶段各门课程培育的核心素养,理所当然地必须遵循义务教育的根本规律并体现其根本特性。其一是基础性。义务教育是基础教育中的基础,义务教育要培育的是基础维度、基础层面的核心素养,义务教育阶段课程培育的核心素养应体现基础性、起始性,为高中阶段学习乃至终身发展打根基。其二是综合性。课程的综合化和跨学科性是义务教育课程改革的世界性走向,凝练义务教育阶段课程培育的核心素养必须体现这一特性,注重挖掘各门课程对培育学生综合素养应做的贡献。其三是成长性。义务教育阶段的培养对象是快速成长中的儿童少年,为此要从成长的视角提炼和阐述课程培育的核心素养的内涵,使这些核心素养本身成为可以引领儿童持续成长的风向标,而不是一个凝固的评判标准。

新一轮的基础教育课程改革,凸显了新时期课程改革的特点,主要表现为:

第一,基础教育课程改革是教育领域将科学的顶层设计与富有活力的基层创造相结合的成功的改革实践。课程是国家意志的体现,国家课程是国家培养人才的蓝图。改革基础教育课程是进入 21 世纪党和政府为实现民族复兴大业,培育时代新人所做出的重要举措。中共中央、国务院深化教育改革的决定,国务院关于基础教育改革发展的决定,都对基础教育课程改革进行了部署。党中央、国务院分管教育工作的领导亲自动员、亲自指导。国家组织了庞大的专业队伍,在广泛调查研判国内外中小学教育的基础上,深入研究、充分论证,精心设计改革方案,精心设计新课程。改革方案设计坚持科学决策、民主决策,广泛听取各方面的意见、建议,集中各方面智慧,尤其重视实践一线的广大教师、教研工作者的意见、建议。设立不同地区、不同类别的实验区,先实验、后推广。党中央、国务院对课程改革的动员部署得到各地党委政府、广大基础教育学校及教育工作者的热烈响应。地方党政领导干部深入学校、课堂,了解并指导课程改革。各地建立改革实验区,结合本地实际,探索落实国家课程改革的路径,推动课程改革在本地扎实开展。尤为可贵的是,广大中小学校长和教师认真学习新课程、研究新课程,制订校本化的改革实施方案,让课程改革在校园里、教室里、师生教与学的实践中生动活泼地开展起来。各地创造了不少实施新课程的成功案例,涌现出一批以课程改革为主阵地的深化教育改革、推进素质教育、全面贯彻党的教育方针的先进典型。顶层设计和基层创造相结合,是改革成功的重要经验。在教育改革中,基础教育课程改革的成功是具有代表性和示范性的。

第二,基础教育课程改革是进入 21 世纪以来我国基础教育领域的一次思想大解放、观念大更新。基础教育课程改革是在党的解放思想、实事求是、与时俱进的思想路线指导下开展的。以人为本,实现人的全面发展,是实施素质教育的理论基础,也是基础教育课程改革的基本指导思想。推进课程改革,首先要用这一思想审视基础教育原有的课程,在批判性扬弃的基础上,进行新课程的设计构建。参与课程改革的千万教育工作者,坚持解放思想,自觉更新教育观念,理性地审视传统的知识中心、教师中心、课堂中心的育人范式,努力探索建立聚焦培育素养、重视学习者的主体地位、知行合一的育人方式。课程改革的进程既是广大基础教育工作者学习、领会、践行素质教育思想的过程,也是他们更新教育理念的过程。事实证明,他们经受了一次教育思想的洗礼,其教育观念、教学行为和教育话语都发生了深刻的变化,呈现出新的面貌。具有世界先进水平和中国特色的基础教育课程教材理论体系、话语体系的建设,也迈出了空前的一大步。

第三,基础教育课程改革和中小学普及信息技术同步推进、互相促进。课程改革为我国青少年的信息科技素养在缩小同发达国家差距、适应时代发展要求方面做出了重要贡献。世纪之交,信息科技飞速发展,信息技术已渗透到社会生活的各个领域,改变着人们的生产、生活和学习方式。信息科技素养正成为青少年适应未来生活必备的重要素养。二十世纪八九十年代,我国在经济与教育基础都相当薄弱的情况下,奋力普及九年义务教育,普及水平迅速提高,但基础教育尤其是广大农村中小学办学条件差,有些地方教师工资不能按时足额发放,一些贫困地区学校的课桌椅都不能配齐。当时,城市和经济相对发达地区的一些中小学已开展计算机教育,但广大农村尤其是贫困地区的农村中小学信息技术教育尚未起步。我国基础教育领域的信息技术教育起步迟、条件差,城乡、地域差距大。2000 年,教育部对我国中小学信息技术教育水平做出的研判是:"同发达国家相比,甚至同一些发展中国家相比,都还有比较大的差距。"面对这样的形势,教育部门和广大基础教育工作者怀着强烈的忧患意识,迎难而上,在全国中小学普及信息技术教育。教育部在 2000 年 10 月召开了全国中小学信息技术教育工作会议,发出了《教育部关于在中小学普及信息技术教育的通知》,对信息技术教育在全国中小学的普及进行了动员部署。教育部决定在中小学开设信息技术教育课程,加快信息技术教育师资的培养,开展信息技术教育师资专项培训工作;实施"校校通"工程,国家对农村和贫困地区学校开设信息技术课的设施条件给予支持。教育部在普及中小学信息技术教育的部署过程中,特别强调其与基础教育课程改革的结合。以培养适应未来社会发展的一代新人为目标的基础教育课程改革,把加强信息技术教育、培育学生信息科技素养作为改革的重要着力点。2000 年 11 月颁布的《中小学信息技术课程指导纲要(试行)》不仅确定了中小学新设信息技术教育课程,还制定了小学、初中、高中三个学段的教学目标,提出了信息技术课程的教学内容、评价方法,要求以培养应用信息技术解决实际问题的能力为主线,进行教材的编写并探索教学改革。普及信息技术教育,有力地推动了信息技术在中小学的应用。在新课程的实施中,信息技术的应用促进了教学方式的变革,促进了教师培训和教学研究,促进了教育资源的开发和优质资源的推广应用。

基础教育课程改革推动了中小学普及信息技术教育,使跨入21世纪时,我国基础教育同发达国家的数字鸿沟迅速缩小。在新课程中成长起来的青少年,信息科技素养大大提升,紧紧跟上了科技发展和时代前进的步伐。

第四,基础教育课程改革是一面辉煌的旗帜,号召团结了广大教师坚守初心、勇担使命、锐意开拓,推动改革奔腾前进。基础教育课程改革举起素质教育的旗帜,旗帜上书写着改革的核心理念:"为了中华民族的复兴,为了每位学生的发展。"经过改革开放洗礼的许许多多有志于改革的教育工作者,满怀激情,自觉聚集到这面旗帜下,他们有的参与国家课程改革方案的顶层设计,有的参与地方组织领导课程改革的实施,有的参与新课程教材的编写,有的为一线教师开展培训辅导,有的宣传报道改革的动态和成果,有的在校园课堂创造性地实践新课程。他们岗位不同,但目标一致;他们身份各异,但情怀相通。在这支浩浩荡荡不断壮大的队伍里,谈笑有鸿儒,往来无白丁,个个都是改革的志士。他们是仰望星空的理想主义者,期望每位学生都能全面而有个性地发展;他们是脚踏实地的实干家,克服一个又一个困难,攻克一个又一个难点,坚韧不拔地把课程改革推向前进。他们是中国基础教育课程改革的脊梁,是中国教育改革的脊梁。他们为二十年来中国基础教育课程改革的成功做出了不可磨灭的贡献。他们是推进新时代中国基础教育课程改革不断深化、走向新辉煌的中坚力量。

二、学校培养目标与课程体系的关系

1. 课程体系在人才培养中的作用

1859年英国教育家斯宾塞在《什么知识最有价值?》一文中首次提到了"课程"(curriculum)一词,它是由拉丁语 currere 派生而来的,意为"跑道"。根据这个词源,课程最常见的定义是"学习的进程"(course of study),简称"学程"。但这种解释在当今的课程文献中受到广泛的批评,人们开始重新理解这个拉丁词源。"currere"的名词形式为"跑道"之意,课程是为不同学生设计的不同轨道,由此引出一种传统的课程体系;"currere"的动词形式意为"沿着跑道奔跑",因此人们对课程的理解又放在个体认识的独特性和经验的自我建构上。20世纪以后,进步主义教育思想,尤其是杜威的课程思想促使课程学者重新界定"课程"这一概念。学术界对课程的定义种类繁多、众说纷纭,直至今日还未达成一致意见,对它的定义至少有一百一十九种,课程的本质内涵呈现出模糊性和不确定性。

中国教育学界对课程问题的研究有着较长的历史,早在唐宋时期就有了"课程"一词。古汉语中的"课"有督促之意,孔颖达在《五经正义》中提出:"维护课程,必君子监之,乃依法治。"文中的"课程"含义远远超过了学校教育的范畴。诗人白居易的《与元九书》曰:"苦节读书。二十已来,昼课赋,夜课书,间又课诗,不遑寝息矣。"此处的"课"指按规定的内容和分量讲授或学习。南宋思想家朱熹在《朱子全书·论学》中多次提到课程,如"宽着期限,紧着课程""小立课程,大作工夫"等。这里的"课程"虽然没有明确界定,但含义是很明显的,指功课及其进程。他提出的课程与现代课程概念比较接近,涵盖了动态学习过程的思想,课程包括学校学生所应学习的学科总和及其进程与安排。广义的课程通常指学校为实现培养目标而选择的教育内容及其进程的总和,包括学校教师所教授的各门学科和有目的、有计划的教育活动;狭义的课程是指某一门学科。

课程体系是一个在教育教学工作中经常出现的概念,然而,对它的定义到目前为止尚未有一个确切的定论。杨树勋、赫冀成、张喜梅等不少学者将课程体系与课程结构等同。施良方认为课程结构是指课程各组成部分之间如何联系在一起的。顾明远从广义和狭义两方面对课程结构进行了阐述,即广义上指学校开设的课程中的各个组成部分的组织、排列和配合形式;狭义上是指一门课程中的各个组成部分的组织、排列和配合形式。武汉大学原校长刘道玉认为课程体系是指许多课程相互联系而构成的整体。他把课程体系分为三个层次——宏观、中观和微观。宏观课程体系是依据所在院校制定的人才培养目标来设计的课程整体;中观的课程体系则指一个系的课程体系;微观课程体系是指一个专业以及一门课程的结构体系。综上所述,课程体系就是根据培养目标来设置课程,并将不同内容、不同形式、不同形态的课程相结合以达到整体优化。

课程体系是教育教学的重要依据。受教育者的知识、能力、素质结构和其所学专业的课程体系有着密切的联系,有什么样的课程体系就会有什么样的学生素质,合理的课程体系能培养出素质全面的人才。课程体系是人才培养质量的关键,在人才培养的过程中起着重要作用。第一,课程体系可以实现培养目标。培养目标制定后需要经过课程体系来转换成具体的教学实践。离开课程体系,培养目标就落不到实处,课程体系反映了培养目标的具体要求。第二,课程体系是选择文化、传承文化的重要载体。尊重历史、重视现在、考虑未来,既要体现学生需求,又要满足社会要求,同时还要符合社会经济发展是课程体系设置的出发点。这里所说的尊重历史,就是尊重前人积累并创造的精神文明。我们可以对这些古老而传统的文化进行选择,取其精华去其糟粕,将那些悠久灿烂的优秀文化编入教材,然后通过开设各种课程,以学校教育的方式把它们传承下去。第三,课程体系可以培养人才。课程体系是为实现培养目标服务的,为社会各界培养所需要的人才是学校办学的出发点。课程体系是一所学校根据自己的培养目标进行的有计划、有系统的课程安排。合理安排课程内容,课程的内容既能反映出学科的主要知识,又要符合知识发展的规律、时代的要求与前沿。合理安排各门课程之间的结构,调整课程开设的先后顺序,促使各门课程之间衔接有序,进而使学生通过课程的学习与训练,获得某一专业所要具备的知识与能力,以达到培养人才的目的。

2. 培养目标与课程体系的关系

培养目标与课程体系都是人才培养过程中不可缺少的重要因素。培养目标是构成课程体系的前提与基础,课程体系又是实现培养目标的重要载体与手段。两者是相辅相成,不可分开的。

培养目标是构成课程体系的前提与基础。培养目标是学校办学的目的及方向,它决定了人才培养的标准。课程体系则是为培养目标而建构的,有什么样的培养目标就会有什么样的课程体系与之相匹配。课程体系要以培养目标为指导思想,充分反映出培养目标的要求。

课程体系是实现培养目标的重要载体与手段。教育的目的就是培养人才,提高人才培养质量。培养目标是影响人才培养质量的决定因素,课程体系是围绕人才培养目标而设计的,它反映了培养目标,决定了所培养人才的规格、质量与水平,是实现培养目标的重要手段。课程体系的广度与深度将直接影响到人才培养目标定位的层次及规格,培养目标只有以课程体系为载体,才能在受教育者那里得以实现。离开课程体系,培养目标就不能得以落实。

可见,培养目标与课程体系是相互影响、缺一不可的,只强调培养目标而不注重课程体系的构建,会使培养目标空设,难以操作;只强调课程体系的构建而不注重培养目标的科学定位,会使二者出现"两张皮"现象。因而,只有在科学定位的培养目标指导下,构建与之相匹配的课程体系,才能使培养目标与课程体系在人才培养过程中发挥其应有的作用。

三、中小学高质量课程建设的"三条路径"

实现学校培养目标,建设高质量教育体系,促进学生的全面发展,培养社会主义现代化的建设者和接班人,应当努力构建高质量教育的课程体系,这就需要采用科学方法,积极建设适应学校培养目标的课程体系。

(一)国家课程校本化

课程标准是国家课程的纲领性文件,是国家对基础教育课程的基本规范和质量要求。但是,国家课程标准无法直接转化为教学资源,具体实施时涉及三个问题:其一,学段层次比较清晰,但学期层次相对模糊,需要教师合理地规划,落实到学期、单元和每节课中;其二,知识体系比较完备,但缺少与之对应的质量评价体系;其三,学习内容比较清晰,但缺少具体方法策略的指导。因此,需要我们根据各地、各学校的特点进行创造性的解析,以期达成国家课程标准的校本化落实。

1.国家课程校本化的必要性

国家课程是国家教育行政部门规定的统一课程,它体现国家意志,是特地为未来公民接受基础教育之后所要达到的共同素养而开发的课程。国家课程具有统一规定性和强制性。正是由于这种特点,国家课程在实施方面必须走校本化之路。

(1)目前的课程体系照旧是学科课程为主,综合课程不足;照旧是知识课程为主,动手课程不足;选择性有增加但与同学适应还有差距。课程的设置要面对现代化、面对世界、面对将来。目前这种单一的以国家课程为主的课程模式,已经远远不能适应飞速进展的现代化建设的需要。随着社会的进步,始终会有新的职业产生,有些职业还没有被定义,或许每天都会有一种职业在消逝或者在生成。社会需求的多样化与课程设置的单一性之间存在着严峻的冲突。

（2）国家课程注重的是普适性，很难考虑到学校、同学的个别差异，满足多样化的需要。国家课程要面对全国，与地方教育需求脱节；主要面对全部学校，与学校具体办学条件脱节；主要面对全体学校老师，与具体的学校老师脱节，与学科进展脱节。国家课程必须面对全国和面对全体同学，必须确保全部同学学习的权利，从而获得一个积极的有责任感的公民实现自我价值和自身发展所必需的技能和态度。因而国家课程的标准不能设置得太高，通常是中等偏下，这样就可以保证绝大多数同学都能达到国家课程的标准，从而避开因标准过高而将那些境况不利的同学排解在外，这也是国家课程最显著的特征。但是，受到家庭环境、文化背景等多方面的影响，同学及其家庭在教育资源的选择、同学的培育目标、对将来进展的期盼等方面存在着不同的需求，因而必须有足够多的课程满足这种多样化的需求。我国的新课程改革必定要求国家课程校本化。

（3）目前新课程改革在实际操作的层面主要集中于课堂教学的改革，即技术层面的革新，很少涉及课程的层面。这与长期以来受到应试教育的深刻影响有关。在课程的选择方面，不少学校仍旧坚持着以考试为主的价值取向，把考试需要的科目看得很重，称之为"主科"，而那些不需要考试的科目自然就成了"副科"。这种状况可能导致老师为考为教，同学为考而学，而同学的发展则成为一句空话。假如任由这种状况自由进展，新课程改革可能走向夭折。对于老师的专业成长而言，这过于局限于技术层面的进展，过于依靠于国家课程的权威，也阻碍了老师的全面进展。

2.国家课程校本化的目标定位

国家课程校本化不是简单的校本课程。目前，大多数老师习惯于使用"校本课程"这个概念，它主要是指学校在国家课程方案预留的课程空间内完全自主的课程开发，是以同学的需求和同学的爱好为导向，开发出的特色课程，如时事论坛、活动课程、专题讲座等。

但是校本课程的开发同样也包括学校对国家课程因地制宜、因校制宜、因人（同学）制宜的制造性的改编和再开发，这是一个动态的过程。为了区分于上述概念，"国家课程校本化实施"这一说法更为精确，它的基本含义是：在坚持国家课程改革纲要基本精神的前提下，学校根据自身性质、特点和条件，将国家层面上规划和设计的、面向全国所有学生的书面的计划学习经验,转变为适合本校学生学习需求的实践的学习经验的创造性实践,包括教材的校本化处理、学校本位的课程整合、教学方法的综合运用和个性化加工及差异性的学习评价等多样化的行动策略。

国家课程校本化的基本要求是学校和老师通过选择、改编、整合、补充、拓展等方式,对国家课程和地方课程进行再加工、再制造,使之更符合学生、学校的特点和需要,即国家课程在学校文化基础上的融合与建构。这样,每个课堂都是一个课程试验室,每个老师都是一个课程试验者,他们通过自己的课堂教学实践时时刻刻检验、进展并具体化国家的课程理想,并形成合乎本校特点的课程理想与实践。

国家课程校本化在于为国家课程的实施提供具体的符合学校特色与同学特点的"课堂教学特色说明书"。新课程的实施虽然也有由专家供应的"产品说明书",即教学参考书可以遵循,但是真正起作用的只能是学校及老师在落实国家课程的过程中通过研究学校本身的条件和特点,研究所教同学的进展需求的基础上内在生成的具有本校特色的"说明书",即国家课程的校本化、班本化、人本化。这样,老师就不仅仅是国家课程的被动实施者,还是课程改革的乐观参与者。

3. 国家课程校本化原则

国家课程校本化的过程实际上是课程文化与学校文化的融合过程,是国家的课程理想与学校文化的双向建构过程,在这一过程之中,必须坚持以下原则。

(1)以纲为本的原则

教育部制定的"普通高中课程标准",猛烈地体现着国家意志,是特地为未来公民接受基础教育之后所要达到的共同素养而提出的国家标准。其主要目的在于确保全部同学学习的权利。国家课程是面对全国的,因此国家课程将保证全部学生都享有在一定领域内的学习权利,都享有获得知识、发展智力的权利,从而获得一个积极的有责任感的公民实现自我价值和自身发展所必需的技能和态度。一般来说,国家课程的标准不宜过高,通常是中等偏下,这样就可以保证绝大多数同学都能达到国家课程标准,从而避免因标准过高而将那些境况不利的同学排斥在外。这是国家课程最显著的特征。

但是高中阶段,学校不仅担当着为社会培育合格公民、为学生终身学习打下基础的任务,而且还担当着为高等院校输送优秀人才的重要任务。这就决定了高中阶段不仅要依据课程标准组织教学,还要依据国家考试中心编制的《普通高等学校招生全国统一考试大纲》组织教学,即组织学生参加高考。而普通高等学校招生全国统一考试是由合格的高中毕业生和具有同等学力的考生参与的选拔性考试。高等学校依据考生的成绩,按已确定的招生方案,德、智、体全面衡量,择优录用。因此,高考应有较高的信度、效度,必要的区分度和适当的难度,高考标准实际上也是社会认可的和强制实施的一种人才标准。《普通高等学校招生全国统一考试大纲》的标准明显要高于课程标准,通常是中等偏难,只能保证部分优秀同学最终进入高等学校继续学习。

坚持以纲为本的原则,正是基于两种标准差异性的客观要求。为此,在国家课程校本化实施过程中必须正确处理好以下三个方面的关系:一是"普通高中课程标准"与"普通高中课程标准教科书"的关系;二是"普通高等学校招生全国统一考试大纲"与"普通般高中课程标准"的关系;三是"普通高等学校招生全国统一考试大纲"与"普通高中课程标准教科书"的关系。

(2)坚持以校为本的原则

国家课程最终需要通过学校及老师才能变成具体的教学行为,从而实现国家的教育理想与目标。但是不同地区、不同学校以及同一学校内部不同老师之间由于主客观因素的制约,在接受并实施国家课程的时候会表现出巨大的差异,因此,国家课程校本化实施过程中必须从学校实际出发,从老师和同学的具体情况出发,体现出学校的特色和办学目标。

第一,必须与学校文化相融合。一个学校总是沿着特有的文化轨迹向前进展,又朝着更高的文化目标继续追寻。新课程改革实施过程中所消灭的冲突,本质上是原有文化意识与新的文化理想目标的冲突。阻碍课程改革的最大因素不是技术而是观念。因此,在实施改革过程中肯定要培育新的文化氛围,同时包容不同的意见。没有人反对的改革不是改革;很多人反对的改革是不能实施的改革。改革的本质是转变自身,是自我革命。改革是一个连续不断的过程,改革的难度在于对改革的再改革。

第二,必须体现学科特点。由于不同学科知识体系、思维特点等各方面存在着差异,在校本化实施过程中不能搞一刀切,为校本而校本、忽视内容而流于形式的做法必需坚决反对。在学校制定的总体原则指导下,各教研组由名师牵头制定学科具体的实施方案,体现原则性与机动性的统一。

第三,必须明确研究重点,确定合理目标。新课程改革是一项系统工程,任务多、难度大,不能面面俱到,必须集中力气有选择性地研究,力求重点突破,以点带面。研究的重点包括:"普通高中课程标准教科书"是如何体现"普通高中课程标准"的;"普通高中课程标准教科书"在哪些方面给老师的发挥留有充分的余地;"普通高等学校招生全国统一考试大纲"与"普通高中课程标准"在难度上的差异点有哪些;如何在贯彻落实"普通高中课程标准"的基础上拓宽与加深学问,并精确把握住度等。

(3)坚持循序渐进的原则

新课程改革不是一项权宜之计,而是关系到社会主义现代化建设的基础性工程,不是可做可不做的选择题,无论你情愿还是不情愿,无论你乐观还是消极,总有一天要出发。消极等待和盲目行动是要反对的两种错误倾向。

第一,重点试验,积累阅历。在不具备全面铺开、一步到位条件的状况下,可以由部分先行者率先试验,积累阅历,再逐步推广。在继承传统集体备课优良传统的基础上,将其提升为国家课程校本化实施研究,选择部分学科、部分班级、部分老师率先试验,形成符合学校、学生实际的课堂教学案例等具体成果,呈现国家课程校本化、班本化、人本化的具体表现。

第二,抓住根本,立足长远。百年大计,教育为本;教育大计,教师为本。没有一支敬业精神强、业务素养高、研究力量强的教师队伍,任何改革都只能是空谈。以一些先进学校为例,学校在老师培育方面实行了三大工程:一是名师工程,重在打造名师团队;二是青年教师培育工程,这包括"青蓝结对工程"和"青年教师五项全能竞赛"两个具体工程;三是老师促进方案,即学校教师评价体系。三大方案相互协作、相互促进,共同支撑着学校教师的专业成长。

(4)榜样示范,共同提高。评价名师不是看你一个人取得了多大的成就,而是看你身边的人有什么样的进步。名师的作用在于示范性,在于影响力,在于团队提升。

（二）校本课程特色化

特色发展作为促进学校改进的基本策略，是世界范围内学校变革的基本趋势，也是我国基础教育改革和发展的战略走向。学校特色发展的最终目的在于促进学生的个性发展和学校效能提升，而校本课程是实现这一目的至关重要的载体。新课程改革以来，各类校本课程层出不穷，但是中小学尤其是农村中小学特色发展的意识和能力仍显不足，未能以校本课程开发推动学校整体特色发展。而一些中小学未能认识到校本课程在特色学校建设中的支撑作用，未能触及特色学校之"实"而空有其"形"。因此，厘清校本课程与特色学校之间的关系，进而将校本课程开发和特色学校建设二者有机整合，实现课程改革和学校改进的统筹推进，显得十分必要。

1. 校本课程开发与特色学校建设的内在联系

校本课程自20世纪70年代在英美等发达国家兴起，在20世纪80年代进入我国学者的视野，在20世纪90年代末、21世纪初随着新课程改革的实施，由理论研究转化为政策与实践，成为今天课程改革的核心议题。20世纪80年代以来，受新自由主义思想的影响和新的社会经济形势发展推动，英国和美国等教育发达国家开始有目的、有计划地推动开展特色学校建设。而在中国，二十世纪八九十年代正是重点学校建设如火如荼的时期，即便如此，在90年代初也开始逐步提出鼓励中小学办出特色，几十年来，中小学建设特色学校的热情不断高涨。校本课程开发与特色学校建设具有内在的、必然的联系。

（1）校本课程开发与特色学校建设具有共同的价值取向

校本课程开发，顾名思义就是学校根据自身的实际特点和条件开发适合学校发展需要的课程。对于学校来说，最大的"校情"就是"学情"。为此，马尔科姆·斯基尔贝克认为："校本课程是由学习者的需要和个性特征发展而来的经验组成的，如果要使学生获得有意义的经验，课程的多样化是根本。"校本课程基于学校实际尤其是学生个性发展的需要，又指向学生个性发展。学校在校本课程开发的过程中，将其独特的文化基因和精神价值注入其中，通过校本课程实施，使学校的这种特性转化为学生的独特气质。而学校特色发展作为学校改进的一种基本策略，是学校基于对自身历史传统、现实状况和未来发展需要，尤其是学生发展需要的分析，通过挖掘自身的独特资源或优势资源,创造出个性化的"教育服务",促进学生的个性、潜能的发展。由此可见,校本课程和学校特色发展分别从课程层面和学校整体发展层面回应学校的"独特性"问题。基于学校的独特性挖掘独特的课程资源,便使校本课程具有了"校本"和特色的真义;而基于学校的独特性促进学校整体发展,便使学校教育具有了个性化、多样化的内涵,这使学校发展成为真正基于自己学校的发展,而不是基于其他学校或者普适模式的发展。这里所强调的基于自身学校的独特性,最终将体现在学校育人目标的独特性以及最终育人结果的独特性,即学生个性上。校本课程开发和特色学校建设的根本目的都在于学生个性发展,这也是衡量校本课程质量和学校特色发展水平的基本准则。为此,应将校本课程开发和特色学校建设有机联系起来,而不可孤立视之,唯有如此,才能统筹思考校本课程开发与特色学校建设,将两者作为促进学校整体改进的统一行动。

(2)校本课程开发与特色学校建设具有共同的存在前提

"独特性"是相对于"普遍性"而言的,如果学校没有充分的办学自主权,学校的"独特性"便难以被挖掘和彰显,校本课程就难以实现真正意义上的"校本",而特色学校建设也难以达成真正意义上的"特色"。也就是说,学校自主权是校本课程开发和特色学校建设的必要条件。扩大学校办学自主权是我国基础教育改革和发展的基本趋势,这在课程改革和学校整体改革上都得以体现。在课程改革上,21世纪以来的新一轮基础教育课程改革使课程自主权不断下放,2014年以来随着课程改革的深入,学校课程自主权进一步扩大。以高中为例,一些省份高中选修课学分占总学分的比例已经达到40%。在学校发展战略上,国家大力提倡管办评分离,减少行政部门对学校过多的束缚,给予学校宽松的办学环境。学校自主权扩大对于课程发展和学校发展的意义在于对多样化、特色化发展的价值追求,将为校本课程开发和特色学校建设提供必要的保证。

(3)校本课程是特色学校建设的关键载体

课程是教育教学活动的关键载体,在学校特色发展过程中,课程作为核心要素同样扮演着关键角色。学校特色办学理念和育人目标的落实,最终都需要依托课程为支撑来完成,一所真正意义上的特色学校必然有特色校本课程作为支撑。学校特色课程的质量及其与学校特色理念体系的一致性是衡量学校特色发展水平的核心指标。明确了这一点,便可以将学校特色发展和课程改革有机地紧密联系起来。英美国家的学校特色发展便体现了强烈的课程(学科)取向。以英国为例,发展卓越的课程是英国特色学校建设的一个中心任务,他们认为这是加速学校整体改进的催化剂。从 1988 年《教育改革法》提出兴建城市技术学院开始到 2008 年英国 80% 的初中成为特色学校,二十年间英国特色学校建设涵盖的学科从一个拓展为十个,英国特色学校项目以及后来的高水平特色学校建设项目围绕其中一个学科或者两个学科展开,在提高教育质量和促进教育公平上发挥了双重功能,取得了极大的成功。从这个意义上来说,将"specialist school"翻译为学科特色学校或许更为确切。美国的磁石学校(即特色学校)则以其多元化的特色课程和灵活多样的教学方法为特色,以创新课程作为其支柱,磁石学校的"磁石"项目都是聚焦学科。多数学校聚焦某一个学科,但是一些学校的关注点可能会更加广泛和发散,如有的学校关注数学、自然科学、工程和人文等,有的则关注技术、职业教育、农业教育。

(4)学校特色发展是校本课程开发的基本旨归

对于校本课程开发而言,尽管课程对于特色学校具有支撑性作用,但如果一所学校仅仅停留在开发与实施特色校本课程上,而不能挖掘校本课程对于学校整体特色发展和内涵发展的深层价值,其校本课程功能便大打折扣。对于特色学校建设来说,应通过以点带面,以局部特色促进形成学校整体的综合特色。学校校本课程开发与实施唯有指向学校整体特色发展,才能更好地发挥其杠杆作用,撬动学校的内涵发展和质量提升。这一点,同样可以从英国学科特色学校的建设中获得启发。英国政府在特色学校建设过程中,要求项目学校在所有学科达到国家课程基本要求的基础上,发展某一学科的特色和优势,并通过特色学科带动其他学科乃至学校的整体发展。正如《学校:通往成功》教育白皮书中指出:"学校特色可以看作是现行教育的增值而不是彻底独立的部分。"从这个意义上来说,校本课程的完整含义应该包括国家课程的校本化实施、学校自主开发的课程、校本课程对其他学科教学的辐射带动,以及以校本课程推动学校整体特色发展。如此,校本课程在学校整体改进中便有了更为鲜明的定位和角色。

2.校本课程开发与学校特色创建存在的问题

由于校本课程开发和学校特色发展的意识与能力不足等方面的原因，当前在中小学普遍存在校本课程开发和特色学校建设"两张皮"的现象，影响了校本课程的质量和学校特色发展的水平。校本课程开发与特色学校建设关系的断裂主要表现在以下方面。

(1)校本课程盲目化:偏离学校整体特色发展

课程是学校教育的核心，而校本课程是基于校本实际的课程，尤其强调其与学校实际的紧密关联。因此，校本课程开发必须在学校整体发展的视域下进行，唯有如此，校本课程才有可能成为真正意义上切合学校实际需要和条件的课程。校本课程对学校整体特色发展的观照体现在以下四点:第一，校本课程应体现学校的办学理念，办学理念是学校的教育哲学，是学校关于为什么办学、怎样办学等问题的价值思考，校本课程开发在办学理念的价值引领下进行，才能使其对学校发展的支撑作用得以实现;第二，校本课程应适切学校外部环境和条件，考虑学校面临着哪些机遇与挑战，国家、区域经济社会发展变化及教育政策对人才发展的要求是什么，社会及家长对学生发展有怎样的期待;第三，校本课程应适切学校内部实际和条件，考虑学校具有怎样的优势和劣势，能够做什么、应该做什么，是否具有校本课程开发的保障条件(如特色师资等);第四，校本课程应适切学生的需求，考虑学生生源的主要构成、学生的喜好、通过校本课程开发满足或促进学生哪些方面的发展。校本课程开发是学校特色形成和建设的主要途径之一，而每个学校都有自己独特的资源状况和文化品质。因此，校本课程开发如果充分考虑以上因素，就能够与特色学校建设紧密结合起来。但是在实际的教育实践中，学校往往盲目开发校本课程，对学校的教育哲学和个性化的育人目标观照不足，对学校的现实基础和学生的课程需要评估不足，注重校本课程的"量"而不注重其"质"，致使校本课程成为"本校"开发和开设的课程，失去了"校本"的真意，偏离校本课程推动学生个性和学校特色形成的价值立意。

(2)特色学校形式化:脱离校本课程支撑

国内学者对特色学校的认识具有显著的"文化性"特征，即以特色文化的成熟度衡量特色学校建设水平，尽管这与西方国家"课程为纲"的特色学校观具有很大的差异,但是也有其合理性。然而,文化是一个十分宽泛的概念,如果在大"文化"的概念(即传统意义上所谓的物质文化、制度文化、精神文化)意义上,正如人们常说的"文化是个筐,什么都往里面装",特色学校建设在学校文化的范畴内进行,学校所有一切活动都"逃不出"文化的"五指山"。如此,特色学校建设似乎有了清晰的文化路向,但实际对于特色学校到底如何着手又该如何落地仍然十分模糊。正是出于这种疑问和顾虑,不少中小学面对特色发展踌躇不前,举步维艰,更多的学校则陷入了"文化的漩涡",多将学校文化等同于校园环境文化或者文化理念系统,热衷于学校特色的短期打造。如请专家来发现学校的特色,提炼学校的办学理念,或是请公司打造学校的校园环境文化,把学校打造成为书香校园、墨香校园等,不一而足。这使学校听上去很有特色,看上去很有特色,可以在短期内增强学校的凝聚力,提高学校的知名度,但是由于没有课程作为支撑,学校的办学理念以及校园环境文化等都难以对学校效能提升产生实质性作用,如此学校特色发展必然走入"形式化""表层化"的误区,缺乏发展的可持续性,在后期发展中陷入空洞而难以维系的尴尬境地。

(3)自主与个性缺失:校本课程与特色学校的价值危机

校本课程开发和特色学校建设的根本目的都是促进学生的个性发展,因此学生个性发展是校本课程开发和特色学校建设的价值纽带,离开这个纽带,校本课程开发和特色学校建设就失去了它们存在的价值,两者之间也必然失去有意义的关联。而如果学校没有充分自主权,个性化教育只能是"空中楼阁"。在教育实践中,不少中小学校对校本课程开发和特色学校建设的本质目的认识不足,没有充分基于学生实际和学生个性发展需要来构建校本课程和特色学校,校本课程往往成了"校长课程",学校特色成了"校长的特色""专家的特色""公司的特色"。这种校本课程和学校特色建设并非对学生个性发展一文不值,但是与学校和学生的实际需要相去甚远。校本课程开发与特色学校建设自主权的缺失主要表现为两种突出的情况:一是行政部门包括非教育行政部门,过度干预学校的日常教育生活,学校承担了过多与教育无关的事项,压缩了校本课程开发和特色学校建设的空间;二是教育行政部门过度干预学校的校本课程开发和特色学校建设。一些区域将特色学校建设作为政绩工程,并对其进行顶层设计,强调"一校一品",其至对每个学校发展什么特色进行了整体布局。一些教育行政部门则充分发挥对特色学校建设的"领导"作用,学校特色方向的确定、办学理念的变动等事无巨细地需要请示和批准。学校和校长的自主决策权不足,校本课程和特色学校就无从谈起,其育人价值就必将被遮蔽。

3. 校本课程开发与学校特色创建的方法

校本课程与特色学校建设分别从属于课程和学校发展的范畴,从层级关系上来说,二者的关系可以简单地概括为自上而下和自下而上。所谓"自上而下"即从特色学校建设的视角观照校本课程开发,所谓"自下而上"即从校本课程开发的视角观照特色学校建设。重构校本课程开发与特色学校建设的关系意味着从各自视角出发,审视彼此的发展,实现两者的有机融合。

(1)自上而下:构建特色学校的课程载体

在特色学校构建中,人们往往疑惑于以课程还是文化作为切入点。对这个问题的回答必须建立在对学校特色发展本质要素及其相互关系准确认识的基础上。学校特色发展并不是简单地在学校发展现状的基础上找到一个有别于其他学校的特色,使学校特色成为学校工作的附加项目,而是学校重新进行战略定位和文化重塑的过程。从系统论的视角,可以将学校特色发展作为学校的战略输入,将学校效能提升作为战略输出,而在学校特色发展系统运行过程中,学校文化、方向目标、课程支撑和组织保障是四个关键要素。这里的学校文化主要是指学校文化的内核,即蕴含学校社会主义核心价值观的办学理念。学校基于对自身实际的战略分析,明确学校的特色发展方向,凝练学校的办学理念,并通过育人目标将学校的办学理念中蕴含的"办什么样的学校,培养什么样的人"的问题具体化。此后的关键在于,构建课程体系支撑育人目标的达成,意味着每一项育人目标、每一种学生的个性特质都有相应的系列课程作为支撑,从而使学校的战略定位、办学理念和育人目标可以真正通过课程这一中介传递到学生身上,落实为学生个性发展,进而促进学校效能提升。这一过程中,学校文化经过课程传递,又不断增加新的内涵,使学校文化不断沉淀为历史越来越厚重、特色越来越鲜明的文化样态,从而使学校整体特色不断彰显。因此,特色学校建设过程中,应该构建与学校的特色方向、特色育人目标、办学理念高度一致和融合的校本课程体系作为支撑。如有的学校基于自身的内外部环境分析,提出将国学教育作为特色发展方向,以提高学生的国学素养和人文素养为主要育人目标,在校本课程开发中就应该以国学校本课程为核心,根据学校实际需要和条件,构建包括国学经典阅读、书法、戏剧等课程在内的校本课程体系,促进学生国学素养、人文素养的提升;而有的学校提出以科学技术教育为特色发展方向,则应围绕学生科技素养的提升构建校本课程体系,如开设航模、机器人、科学家与科学史等相关课程。在核心素养背景下,一些学校结合学生核心素养和自身特点,形成校本化的学生核心素养体系,并构建相应的课程体系作为支撑。

(2)自下而上:挖掘校本课程的文化意蕴

校本课程如果仅仅从技术层面来处理,而忽视了学校文化的创新,往往流于形式,必然导致失败的命运。校本课程开发过程中应对学校特色文化进行回应,而办学理念是学校文化的灵魂,因此校本课程对特色学校建设的呼应集中于办学理念。第一种情况是校本课程开发对学校原有办学理念的正面回应,即校本课程开发在学校既有办学理念的引领下进行。有学者认为,明确而独特的教育哲学思想和办学宗旨是校本课程开发的基本条件。所以,要把转变观念、树立新的教育思想和课程理念作为开发校本课程的先导。第二种情况是学校从学校文化发展新的现实需要出发,基于校本课程特色,寻求新的个性化的理念表达。从特色校本课程的开发与实施中提炼学校的教育哲学,是从特色校本课程走向特色学校的关键环节。学校应从特色校本课程中提炼出课程所蕴含的独特意蕴和文化精神,逐步形成为师生认可的办学理念。从特色学校建设的整体过程来看,这也是学校特色(课程特色)逐渐沉淀为学校文化的过程,也可以说是学校特色课程的开发与实施为学校文化带来了增值,并逐渐发挥其"撬动"学校整体特色发展的作用。教育哲学的提炼需要充分挖掘校本课程所蕴含的历史、文化和价值内涵,运用访谈、调研等方式,让教育管理者、师生员工、家长乃至社区代表广泛参与,表达他们对学校课程、文化、办学理念的理解,共同凝练学校的文化,并用易为人们接受、牢记的语句表达出来。

(3)立足学校和社区:找寻校本课程和特色学校的共同基因

特色学校建设是学校根据对内部实际情况和外部环境变化的适应,对区域、学校资源进行挖掘或重组利用,使学校形成特定领域独特风格或优势的过程。学校特色发展方向、育人目标、教育哲学等的确定都是基于对学校和社区实际的分析。而挖掘社区、学校资源同样也是校本课程开发的关键环节。校本课程之所以能称为"校本",特色学校之所以能称为"特色",都是因为其独特的基因存在于社区、学校的文化教育资源中。因此,挖掘社区、学校的文化教育资源,使校本课程开发和特色学校建设真正植根于社区和学校,便能够找寻到校本课程和特色学校的共同基因,将两者从"根"上有机关联起来。由于每个学校都处于独特的社区文化之中,每个学校都有自身独特的历史文化和实际特点,因此实际上只要每个学校真正做到校本课程开发和特色学校建设的"校本化",那么每个学校的校本课程和学校治理都是有特色的。但此处的前提在于学校应该被赋予充分的自主权。随着教育综合改革和课程改革的深入推进,中小学校办学自主权的落实和扩大,今后校本课程开发和特色学校建设将会更加百花齐放,抓住这一契机,真正将课程改革和学校改进协同推进,将会对提高教育质量和推进教育公平发挥更加重要的作用①。

(三)特色课程精品化

精品课程是指学校某一学科教师团队在实施国家课程、地方课程的过程中,依据学校自身的特点、条件以及可以利用和开发的资源所形成的优质高效、具有较强辐射力的示范性课程。精品课程涉及范围为某一学段(年级、学期)的某一学科(模块、领域)。精品课程建设要体现现代教育思想,符合科学性、先进性和教育教学的普遍规律,具有鲜明特色,并能恰当运用现代教育技术与方法,教学效果显著,具有示范和辐射推广作用。

特色课程精品化就是在全面实施课程改革的过程中,提升学校课程建设和实施能力。大力开展特色实验课程及综合实践课程实验,打造精品校本课程。要想把学校特色课程打造成精品课程,需要做好以下几方面的工作:

1. 科学理论为精品课程建设奠定坚实的基础

注重学习,提高教育理论素养,这是中小学教师形成和提高教育科研能

---

① 范涌峰.校本课程与特色学校关系的断裂与重构[J].中国教育学刊.2018(5):63－67.

力的基础。项目组首先组织参与精品课程建设的全体教师认真学习精品课程建设实施方案，之后各课程项目组负责人与项目组教师讨论确定本学年建设的模块，然后由项目负责人写出整体规划并将课时分配给项目组成员，要求项目组成员全程开展深入的教学研究工作，如教学内容的研究、学生需求的研究、教学方法与教学技术的研究、其他学校精品课程建设成功经验与失败教训的研究等，以保证课程建设的质量。

2. 校本教研为精品课程建设助力

校本教研是"科研兴校"的着力点，而精品课程建设是建立在校本教研基础之上的，只是比以前更系统、更全面一些。精品课程建设必须使教育教学与科研有机结合，校本教研的开展使教师们具有了很强的科研能力和团队合作意识，这就为学校精品课程建设奠定了坚实的基础。自项目组开展精品课程建设以来，教研组用精品课程来规划校本教研活动。从模块的选择、整体规划的出台到精品课的成形，每一个模块的建设都凝聚着教研组老师们的心血。这样的活动既提升了教研内容的针对性，又打造了优秀的教研文化。精品课程在边科研、边建设，以建设拉动科研，以科研促进建设中出炉了。各项目组建设的精品课程成果包括：(1)整体规划，包括精品课程的教材分析、学情分析，总体教学目标、重点、难点及相关策略，课时安排等；(2)教学设计，具体每一课时的教学设计或学案，包括课时教学目标、重点、难点、教学方法、教学过程(包括设计意图、依据等)、板书设计等；(3)教学实录，全部典型课例的高清教学实录，实录为完整的教学流程；(4)课程资源，包括与精品课程建设有关的课件(若干个完整的与课时配套的教学课件)，素材(用于辅助教学，可以是声音、图片、动画、视频等)，练习(单元、课时的同步练习)以及检测试卷。

3. 磨课——精品课程建设的重要推手

立足"人人参与，积极践行"的原则，项目组采取了"八步骤教研法"，即个人备课—集体研课—修改完善—课堂观摩—教后研讨—反复试教—反思总结—形成成果。所有团队成员一起扎扎实实地实践着，磨课的过程是一个碰撞、激活、提升的过程。

(1)立足课标与钻研教材

要磨出精品课，就必须认真研读课标，吃透教材。课标是学科教学的指导性文件,是编写教材和进行教学的依据。认真研读课标是正确进行教材分析的前提。项目组教师通过反复研读课标、教材,从教学目标的确立、教学重难点的突破、教学过程的设计、学生活动的设计、教学中突发事件的应对、学生的学情等方面反复思量,深入到每一个细节。同时还可以借助网络查找相关资料,与自己的构思比对,使教案的设计力求做到既要培养学生的综合素养,又要切实为教学内容服务,真正做到用教材教而不是教教材。初案在教师的反复修改下出炉。

(2)反复交流与完善设计

每个小组确定授课内容之后,全组所有成员积极参加设计活动,利用课余时间,对如何上好这节课查阅大量的资料,结合自己的教学实际进行消化吸收,反复研讨,交流完善教学设计,对课堂教学过程一遍遍整理并渗入创新因素。这样做的目的是集大家的智慧共同梳理整个教学流程、教学环节的衔接、教学策略的实施、教学问题的预设等,每位教师围绕教学设计进行说课交流沟通,达成共识。执教老师按照说课中出现的问题进行整理、修改、完善自己的教案。

(3)用心上课与有效观课

教师观课要有目的性。将观课教师分成几个小组,每个小组按执教教师的要求确定观课点,观课分别从教学目标及内容的确定、教学策略的选择、教学方法的运用、教师行为及学生学习过程等方面进行观课。观课后项目组老师聚在一起,相互评议,相互学习,相互交换意见。大家从不同的角度来分析这一堂课,要求观课者把发言的中心定在"如果我来教,我会如何教?"和"如果我来学,我会学什么?"上。如此,教师自然会深切地感悟到要上出一堂好课应该考虑到的各种因素。正是有了这样的对比,才让授课老师看到了自己教法、学法等方面的不足之处,也让组内其他的教师感触颇多,更加注意修正自己的课堂。

(4)议课反思与提升自我

只是单纯地上研讨课或与教学同伴进行分析,没有教师发自内心的体会和感想,再多的磨课也不能提高教学素养和教学能力。议课是磨课活动的重要环节,是教师反复修正的一个过程。每位授课老师不仅要在课后进行反思,还要把上课过程中的得与失进行有条理地整理、内化,在项目组议课活动中展开交流。大家要把自己的想法充分地与项目组老师进行互动交流,共同研讨教学中的各个环节,以期达到最佳的教学效果,这样,每位老师在交流中都有了提升。

经过一次次的磨课,困难在研讨中化解,好课在磨砺中诞生。磨课磨出了老师们的创新精神,显示了群体的智慧,整个团队都在成长。

4.精品课程促进课堂教学实现高质量教学

高效课堂是精品课程建设的核心目标。项目组的教师们始终以研究者的姿态参与精品课程建设,做到了观察与思考相结合,将自己平时的教学实践与授课教师进行一番比较,在比较中学习借鉴,改善自己的教学行为,改变学生的学习方式。这提高了课堂教学的有效性,让学生成为课堂真正的主人。

精品课程建设的过程,不仅改进了教师们的教学方法、教学手段,提升了课堂质量,而且还丰富了校内资源库。由此可见,精品课程建设真正促进了课堂教学实现高效、优质、轻负,使项目源于教学,最后回归教学①。

四、中小学高质量课程体系制度建设

(一)学校课程制度的现实选择

2001年,国家颁布《基础教育课程改革纲要(试行)》,国家、地方和学校三级课程管理体制正式确立,要求学校"在执行国家课程和地方课程的同时,应视当地社会、经济发展的具体情况,结合本校的传统和优势、学生的兴趣和需要,开发或选用适合本校的课程"。学校在课程建设方面开始有了一定的话语权,开始向"课程创生者"角色转变,但此时学校更多的是关注校本课程开发的相关制度。当前,学校课程改革正在从以课程门类的增减为标志的"点状"水平走向以多维联动、有逻辑的课程体系为标志的"巢状"水平的课程变革。这一水平层次的学校课程改革,更加关注学校整体课程的系统性与内在逻辑,并表现为一种对有品质课程的追求与渴望。相应地,学校对课程制度的关注也应从单维走向多维,学校课程制度建设也不仅仅是课程制度方面系统的逻辑建构,更是在追求课程品质时的一种价值引领。围

---

① 黄风云.中小学精品课程建设的途径与方法初探[J].新教育,2019(5):53-55.

于长期形成的思维惯性,以及对学校课程缺乏系统而有逻辑的设计,"课程拼盘""课程大杂烩"等碎片化课程现象比较突出,学校课程制度也同样暴露出各种各样的问题。

(二)当前学校课程制度存在的问题

当我们讨论某个制度是否存在问题的时候,实际上我们都自觉或不自觉地运用到了一定的制度评价标准。那么,应该如何审视当前的学校课程制度?当前学校课程制度到底又存在哪些问题呢?有研究者指出,就制度本身而言,尤其是从哲学层面审视制度的时候,只有那些既体现制度本质要求,有利于社会历史进步和人的全面发展,同时又有助于制度持续演进和发展的标准,才是合理、可取的。因此,哲学视野中的制度评价有三个方面的标准——合理性标准、合法性标准和现实性标准。从学校课程制度实践来看,我们可以从学校课程制度的合理性、学校课程制度的合法性以及学校课程制度的现实性等三个方面对学校课程制度存在的问题做出判断。

1. 学校课程制度的合理性问题

制度合理性,主要指在一个以某种理念支持的制度系统内,其制度是否遵守该理念规定的"逻辑",所表现出来的功能与价值是否与其"理念"具有逻辑上的一致性。因此,从实践来看,学校课程制度的合理性问题主要可以从以下两个角度加以审视:

一是学校课程制度的价值取向。学校课程制度集中体现了学校的办学理念和价值追求。但在实践中我们可以看到,一些学校的课程制度往往缺乏理念支撑,表现为学校课程制度所蕴含的价值取向与学校办学理念、课程理念所倡导的价值取向不匹配,学校课程制度同质化现象较为常见。

二是学校课程制度的逻辑规范。一些学校对于从总体上系统把握学校课程制度设计的关注还不够,表现为学校课程制度缺乏整体规划,学校课程的开发、实施、评价等各环节之间疏离甚至脱节,有的学校课程制度呈现出结构性失衡状态,如有教学制度而无其他课程制度。

2. 学校课程制度的合法性问题

制度合法性是指制度的这样一种特性,这种特性不仅来自正式的法律或命令,更主要的是来自根据有关价值体系所判定的、由社会成员给予积极的社会支持与认可的制度规范的可能性或正当性。学校课程制度的合法性集中反映学校共同体成员对学校课程制度正当性和权威性的认可与支持，因此，从实践来看，学校课程制度的合法性问题主要可以从以下两个视角加以审视：

一是参与度不够。在制订学校课程制度过程中，学校对于教师、学生和家长等的"声音"关注不多，学校共同体成员民主参与的广泛性还不够，学校课程制度被认为缺乏"正当性"，造成"他的制度"现象，即学校共同体成员对学校课程制度不认同、不接受，甚至出现抵抗情绪。这在实践中往往表现为制度的执行力不足。

二是专业性不强。学校课程制度需要遵循相关教育法律法规以及有关课程政策，但更需要体现出学校的特点，而非照抄照搬。但在实践中经常可以发现，一些学校的课程制度基本上是文件条目甚至是其他学校相关课程制度的翻版，随意性比较大，专业性不强，不能真正为学校的课程建设提供引导和支持。

3. 学校课程制度的现实性问题

制度现实性，主要是制度的可实现性和可操作性。一种制度即使在理论上很完善，甚至很完美，但如果缺少自我实现的能力，或者说在实践中做不到，它就是制度乌托邦，就不具备现实性。学校课程制度是学校课程可持续发展的关键。如果学校课程制度只能够"墙上挂挂"而不能发挥其实践作用，学校课程建设将缺乏依据，更谈不上课程品质追求。因此，从实践来看，学校课程制度的现实性问题主要可以从以下两个角度加以审视：

一是学校课程制度的可实现性。学校课程制度设计需要依据学校的现实基础，超越学校发展阶段的设计往往由于缺乏客观的现实条件而容易导致学校课程制度形式化和表面化，成为抽象的"美化"学校管理的工具。

二是学校课程制度的可操作性。实践中我们经常发现，一些学校的课程制度的表述往往比较原则甚至是模糊，有的学校的课程制度因为缺乏逻辑规范，学校课程的开发、实施、评价等各环节之间相脱节，导致难以操作。

（三）学校课程制度建设的方向

依据学校课程制度在合理性、合法性和现实性等三个方面的标准，结合当前学校课程发展的必然趋势以及学校课程制度建设存在的问题，笔者认为，学校课程制度建设应注意三个向度：一是价值向度，主要是指价值层面的学校课程制度建设,以应对学校课程制度的合理性问题;二是组织向度,主要是指组织层面的学校课程制度建设,以应对学校课程制度的合法性问题;三是实践向度,主要是指实践层面的学校课程制度建设,以应对学校课程制度的现实性问题。

1.价值向度:从"价值无涉"到"价值关联"

理念是制度所体现出来的价值判断和目标定位,不同理念引导下的制度就会体现出不同的性质。没有理念支持和价值观导引的课程制度,不仅会成为丧失意义追求的、武断的课程实施行为规程,而且难以提高教师在课程实施过程中确立课程意识的自觉性和创造性。因此,学校课程制度并非是"价值无涉"的规则体系,它与学校的办学理念和价值追求密切关联。同时,学校课程制度又要在理念的引导之下,对课程的开发、实施、评价与管理等做出价值选择与定位,形成一定的逻辑规范。

2.组织向度:从"行政主导"到"专业引领"

学校课程制度只有建立在学校课程共同体的信任与价值认同的基础之上,才能得以顺利地贯彻执行,才能增强学校课程制度的影响力与执行力。学校课程共同体的信任与价值认同包含了两个方面的内容。一是学校课程制度形成的民主程序。学校课程制度涉及学校各方利益,不仅仅是校长或学校领导层的事,因此,学校课程制度只有在学校课程共同体成员广泛地参与和协商的前提下,才能更好地协调各方权利,达成共识。二是学校课程制度的专业权威。在广泛协商的基础上,学校需要结合本校实际,在吃准吃透相关课程政策后,转化为学校自己的课程制度。而如何转化以及如何构建起符合学校办学理念与价值追求的学校课程制度,包括课程开发、实施、评价等的一些课程制度的设计专业性比较强。因此,学校课程制度建设还需要有专业引领,体现学校课程制度的专业性,从而树立起学校课程制度的"权威性"。例如,有的学校实行课程开发的"项目负责制"。学校让在某一领域有专业特长的教师担任项目负责人,由项目负责人在教师自愿的基础上组织项目组,共同研发。同时,学校视具体情况为项目组配备相应的专家,为项目组提供专业的指导和支持。

3.实践向度:从"理论完美"到"现实可行"

学校课程制度集中体现了学校的办学理念和价值追求,但学校课程制度并不是对学校办学理念和价值追求的理论描述。理论描述得再完美,若无法落地,也只是一种制度乌托邦,是"空中楼阁"。实际上,学校课程制度应为学校办学理念和价值追求的实现提供保障,学校课程制度应是具体的、现实可行的。对于学校课程制度来说,现实可行包括两个方面的含义:一是学校课程制度"现实可行"意味着,学校课程制度应依据学校现实基础制定,不能超越学校发展阶段而使得制度所要求和规定的内容无法实现,即学校课程制度应具有"可实现性";二是学校课程制度"现实可行"也意味着,它能有效地规范、引导学校共同体的课程活动。如前所述,学校课程制度是规范、引导和促进学校课程建设与实施等的一整套规则体系。因此学校课程制度不只是原则性的规范,规则的表述必须清晰、准确、有逻辑,可为学校共同体成员提供切实可行的指导和支持,即学校课程制度应具有"可操作性"。例如,学校在制定学校课程评价制度时,应明确评价对象、评价主体、怎么评价以及价结果怎么使用。课程分级评估工具根据学校确立的课程评价的六个维度形成了清晰、具体的评价标准,为教师提供了对课程从开发、实施、评价、管理以及效果等进行评估的一系列规程和行为准则,提升了学校课程品质。

第四章 学校命脉:德育体系

学校是培养人才的场所,把学生培养成为社会主义建设者和接班人,这是学校的使命和职责。人无德不立,业无德不兴,学校育人,德育为先。德育是塑造孩子心灵的工程。随着我国进入中国特色社会主义新时代,中小学德育被置放于前所未有的战略新高度。新时代学校德育工作面临新的挑战,广大教育工作者一定要紧密结合国家教育政策,根据各地教育实际,明确新时代学校德育工作的目标,不断探索学校德育工作的新路径和新方法,创造德育教育的新活力。这是新时代摆在学校管理者面前一个重要的德育课题。

一、新时代中小学德育的目标和任务

育人之本,在于立德树人。立德树人是发展中国特色社会主义教育事业的核心所在,是培养德智体美全面发展的社会主义建设者和接班人的本质要求。落实立德树人根本任务,必须明确"立什么德""树什么人""如何立德树人",探讨立德树人的时代内涵与实施路径,让立德树人落地生根。

中小学德育倡导的"立德"就是要坚定理想信念、端正价值理念、涵养道德观念。从"德"的内在结构来看,它包含政治品德、道德品德、个性品德。"立德"绝不仅仅是个人的修身养性与个性品质的完善,还包括理想信念、人生价值追求和法律素养等,它是一个人的政治思想品德的综合体现,是一个人世界观、人生观、价值观、道德观、法治观的集中反映。"立德"立的是个人高尚的私德、社会共同的美德和推动中国特色社会主义事业发展的大德。"树人"则强调的是人才培养,涉及"培养什么人,如何培养人"两大问题。

坚持把立德树人作为根本任务,为建设教育强国确立了行动指南。坚持把立德树人作为根本任务,加快建设教育强国,必须把立德树人成效作为检验学校一切工作的根本标准;必须要以树人为核心、以立德为根本,进一步健全立德树人落实机制;必须积极培育和践行社会主义核心价值观,努力培养德智体美劳全面发展的社会主义建设者和接班人。

学校德育目标的学段分层是依据学生的不同年龄特征,制定出的适合学生发展特征的学校德育目标。目前,中小学德育目标的学段分层是:小学低年级、小学中高年级、初中学段和高中学段。

2017年教育部发布了《中小学德育工作指南》,对中小学德育工作进行指导,对各阶段的德育目标做出了明确具体的规定。

中小学德育工作的总体目标为:培养学生爱党爱国爱人民,增强国家意识和社会责任意识,教育学生理解、认同和拥护国家政治制度,了解中华优秀传统文化和革命文化、社会主义先进文化,增强中国特色社会主义道路自信、理论自信、制度自信、文化自信,引导学生准确理解和把握社会主义核心价值观的深刻内涵和实践要求,养成良好政治素养、道德品质、法治意识和行为习惯,形成积极健康的人格和良好心理品质,促进学生核心素养提升和全面发展,为学生一生成长奠定坚实的思想基础。

小学低年级德育目标:教育和引导学生热爱中国共产党、热爱祖国、热爱人民,爱亲敬长、爱集体、爱家乡,初步了解生活中的自然、社会常识和有关祖国的知识,保护环境,爱惜资源,养成基本的文明行为习惯,形成自信向上、诚实勇敢、有责任心等良好品质。

小学中高年级德育目标:教育和引导学生热爱中国共产党、热爱祖国、热爱人民,了解家乡发展变化和国家历史常识,了解中华优秀传统文化和党的光荣革命传统,理解日常生活的道德规范和文明礼貌,初步形成规则意识和民主法治观念,养成良好生活和行为习惯,具备保护生态环境的意识,形成诚实守信、友爱宽容、自尊自律、乐观向上等良好品质。

初中学段德育目标:教育和引导学生热爱中国共产党、热爱祖国、热爱人民,认同中华文化,继承革命传统,弘扬民族精神,理解基本的社会规范和道德规范,树立规则意识、法治观念,培养公民意识,掌握促进身心健康发展的途径和方法,养成热爱劳动、自主自立、意志坚强的生活态度,形成尊重他人、乐于助人、善于合作、勇于创新等良好品质。

高中学段德育目标:教育和引导学生热爱中国共产党、热爱祖国、热爱人民,拥护中国特色社会主义道路,弘扬民族精神,增强民族自尊心、自信心和自豪感,增强公民意识、社会责任感和民主法治观念,学习运用马克思主义基本观点和方法观察问题、分析问题和解决问题,学会正确选择人生发展道路的相关知识,具备自主、自立、自强的态度和能力,初步形成正确的世界观、人生观和价值观。

二、新时代中小学德育的基本内容

《中小学德育工作指南》对中小学德育工作进行了规范。就中小学德育工作内容而言,中小学德育基本内容包括以下几个方面。

(一)理想信念教育

开展马列主义、毛泽东思想学习教育,加强中国特色社会主义理论体系学习教育,引导学生深入学习习近平总书记系列重要讲话精神,领会党中央治国理政新理念新思想新战略。加强中国历史特别是近现代史教育、革命文化教育、中国特色社会主义宣传教育、中国梦主题宣传教育、时事政策教育,引导学生深入了解党史、新中国史、改革开放史和社会主义发展史,继承革命传统,传承红色基因,深刻领会实现中华民族伟大复兴是中华民族近代以来最伟大的梦想,培养学生对党的政治认同、情感认同、价值认同,不断树立为共产主义远大理想和中国特色社会主义共同理想而奋斗的信念和信心。

(二)社会主义核心价值观教育

把社会主义核心价值观融入国民教育全过程,落实到中小学教育教学和管理服务各环节,深入开展爱国主义教育、国情教育、国家安全教育、民族团结教育、法治教育、诚信教育、文明礼仪教育等,引导学生牢牢把握富强、民主、文明、和谐作为国家层面的价值目标,深刻理解自由、平等、公正、法治作为社会层面的价值取向,自觉遵守爱国、敬业、诚信、友善作为公民层面的价值准则,将社会主义核心价值观内化于心、外化于行。

(三)中华优秀传统文化教育

开展家国情怀教育、社会关爱教育和人格修养教育,传承发展中华优秀传统文化,大力弘扬核心思想理念、中华传统美德、中华人文精神,引导学生了解中华优秀传统文化的历史渊源、发展脉络、精神内涵,增强文化自觉和文化自信。

（四）生态文明教育

加强节约教育和环境保护教育,开展大气、土地、水、粮食等资源的基本国情教育,帮助学生了解祖国的大好河山和地理地貌,开展节粮节水节电教育活动,推动实行垃圾分类,倡导绿色消费,引导学生树立尊重自然、顺应自然、保护自然的发展理念,养成勤俭节约、低碳环保、自觉劳动的生活习惯,形成健康文明的生活方式。

（五）心理健康教育

开展认识自我、尊重生命、学会学习、人际交往、情绪调适、升学择业、人生规划以及适应社会生活等方面教育,引导学生增强调控心理、自主自助、应对挫折、适应环境的能力,培养学生健全的人格、积极的心态和良好的个性心理品质。

三、新时代中小学德育模式的创新

为了更好地反映德育改革的大趋势,体现德育新理念,中小学德育改革与发展的基本思路应当实现以下转变:

（一）实现由约束性德育向发展性德育转变

以往的德育较多关注学生的认知或知识层面,而较少关注学生的情感发展和精神成长,忽视了学生的道德主体性发展,忽视了学生的独立情感体验,用既定的道德规范约束学生的行为。发展性德育强调要以发展人为目的,以发展人为主体,以发展人为过程,通过发展人的德行,使人的整体得到发展,并进而关心人的未来发展,帮助人对其一生发展进行规划,使之成为和谐、自由发展的人。

（二）实现由单向式德育向双向互动式德育转变

单向灌输式德育存在的一个前提性假设是,教育者是道德的权威、真理的化身和持有者,学生是道德的"低能儿"或违反道德的存在者。这种假设存在的合理性在以往的德育理论界和德育实践者那里已经很少受到怀疑了。但是社会发展至今,"反哺文化"的出现,已客观地打破了教育者原有的权威,教育者越来越遭受到来自青少年儿童的种种质问和反叛。"向孩子学习,两代人共同成长"在今天应是一个值得大力倡导的德育。这揭示了德育的过程实质是互动的过程,在双向互动中,也只有在互动中,才可能促进情感意识与尊重意识的成长,促进相互的理解与价值观的认同和包容。

(三)实现由单一德育模式向多样化和个性德育模式转变

德育模式的建构,是现代德育理论研究和德育实践探索所共同关心的核心问题之一。学校德育模式建构得如何,不仅从根本上反映德育理论和德育实践的成熟度,而且也直接决定着学校德育的实际效果。以往,我国存在着把德育模式理解为一成不变的固定格式的观念,不仅学校德育的理论模式和实践模式比较单一,而且在实践操作上把德育模式的应用程式化。改革开放以来,我国中小学德育在实践中创造出了丰富的经验,它们既符合世界德育改革与创新的基本精神,又充分结合本地、本校和学生的实际发展状况,取得了良好实效。理论工作者将此概括为情感教育模式、德育体验模式、活动德育模式、主体参与模式四种基本德育模式。

(四)实现由封闭式德育向开放式德育转变

以往的德育范式是由封闭的观点支配的,把学校德育视为一个封闭的、孤立的系统。这就使学校德育与外部世界丧失了复杂性联系,从而使之失去了活力和魅力。从封闭式德育向开放式德育转变主要体现为:一是由学校和教科书向社会大系统开放,重视家庭教育,形成家校联系、社区联系网络;二是向新生活、向未来开放,使德育不断地挑战新问题,应对新问题,解决新问题,从而充满活力;三是由既定标准向个体生命开放,传统的德育范式从既定的标准出发,认为价值观"只有一种最好"或"只有一种正确",排斥其他一切存在样式,而开放式德育范式则主张价值观是多元的,生命的存在样式是多样的,承认每一个人的生命价值。

四、中小学德育方法和德育途径的创新

随着建设高质量教育体系的提出,我们应当树立新理念,创新中小学德育的途径和方法。

(一)"三全育人":德育工作的方法

2016 年 12 月,习近平总书记在全国高校思想政治工作会议上讲话指出:"要坚持把立德树人作为中心环节,把思想政治工作贯穿教育教学全过

程,实现全程育人、全方位育人。"①这一重要讲话对学校提出了"三全育人"
(即全员育人、全程育人和全方位育人)的德育工作方法和要求。

"全员育人"中的全员既包括教师,也包括学生。"全员育人"是指学校
中的每一个人都是育人主体,发挥各自的教育作用。教师要提高师德修养,
以德立身、以德施教、以德管理、以德服务,承担起教书育人、管理育人、服务
育人的教育责任。学生不仅是教育的对象,也是教育的主体。要充分发挥
学生自我教育的作用,注重同伴之间的相互学习、相互影响、相互促进,建设
温馨和谐的班集体,发挥班集体的教育作用。"全程育人"是指把思想道德
教育贯穿学生成长的全过程,贯穿学生学习生活的始终。"全方位育人"是
指学校的每一个要素,包括课程、课堂、文化、活动、环境、人员等都要发挥育
人作用,实现学校立德树人空间的全覆盖。

(二)新时代学校德育工作的路径

基于"三全育人"的德育工作方法和要求,学校管理者必须走"五个注
重"的德育工作路径,才能完成立德树人的德育工作目标。

1.课程育人注重"融入"

课程是学校育人的专门载体,也是最重要的育人载体。新课程体系下
德育课程更看重学生内心的反思历程和人格品行的形成过程,是让学生"情
感、态度、价值观"三要素凸显在每一项教育教学活动中的"课程"。课程育
人包括两个方面,一是思政课程,二是课程思政。思政课程是专门的德育课
程,进行直接德育。课程思政是指要充分挖掘其他学科课程的德育因素,使
思政教育融入各学科课程,发挥不同学科独特的育人功能。要高度重视课
程育人功能,构建立德树人的课程体系、学科体系和教材体系。教学永远具
有教育性。因此,教学必须把知识传授与思想教育相统一,发挥学科教学内
容、教学方式方法和教师人格的育人作用,以立德树人引导教学体系建设,
统领课堂教学改革,将立德树人贯穿教学全过程,融入教学各环节。学科融
合包括综合实践活动课、道德与法治课、优秀传统文化教育课、心理健康活
动课及其他学科教学的融合。

---

① 张烁.习近平在全国高校思想政治工作会议上强调　把思想政治工作贯穿教育
教学全过程　开创我国高等教育事业发展新局面[N].人民日报,2016 - 12 - 09(1).

2. 文化育人注重"熏陶"

文化是学校办学的灵魂,是一所学校发展的"软实力"和核心竞争力。文化立人,文化化人,校园文化具有潜移默化的育人作用。学校文化包括物质文化、制度文化和精神文化,其中,精神文化是核心,物质文化、制度文化是精神文化的外化。学校精神文化是隐性文化,是指学校在长期的办学实践中形成的共同理想信念、价值判断、道德情操、目标追求,是指校训、校风、教风、学风以及学校发展愿景。学校制度文化是刚性文化,它作为校园文化的内在机制,包括学校的传统、仪式和规章制度,是维系学校正常秩序必不可少的保障机制,具有鲜明的规范性和组织性,对师生具有引领和约束作用,是校园文化建设的保障系统。学校物质文化是显性文化,它包括了校园的物质环境,如校园场地布置、校园活动设备等,既是学校教育的一个组成部分,同时也蕴涵着十分丰富的德育价值。完善的办学设施、合理的校园布局、各具特色的教育建筑和活动场所,将使人赏心悦目,有助于陶冶校园人的情操和心灵,激发校园人的开拓进取精神,促进校园人的身心健康发展。因此,学校管理者一定要厚植立德树人的文化土壤,坚持用精神文化"引领"人,用制度文化"约束"人,用物质文化"浸润"人,营造有利于学生立德修身的文化意境,让学生在文明和谐的氛围中净化心灵,在严整规范的秩序中学会自律,在轻松优美的环境中陶冶性情,从而实现立德树人的教育效果。

3. 活动育人注重"导向"

以身体之,以心验之,德方成之。学校要使学生在德育课程中获得的道德认知转化为道德行为,必须组织开展主题明确、内容丰富、形式多样、吸引力强、丰富多彩的德育活动。一是将德育融入学生日常学习和生活中。学校要把德育的各项要求与学生的学习活动紧密对接,实现深刻渗透。学校德育活动既有常规活动,如班会课、团队活动,升旗仪式活动等,也有学校组织的特别活动,如科技节、体育节、艺术节、读书节等活动,可以开阔学生视野,发展学生特长。二是利用传统的节假日开展主题活动。如在春节、清明、端午、中秋等传统节日开展传统文化教育活动,利用劳动节、青年节、儿童节、建军节、教师节、国庆节等重大节庆日,开展热爱劳动、爱党爱国、尊师重教等主题活动,寓思想道德教育于活动之中,培养学生健康的道德审美情趣,这样更能够充分激发学生对道德情怀的理解和人文德育的内化。在教育改革不断向纵深发展的今天,学校必须树立德育可持续发展理念,在遵循学生身心发展和认知规律的前提下,不断丰富德育的内容和形式,强化对德育活动的时代化、主题化、生活化、鲜活化、系统化设计,让学生在丰富多彩的德育活动中形成正确的人生观和价值观,只有这样才能真正落实立德树人根本任务。

4.实践育人注重"体验"

古人云:"德寓行,行于思。"有其德,必有其行。针对目前中小学校普遍存在的说教式"高空德育"现状,学校管理者应从新时代社会发展和学生成长的需要出发,创新德育新的方法,推行"体验式德育"的工作思路,开发体验式德育课程,重视实践育人。学校德育既要全面覆盖、横向渗透,更要内外衔接,让德育教育不囿于学校空间,向家庭辐射,向社会延伸,构建校内外德育实践网络。如组织学生开展学雷锋志愿服务活动,开展文明实践活动,推动学生的道德实践养成。让体验式德育实践活动与学生德育素养生长相融合,与学生德育品质发展相融合,使学生的德育实践真正内化于心、外践于行。因此,新时代背景下学校德育要拓展立德树人的维度,延伸立德树人的深度,让德育的雨露浸润每个学生的心灵,培养孩子健全的人格,促进孩子健康成长。

5.协同育人注重"联动"

立德树人不只是学校和家庭的事,全社会要担负起青少年成人成才的责任,发挥社会合力育人的作用,构建学校、家庭和社会"三位一体"的校内外联动的德育工作网络,形成德育合力。一是家校携手共育,发挥家庭在立德树人中的奠基作用。家庭教育对一个人的启蒙、成长、成才有着不可估量的作用,家长的人生观、道德观和价值观都会对孩子成长产生极为深刻的影响,有什么样的家教和家风,就有什么样的孩子。因此,学校一定要架起家校合作的有效桥梁,建立家长学校,邀请专家为家长进行专题讲座,指导家长改进教育方式;通过家长委员会,鼓励家长参与学校管理;利用校讯通平台、学校官方平台和公众号,宣传家庭教育的新理念等,引导广大家长重言传、重身教,教做人、育品德,以身作则,发挥家长的榜样作用,把家长引导和培育成为立德树人的一支有生力量。二是确立社会德育意识,构建社会德育共育机制。社会是立德树人的大课堂。首先,要营造良好的道德舆论环境。电视、影视、广告、娱乐活动等要加强思想引导,坚持传播正能量。其次,文学艺术作品要做到文以载道、文以植德、文以传情、文以育人。最后,建立健康的网络空间。引导互联网企业和网民创作和传播格调高雅、积极健康的网络作品,建构风清气正的网络空间。这要求社会每一个部门、每一个成员都要有自觉的教育意识,搭建社会德育平台,把立德树人作为全社会的责任,建立立德树人的社会大舞台,提高整个社会的教育力①。

五、促进中小学德育评价改革

2020年,中共中央、国务院印发了《深化新时代教育评价改革总体方案》,明确指出:"教育评价事关教育发展方向",要"全面贯彻党的教育方针,坚持社会主义办学方向,落实立德树人根本任务,遵循教育规律","针对不同主体和不同学段、不同类型教育特点","改进结果评价,强化过程评价,探索增值评价,健全综合评价","坚决克服唯分数、唯升学、唯文凭、唯论文、唯帽子的顽瘴痼疾",建立科学的、符合时代要求的教育评价制度和机制。德育评价是教育评价的重要组成部分。德育评价对于改进德育方法、优化德育过程、检验德育效果、提高德育实效具有十分重要的作用。德育评价的重点是学校德育评价。推进学校德育评价改革,必须将目标导向和问题导向相结合,既顺应国际教育评价发展的趋势,又立足新时代国家战略发展,构建新时代德育评价体系。

(一)澄清德育评价目的:"为什么评?"

学校德育评价,首先要明确为什么而评价。德育评价不能离开其目的。德育目的是检验德育效果的最终标准。所以,为什么而评价当是德育评价的首要问题。可以说,有什么样的德育评价目的,就有什么样的德育评价。

以鉴定、检查、考核为主要评价方式的德育评价基于目标来展开,以检验目标的达成度为出发点,即预先确定评价目标,将评价目标作为评价的出发点和根本依据,评价过程就是把目标细化,然后对照细化的目标点,一一比对,看是否达成了目标。这样的德育评价,评价标准的制定和评价活动的实施往往是评价者大包大揽,与被评价者无关。这实际上是依据社会的需

---

① 欧阳国亮.新时代学校德育工作的目标与路径探索[J].教育,2020(24):50-51.

要对德育活动的社会价值进行判断。这样的德育评价有其合理性和必要性，但是我们也要看到，如果德育评价仅仅停留于此，则是不妥的，因为它把关注点放到了通过外在标准控制评价对象，并且以是否达到评价标准来鉴定评价对象，如通过打分，把被评价的学校分成不同的等级，把被评价的学生的品德贴上高中低标签并与奖惩挂钩。这样的德育评价使得评价对象的发展被外在的评价标准所"绑架"，失去了发展的主动性。于是，"你评你的，我做我的"局面就会出现。当前，这样的德育评价仍然存在。

教育的根本目的在于促进社会与个人的美好生活。从根本上来讲，德育不是控制，而是成就。德育旨在使学生过完满的生活。完满的生活，首先是一种德性生活。德育评价，无论采用什么方式，运用什么方法，都不能背离这一初心。

从德育的根本目的出发，学校德育评价不仅要检验德育目标的达成度，更要促进德育过程的改进。促进德育过程的改进，就是要把德育过程的全部信息纳入评价范围，关注过程的变化，通过形成性评价提供有用信息，及时寻找产生变化的原因，并提出改进的建议，以促进德育工作的切实改进，推动学生品德的健康发展。

从根本意义上来讲，德育评价不是为了证明，而是为了改进。通过德育评价，向教育管理部门提供德育发展数据，以使决策的针对性更强、科学性更高；通过德育评价，发现学校德育工作中存在的问题，以调整优化德育过程，提高德育工作的实效；通过德育评价，发现学生成长中遇到的问题，以帮助学生克服障碍，从而更好地成长。因此，学校德育评价必须将目光放在德育工作的改进上，尊重德育的特殊性，把落脚点放在人的发展上。

首先，学校德育评价要服务新时代人的发展。党的二十大报告指出："全面贯彻党的教育方针，落实立德树人根本任务，培养德智体美劳全面发展的社会主义建设者和接班人。"这为新时代德育评价指明了发展方向。我们的教育就是要培养有理想、有道德、有纪律、有文化的社会主义建设者和接班人。德育评价必须以此为纲。德育评价活动必须坚持以人为本，基于生命，围绕生命，为了生命。如果单纯通过分数来判断德育效果，这是把德育评价简单化，是对生命主体性的漠视。这样做的结果，就是让分数成了学生道德学习的目的。德育评价是手段，人的发展才是目的。德育评价"唯分数",是将手段当作了目的,这是本末倒置的,背离了新时代的教育发展战略,更阻碍了人的发展。

其次,学校德育评价必须以道德的方式展开。道德是社会和个人的一种特殊的价值规范,既是一个社会实现共同生活的价值共享方式,又是个人实现自我价值、提高精神品质、追求美好生活的存在方式。德育是道德的事业。教育者对于"道德"特征的认识和把握,潜在地决定了学校道德教育特殊的性质以及活动的效果。德育评价必须高扬道德的旗帜,以道德的方式展开。缺少对"道德"把握的评价方式,虽然名为"德育评价",事实上是无助于德育目的的达成的,也缺少对德育特殊性的尊重,缺少对道德本质特性的考虑。只有从道德的本质特性和德育目的出发,才能正确认识和理解德育评价方法的优劣,选择合适的德育评价方式方法。

最后,学校日常德育评价必须将关切的重点放在德育过程的改进上。学校德育主要发生于日常生活之中,学校日常生活中的点点滴滴,其影响远远大于学校为学生道德发展所刻意安排的各种轰轰烈烈的活动。从这个意义上说,学校德育更应是一个过程,而不仅仅是一个结果。专注检验目标达成,这是结果性评价,无法看出评价对象的努力和进步程度。事实上,学校的发展和学生的品德变化都是动态的。德育评价应从动态上把握评价对象的变化。增值评价能很好地达成这一点。增值评价能够反映评价对象的进步幅度。同时,增值评价具有以下三个特点:第一,能有效激发学校德育工作的活力,促进学校德育工作的科学发展;第二,能有效激发教师德育的积极性,促使其增强德育自觉,创新德育方法;第三,能有效激发学生的上进心,满足学生的成就感,促使学生不断进步。从发展的意义看,增值评价确实拥有可以期待的远景,需要积极探索。

(二)把握德育评价主题:"谁来评?"

根据评价主体的身份,德育评价可以分为他人评价与自我评价。就学校德育评价来说,以此维度分类,可以分为两类:一类是外部评价,即社会对学校德育的评价;另一类是内部评价,即学校对自身德育工作的评价。

在很长一段时间内,对学校德育的外部评价,政府都是代表社会作为唯一评价主体存在的。这是由当时政府的角色决定的。政府进行德育评价是必要的,也起到过积极的作用,不过在发展过程中,政府作为单一德育评价主体在实践中也存在一些明显的问题。第一，评价内容片面。政府评价管理意味浓厚，以规范学校德育管理等为主要内容，对其他方面重视不够，导致评价内容的全面性不够。第二，评价标准单一。政府评价往往用统一的标准来衡量辖区内所有的学校，一把尺子量到底，而不顾各学校的历史和现实差异，不利于学校进行德育特色创建，一定程度上制约了学校主体性的发挥。第三，评价结果使用功利化。政府评价的结果往往与学校达标升格、评选表彰等挂钩，功利性太强，导致很多学校不择手段应对上级评价。第四，也是最主要的是，政府在德育评价过程中，从评价标准的制订、专家的遴选到评价过程的实施，几乎控制着整个评价过程，这就使得德育评价的公正性大打折扣。正因如此，针对政府作为学校德育外部评价的唯一主体，各地改革呼声不断。

学校德育内部评价，最常见的评价主体是教师，以班主任和德育学科教师为主。与外部评价人员相比，学校教师更熟悉学校的情况，更容易发现学校德育工作中存在的缺点和不足，所以由他们进行评价，能够更加贴近学校德育实际，更能避免德育评价的盲目性。不过，学校，特别是中小学校，由教师进行德育评价的缺陷也是显而易见的：大部分教师评价的专业性不够，所用的分析信息随意性较大，评价程序不严谨，评价标准也比较随意，德育评价往往成了对德育工作的总结，评价的科学性存在问题，很难真正起到诊断、改进的作用。教师评价的准确度不高，直到今天仍然是一个问题。学校德育由教师单方面来评价，还有一个更突出的问题就是忽略了学生的主体性，学生只能被动接受，他们的意愿得不到表达。

基于评价主体单一问题，《国家中长期教育改革和发展规划纲要（2010—2020年）》明确提出："开展由政府、学校、家长及社会各方面参与的教育质量评价活动。"就德育评价来说，多元主体参与不但体现出德育评价过程的公平与民主，更重要的是，能够提高评价结果的客观性和全面性。在德育评价中，不同的主体可以从更宽广的视角分析现状，发现存在的问题，有助于克服评价的偏见，真实反映评价对象的原貌，提高评价结果的真实性。当前，建立健全多方参与的德育评价机制，需要注意以下几个问题。

首先，深入推进政府职能转变。2013年，党的十八届三中全会通过的《中共中央关于全面深化改革若干重大问题的决定》指出："深入推进管办评分离,扩大省级政府教育统筹权和学校办学自主权,完善学校内部治理结构。"2015 年,教育部下发了《关于深入推进教育管办评分离　促进政府职能改变的若干意见》,部署构建"政府管教育、学校办教育、社会评教育"的格局。随着我国教育管理体制改革的深化,政府要从对教育管办评的包揽逐渐向更多地承担宏观管理与指导、提供服务的方向转变。在这种情况下,政府就需要将学校德育外部评价职能让渡给社会。政府需要明确自身职能定位,对学校德育评价不能大包大揽,应划清与社会的职能边界。

其次,尊重学生的主体性。以往的德育评价主体,往往将学生排斥在外,将学生当作单纯的德育评价客体来看待。学校德育效果最终体现在学生身上,没有学生主动参与的德育评价,评价结果对学生来说就是与其无关的。评价的一个关键在于评价结果在多大程度上能够得到评价对象的认同。没有学生参与的学校德育评价自然很难得到学生的认同。所以,作为学校德育的对象,作为学校德育的感知者,也作为学校德育评价的服务者,学生理应参与到学校德育评价中,发出学生自己的声音。学生作为德育评价主体,一是要参与对学校德育过程的评价,二是要参与对德育效果的评价。学生对德育效果进行评价,一是可以进行学生互评,二是可以开展学生自我评价。从德育实践来看,尽管公正、客观的他人评价对学生认识自己、改进自己有积极的作用,但是学生自我评价更是有着特殊的意义:自我评价更能发挥学生的主体性,促进学生深入反思,激发道德自觉,从而正视自己,主动克服缺点,发扬优点。在重视学生主体性的基础上,一定要建立健全包括学生在内的多元主体德育评价体系,让德育评价真正成为社会、家长、教师、学生等广泛参与并协商的过程。

最后,必须重视第三方评价机构的发展。在德育评价主体多元化发展过程中,由专家、学者组成的非营利性、非政府组织的第三方评价机构被寄予厚望。2013 年,《教育部关于推进中小学教育质量综合评价改革的意见》明确指出:"整合和利用好相关评价力量和评价资源,充分发挥各方面优势","逐步建立政府主导、社会组织和专业机构等共同参与的外部评价机制"。第三方评价有明显的优势。第一,具有独立性。第三方评价与被评价方无隶属关系,因而可以不受干扰地进行评价。第二,具有公正性。由于第三方评价具有独立性,因此有助于保障评价过程的公正、公开。第三,具有专业性。第三方评价机构拥有专业的评价人才和技术，拥有专业的理论基础和工具，可以大大地提高评价的科学化水平，增强评价结果的可信度。不过，当前第三方评价机构总体上相对较弱，信誉不高，需要大力培育。培育第三方评价机构，政府需要做好以下几个方面的工作。一是规范第三方组织的发展。政府要审定教育评价行业准入制度，审定第三方的资质，鼓励第三方良性竞争。二是助力第三方发展。政府应开放对第三方评价机构的政府采购服务项目渠道，逐渐扩大使用第三方德育评价的服务。第三方评价机构本身应该做到立足于服务学生终身发展，推动教育质量提升，确立教育评价行业服务标准，完善评价专业标准，加强理论探索，提高评价信度。

（三）厘清德育评价内容："评什么？"

学校德育评价的对象归根结底是德育运行系统。德育运行系统包括德育的过程和结果两个方面。德育的过程是由德育工作来运行的，德育的结果体现在学生的品德发展上。德育评价就是要对德育工作及其结果做出价值判断。所以，德育评价的内容，包括德育工作评价和学生品德评价两个方面。

学校德育工作评价内容可以分为两个层面：宏观上，是对学校层面德育工作的评价，内容主要包括学校德育工作领导机制、德育保障措施落实、德育队伍建设、校风校纪等；微观上，是对班级德育工作的评价，内容主要包括班风建设、班集体活动情况、学生违纪情况、班主任工作水平等。

学生品德评价包括道德品质、法纪品质、政治品质和思想品质四个方面的评价。按照教育部《中小学教育质量综合评价指标框架（试行）》，品德发展水平主要考查学生的行为习惯、公民素养、人格品质、理想信念四个方面。一些学校还在《小学德育纲要》《中学德育大纲》的基础上，根据本校实际，确定了校本学生品德评价的内容。

1. 德育评价内容存在的问题

首先，评价内容不全面。就学生品德评价来说，我们知道，品德结构是知、情、意、行的整合结构。道德认知是道德情感和道德行为的基础，而道德意志是将道德认知转化为道德行为的中介。道德认知、道德情感、道德意志、道德行为是相互联系、相互制约的。所以，完整的学生品德评价内容应包括学生道德认知、道德情感、道德意志、道德行为四个方面。但从现实来看,学生品德评价更多地评价学生道德认知和道德行为两个方面。这从教育部《中小学教育质量综合评价指标框架(试行)》品德发展水平评价中可见一斑。"行为习惯"考查要点是学生在文明礼貌、勤俭节约、热爱劳动、爱护环境等方面的认知和表现情况。公民素养考查要点是学生在珍爱生命、遵纪守法、诚实守信、团结友善、乐于助人等方面的认知和表现情况。单纯重视学生道德认知与外在行为评价在学校也是常见的。比如,德育课考试,考查的是学生的认知。存在的问题是,尽管有的学生考试考了高分,但没有道德情感体验的道德认知是不能内化为道德观念的。又如,学校评选好人好事,谁做的好事多,谁就受到表彰。存在的问题是,没有良好动机的道德行为不能称得上是道德的。这是以孤立的道德认知代替品德,以孤立的行为代替品德。不全面的学校德育评价无法真实反映学校德育工作和学生品德水平,甚至会带来更大的负面结果。品德评价是复杂的,我们要对这种复杂性给予足够的重视。

其次,评价指标不合理。评价内容是相对抽象的,要做到有效测评,就必须将评价内容化为一个个评价指标。不同学校使用的德育评价指标差别比较大,这是可以理解的。因为德育评价不但要关注各学校德育的一般性,还要考虑各学校德育的特殊性。但是,不能因为各学校德育的特殊性而违背德育评价的科学原则。当前,不少学校的德育评价指标达不到统计科学要求的水平,更多是靠感觉、靠经验来赋分,这是其一。其二,在不同学段,学生的身心发展程度是不同的,德育工作的重点是不同的,所以针对不同学段学生的品德评价指标也应该是有差异的。可是,在很多学校的小学六个年级,德育评价指标基本上是一样的,中学的情况也是如此。其三,德育评价是为现实德育改进服务的,随着德育工作重点的变化,德育评价指标要有相应的变化,权重也应有所变化。而在当前,很多学校的德育评价指标稳定性有余而变化性不足,甚至长期不变。德育评价指标要有一定的稳定性,这是没有问题的,但是也不能一成不变而根本不考虑外部环境的变化。其四,德育评价指标是为落实评价服务的,所以要具体,具有可操作性。一些学校的德育评价指标还比较抽象,不便于操作,不利于评价者很好地把握评价内容。

2. 解决德育评价内容问题的策略

针对学校德育评价内容存在的问题,在开展德育评价时需要注意以下几个方面。

首先,必须坚持学校德育全面评价观。评价指向要兼顾各方面,内容要全面。就评价对象而言,不仅要对德育中的人进行评价,还要对德育过程的资源进行评价。就德育中的人而言,不仅要对学生进行评价,还要对教师进行评价。对学生进行评价,不但要评价学生的道德认知、道德行为,还要评价学生的道德情感、道德意志。对教师进行评价,不但要评价教师的师德,还要评价教师的德育能力。就德育过程中的资源而言,不仅要对课程、教学资源进行评价,还要对制度、环境及其他资源进行评价。对教学资源评价,不但要评价资源的丰富性,还要评价资源的适切性。总之,必须用全面的观点看问题。

其次,德育评价内容要融通古今中外,面向未来。教育要培育的是人,是现代的、具有中国灵魂与世界情怀的中国人。中华优秀传统文化是中华民族的根和魂,所以德育评价要继承中华优秀传统文化,体现中华传统美德内容。同时,德育评价的内容也不能脱离时代的发展,要以中国现代的社会生活为根基,以现代文化及其所蕴涵的价值观为指引,所以必须将社会主义核心价值观等纳入评价内容。同时,我们还生活在全球化时代,各国互通互联,所以德育评价还要考查对人类面临的一些共同问题的关切。德育还要超越现实,培养适应未来的人。另外,德育评价要有前瞻性。比如,随着科技革命的推进,未来越来越需要创新型人才,德育评价就要注重对学生创新品格的考量,以便发挥导向作用。

最后,要探索构建统一的学校德育评价指标体系。目前,全国还没有统一的学校德育评价指标体系。各学校使用的德育评价指标五花八门,其中不乏不科学的、不合理的。学校德育评价指标体系应体现以下特点。第一,要有科学性。评价指标要结合评价目标,反映评价对象的主要特性,反映评价对象的阶段性特征,权重配置要合理。各项评价指标要具有可测性,以共性为主。第二,要有导向性。各项评价指标要符合党和国家有关教育文件精神,积极引领德育工作和学生品德健康发展。第三,要有适应性。评价指标在保持基本稳定的情况下,要兼顾当下德育工作的重点,内容保持一定的张力,以便更好地反映当下德育的实际。第四,要有可行性。评价指标要具体,切合实际,具有可操作性。在统一的学校德育评价指标体系指导下,各地、各学校可以根据本地、本校实际,在统一的评价指标基础上做加减法,形成个性化的评价指标体系,以便更好地为德育实践服务。

3. 改进德育评价方式方法

改革开放以来,学校德育评价最常用的方式是考试。这种形式易于操作,结果简明。不过,这种方式也存在很多问题:一是不能全面反映学校德育发展的全貌,具有很大的片面性;二是不能科学判断学生的成长,评价结果信度不高;三是只重视结果,不重视评价对象的发展过程;四是将分数作为判断学生发展的尺度,将分数作为升学的依据,"唯分数""唯升学"倾向严重,扭曲了评价的原本价值取向。除了考试,操行评语也是常见的德育评价方式。传统的操行评语评价最大的问题是忽视学生主体性,且不能全面、真实地反映学生品德的实际。

《教育部关于积极推进中小学评价与考试制度改革的通知》《教育部关于推进中小学教育质量综合评价改革的意见》等文件提出,要"改进评价方式方法","除考试或测验外,还要研究制定便于评价者普遍使用的科学、简便易行的评价办法"。我国也在积极探索德育评价的方式方法,但从德育实践来讲,评价方式方法总体来说还比较薄弱。改进教育评价的方式方法,需要注意以下几个问题。

首先,健全学生综合评价。学生的发展是一个整体过程,是学生的知、情、意、行各方面的复杂变化,采用单一的方式方法来评价,不能科学地反映学生发展的全貌。所以,必须尽可能收集全面信息,采用多种方式方法综合考查学生。除了采用传统的笔试、操行评语等评价方式之外,还可以利用成长记录册、生涯规划报告、可视化典型作品、模拟表演、日常观察、个别访谈等多种方式对学生的品德进行多维度、多侧面的评价。尤其需要注意的是,现代信息技术的发展为德育评价提供了新的工具。比如,借助大数据,可以准确评估学生的优势潜能,为每一位学生提供分析报告,满足不同潜质学生的发展需要,帮助他们持续不断地发展。这就需要加强对教师数据分析、判断能力的相关培训,使教师能够读懂数据,有效地利用数据,对学生进行正面的干预。

其次,在重视定量评价的同时,也不能忽略定性评价,要坚持定量评价与定性评价相结合。定量评价是采用数学的方法,收集和处理数据资料,对评价对象做出定量结果的价值判断。定量评价以数据作为结论,一目了然,简明易懂。不过,定量评价也存在一定的缺陷。一是定量评价所依据的是事实结果,适合于对结果的评价,而对评价对象内部发展变化无力顾及。二是在定量评价过程中,需要把客观事实做复杂的数据转换,在转换过程中,会造成某些信息的丢失,从而影响评价的信度。三是对评价信息做到全部准确量化也是不可能的。而定性评价是根据评价对象平时的表现、状态而做出的表述性评价,直接对评价对象做出定性结论。定性评价注重过程,针对性很强。其缺陷是对评价者个体依赖性较大,主观性强。评价者在收集评价材料的过程中难免会带有主观色彩,评价结论中也常常会打上个人思想的烙印。所以,定量评价和定性评价两种方法各有其长处和不足,在德育评价过程中,要将二者有机地结合起来,能量化的进行量化,不能量化的加强人文评价,只有这样,才能提高学校德育评价结果的可靠性。

再次,在重视结果评价的同时,要改进过程评价,坚持结果评价与过程评价相结合。当前的德育评价侧重于结果评价。结果评价注重对结果的鉴定,对结果的呈现一目了然,但也有明显的不足。一是结果评价会加大评价对象的心理负担,使其产生对评价的逆反心理和抵触行为。二是结果评价是一种静态评价,容易导致评价对象只关注当下结果而不关注过程的良性改进,不关注未来,并且可能为了当下结果而不择手段。而过程评价关注成长过程,把评价对象的过去与现在进行比较,或者把各类有关侧面进行相互比较,及时反映评价对象的成长,使其在发展过程中进行积极的反思,从而更好地改进。改进结果评价,最主要是增强评价结果的科学性,评价结果要具有唯一性,要做到在同样的条件下,不同评价者得出的结论是一致的。强化过程评价,就要加强对评价对象不同时段信息的全面收集和分析并进行判断,让评价对象了解自己的进步和不足,从而发挥评价的诊断、激励功能,使其明确努力方向。

最后,根据不同需要选取不同的评价模式。德育评价具有鉴定、激励、诊断、调节等功能。在德育评价的过程中,各种功能总是综合地在起作用,无法将其截然分开。但是我们可以根据评价的需要,有重点地发挥某项或某几项评价功能,这样更能提高评价工作的针对性。比如,日常德育评价应更多地发挥评价的诊断、激励功能。而中高考作为一种评价方式,尽管与促进学生发展的日常评价功能在根本目的上具有一致性,但是其更注重甄别和选拔。同时对于不同需要的评价宜采用不同的方式,例如,重点指向选拔、鉴定的评价,可更多地采用测验、问卷调查等方式;而重点指向问题诊断的评价,则可以更多地采用现场交流、观察等方式①。

① 金东贤,刘新成,何蕊.学校德育评价改革的若干问题:基于《深化新时代教育评价改革总体方案》的思考[J].教育理论与实践,2021,41(10):19 – 24.

第五章　学校基石:教学质量

教学质量是学校的生命线,教学质量较高的学校,更能实现可持续发展,培养更多更好的人才。但是很多学校往往没有注意到教学质量提高的目的,提高教学质量是为了解决国家人才培养计划的完整性。提高教学质量,能够为学生塑造成功的人生,能够实现学校可持续发展,能够增强国家的综合国力。

一、中小学应当树立质量意识

学校是教书育人的场所,教育教学是学校之所以成为学校的价值所在,是学校的本职工作。离开了教育教学这个核心,学校的发展就无从谈起。校长只有抓住教育教学这个核心,才能真正把握学校发展的命脉。

由于教育发展的不平衡,升学制度的不完善,教育评估的欠科学,致使基础教育的目标发生了严重的偏差。"升学第一"取代了"人才第一","应试教育"代替了"素质教育",流弊所及,基础教育越来越背离教育方针,常规的教学理论失落,许多学校的教学管理和教学活动已变得畸形,学校等级分化严重,教师劳动价值不平等。凡此种种,制约着现代化人才的培养和国民素质的整体提高。

从 1977 年开始恢复的全国高校统一考试制度,是教育战线的第一次拨乱反正,它基本规范了人才培养的制度,使教育重新走上了"以学为主"的轨道。通过十多年的努力,不少领域弥补了此前人才断档的情况。通过升学制度的推广与普及,学校教育也由原来的无序走向有序。

但是,在强化升学制度的同时,我们似乎忽视了这样一个基本事实:升上高等学校者毕竟只是人才基数中的极小一部分。就算这极小部分都能成为社会精英,也根本满足不了现代化建设的人才需要。况且,由于"应试教育"替代了"素质教育",使"高分低能"的现象相当普遍。而那些在升学考的独木桥上被挤下的人数庞大的青少年却因缺乏基本的素质教育而很难适应社会的发展需要。总而言之，基础教育逐步走入了另一个误区。虽然国家教育行政部门已经认识到了这一点，并采取了一系列补救措施（如增加职技校数量、放松对教材的一统制、增加试题的灵活度和增设劳技课等），但因强大的惯性和教育体制没有发生根本性的变革，中学基础教育和总体现状仍在恶化着。

另外，由于缺乏较为科学有效的评估制度，加剧了教育目标的偏差程度。较长一段时期来，教育部门及社会考察学校和教师业绩的标准偏重于升学的多寡、分数的高低，"望子成龙，望女成凤"和"升学为第一目标"的思想观念已经深入人心。于是，为了达到升学目的而采取的（或存在的）一切活动，不管是合理的还是不合理的都无形中得到了全社会的普遍认同，教育部门、学生以及学生家长也都卷入了"升学唯一"的怪圈中。中小学教育存在以下问题：

第一，"素质教育"的落实困难重重。由于"应试教育"盛行，致使国民的总体素质与经济和社会发展的要求很不适应。每年除考入高校的学生外，有95%以上的同龄人已经或正在走向社会。这些"劳动大军"是由于文化考试不合格而被高校拒之门外的，他们中的许多人在学校并没有学到多少跨入社会所需的各种知识。还有那么一部分青少年，由于没有一技之长，有的已变成了四体不勤、五谷不分的无业游民。虽然这不能全归咎于学校教育，但学校不重视"素质教育"应是一个原因。至于那些升入高校的"天之骄子"是否都真正成为合格的人才呢？出现于许多报端杂志上的有关大学生思想、道德、能力、文化素养的报道表明，有一部分是不尽如人意的。可以这么说，"应试教育"在培养了一大批人才的同时，也制造出了大量与现代化要求不适应的人。这对于实现经济与社会的快速发展是十分不利的。

第二，学生道德水准严重滑坡。由于思想教育内容、手段陈旧，管理方式单一，学校的道德教育疲软乏力，学生道德水准严重滑坡。长期以来，中小学德育普遍存在着"要求太高、内容太空、方法太死、实践太少、测评太虚"等弊端，教育效果不佳，而对考分的长期追逐则形成了这样的思维定式：成绩好，一好百好；成绩差，一无是处。"三好生"的评定标准更是"智育第一"，家长、社会的心理合力更强化了这一标准。

从社会心理学的角度看，道德滑坡的直接表现是个体意识的无限膨胀，排他情绪的充分显露。事实告诉人们,自私、冷漠的个体心灵是无法构成温暖火热的精神世界的;目光短浅、胸无大志的国民是缺乏振兴民族的干劲的。因此,从社会学的角度考虑,道德滑坡不仅是青少年成长的问题,更是关系到民族国家未来的头等大事,绝不能等闲视之。

第三,学生的心智发育不健全。简单粗暴的管理方式,扼杀了学生的智能发挥,造成学生心理的扭曲。青少年是最富想象力的,如果学校教育能满足学生的好奇欲望,再加上知识引导,学生就会学得更好,且有利于创造力的发挥。可是目前的基础教育,把学生一律捆绑在升学的战车上,学生的身心受压抑,活泼的天性被束缚,想象力被抑制,于是不管上大学或入社会,往往缺乏应变能力和创造能力。

第四,学生体质下降,艺术技能明显低下。由于过分强调智育,许多学校的学生除了上课、看书、做作业外,基本上没有音乐、美术和体育锻炼等技能训练。

第五,农村教育呈下降趋势。一方面,乡镇中学生源大量流失,成绩较好的一类流向城镇中学,成绩极差的一类流向社会。许多在校生也不知要学什么,能学多少,只知要学三年。另一方面,教师积极性严重受挫。生源流失,待遇低下,由此导致教师本身的价值得不到体现。农村教育的滑坡,对中国仍然在逐步实现城市化进程中,努力实现中国式现代化,影响是巨大的。

教育教学质量是学校发展的生命线,是社会衡量学校优劣的重要标志。提升教育教学质量是每一所学校的追求,是学校管理的根本任务。

校长要树立可持续发展的教育质量观:既要重视学生的学习成绩,更要重视人格塑造、能力培养和全面素质的提高;既要为学生的升学服务,更要为学生的终身服务。确立一种更加符合学生的成长规律、更加有利于提高公民素质和国家未来竞争力的新的教育理念,这就是实质意义上的教育的可持续发展。蔡元培先生多次强调对学生的"终极教育"和"终极关怀",实际上强调的就是教育的可持续性。一个学校追求升学率没有错,老师们抓学生的考试成绩也没有错,因为完整全面的教育质量本身就包含着智育方面的目的。就以每一个孩子的未来而论,如果他缺乏起码的文化素养,失去进入高中或大学的资格,在人生的起步阶段就无法享受求学的成功,就业、生存都将面临困难，更何谈"一生的幸福"？可问题在于，如果一个学校不择手段地追求升学率，这样所谓的"质量"不但片面，而且可怕！因为这样的质量观牺牲的是孩子本来应该有的全面发展，以及他们童年、少年应有的快乐。因此，一所真正对孩子负责的学校，应该着眼于孩子未来几十年的幸福！为了我们今天的学生将来能够可持续发展以获得长久的幸福，学校教育就必须通过各门课程的学习让学生获得终身受用的东西——强壮的体格、善良的品质、高远的志向、宽广的胸襟、坚忍的意志、科学的思维、创新的智慧、沟通的本领等等。这一切才是我们教育的追求，也理应是教育质量的内涵。

校长要树立面向整体的教育质量观，即面向每一个孩子，着眼于每一个学生在原有基础上最好的发展。几乎每一所学校，都可以找到一个两个或更多的"天才学生"，同时，几乎每一所有几十年乃至上百年历史的学校，都可以在校友中找到一些著名的校友。人们也承认，培养杰出人才或者说拔尖人才，的确是学校的教育使命之一，从学校走出去的院士、科学家等，也是学校的办学业绩或教育质量的标志之一。但是，如果仅仅把这少数精英学生当作学校的教育质量，甚至津津乐道于哪个名人是自己学校"培养"的，而忽略甚至无视绝大多数普通学生的成长与成才，这样的质量观岂止是不科学，简直就是扭曲的、畸形的。我们的教育对象，绝不只是少数有可能成为科学家、艺术家的天才少年，更是包括了未来只能成为普通劳动者的孩子。如果我们只盯着学生是否获得了这样或那样的大奖，是否考上了名牌大学，而忽略了培养无数善良勤劳、富有智慧的普通劳动者，这才是教育的悲哀。

二、中小学教学质量标准

教学质量标准因不同阶段学校培养目标和任务有所不同。在基础教育阶段，义务教育学校和高中学校的教学质量标准存在差异。

（一）义务教育学校教学质量标准

进入新时代，义务教育已经迈入全面提高质量的新阶段，迫切需要完善义务教育质量评价体系，引导全社会树立科学教育质量观，全面贯彻党的教育方针，落实立德树人根本任务，为培养德智体美劳全面发展的社会主义建设者和接班人提供有力支撑。

2021 年 3 月,由教育部等六个部门联合印发了《义务教育质量评价指南》,学校办学质量评价主要包括办学方向、课程教学、教师发展、学校管理、学生发展等五个方面重点内容,旨在促进学校落实德智体美劳全面培养要求,深入实施素质教育,充分激发办学活力,不断提高办学水平和育人质量。学生发展质量评价主要包括学生品德发展、学业发展、身心发展、审美素养、劳动与社会实践等五个方面重点内容,旨在促进学生德智体美劳全面发展,培养适应终身发展和社会发展需要的正确价值观、必备品格和关键能力。

《义务教育质量评价指南》强调要坚持以习近平新时代中国特色社会主义思想为指导,全面贯彻党的教育方针,坚持社会主义办学方向,遵循学生成长规律和教育规律,加快建立以发展素质教育为导向的义务教育质量评价体系,强化评价结果运用,健全立德树人落实机制,构建德智体美劳全面培养教育体系,引领深化教育教学改革,全面提高义务教育质量,努力培养德智体美劳全面发展的社会主义建设者和接班人。

《义务教育质量评价指南》提出了四个基本原则:一是坚持正确方向。践行为党育人、为国育才使命,坚持正确政绩观和科学教育质量观,促进义务教育公平发展和质量提升。二是坚持育人为本。面向全体学生,注重综合素质评价,促进全面培养,引导办好每所学校、教好每名学生。三是坚持问题导向。完善评价内容,突出评价重点,改进评价方法,统筹整合评价,着力克服"唯分数、唯升学"倾向,促进形成良好教育生态。四是坚持以评促建。坚持实事求是、客观公正,强化过程性评价和发展性评价,有效发挥引导、诊断、改进、激励功能,促进义务教育优质均衡发展。

《义务教育质量评价指南》明确要求,各地要不断完善义务教育质量评价结果运用的机制,充分发挥评价结果对提高义务教育质量的引领和促进作用。

一是要运用好学生发展质量评价结果。指导教师精准分析学情,因材施教,促进每个学生全面健康成长。将学生发展质量评价结果作为学校办学质量评价和县域义务教育质量评价的重要依据。

二是要运用好学校办学质量评价结果。指导学校改进教育教学和管理,全面育人、科学育人,提升办学治校和实施素质教育能力。将学校办学质量评价结果作为对学校奖惩、政策支持、资源配置和考核校长的重要依据。

三是要运用好县域义务教育质量评价结果。引导县级政府落实法律法规要求,督促政府履职尽责,为办好义务教育提供充分的条件保障和良好的政策环境。将县域义务教育质量评价结果与县级党政领导履行教育职责评价、义务教育优质均衡发展认定等工作挂钩。对质量评价结果不合格的,不能评优评先,不能认定为优质均衡发展县(市、区)。对履职不到位、落实政策不力、违反有关规定、县域教育教学质量下降且整改不到位的,要对县级党政主要领导和分管负责人、相关部门主要负责人进行问责。

(二)普通高中教学质量标准

为深入贯彻全国教育大会精神,加快建立健全教育评价制度,促进普通高中教育内涵发展和质量提升,根据中共中央、国务院印发的《深化新时代教育评价改革总体方案》和《国务院办公厅关于新时代推进普通高中育人方式改革的指导意见》(国办发〔2019〕29号)精神,教育部发布《普通高中学校办学质量评价指南》,着力克服普通高中办学中"唯分数、唯升学"倾向,切实扭转不科学的教育评价导向,加快建立以发展素质教育为导向的普通高中学校办学质量评价体系。

《普通高中学校办学质量评价指南》把立德树人成效作为根本标准,坚持以学生全面培养全面发展为核心,聚焦学校办学质量,构建普通高中学校办学质量评价体系。评价内容主要包括办学方向、课程教学、教师发展、学校管理、学生发展等5个方面,共18项关键指标和48个考查要点。

一是办学方向。包括加强党建工作和坚持德育为先等2项关键指标,旨在促进学校全面贯彻党的教育方针,坚持社会主义办学方向,落实党组织领导的校长负责制,树立科学教育质量观和正确办学理念,大力发展素质教育,落实德智体美劳全面培养要求。例如,为切实发挥学校党组织领导作用,考查要点提出"落实党组织领导的校长负责制,健全党组织对学校工作领导的制度机制"等;为推动树立科学教育理念,考查要点提出"树立科学教育质量观和正确办学理念,落实德智体美劳全面培养要求,大力发展素质教育,坚持全员、全过程、全方位育人,注重因材施教,促进学生全面而有个性的发展"等;为落实德育为先,考查要点提出"把立德作为育人首要任务,制定并有效实施《中小学德育工作指南》具体工作方案"等。

二是课程教学。包括落实课程方案、规范教学实施、优化教学方式、加强学生发展指导和完善综合素质评价等 5 项关键指标,旨在促进学校严格落实国家课程方案,健全教学管理规程,深入推进育人方式改革,完善选课走班教学组织管理,健全学生发展指导机制,规范综合素质评价实施,整体提升教育教学质量。例如,为落实好课程方案,考查要点提出"制订课程实施规划""开齐开足开好国家规定课程""有效开发和实施选修课程"等;为规范实施选课走班,考查要点提出"制订选课走班指南,积极开发选课排课信息系统""高一年级起根据学校选修课程开展选课走班,高二年级起根据学生选考科目开展选课走班"等;为防止抢赶教学进度,考查要点提出"统筹制定教学计划""按照课程标准实施教学,不随意增减课时、改变难度、调整进度,严禁高三上学期结束前结课备考""合理安排学生在校作息时间,充分保障学生睡眠和自主学习活动时间,严禁法定节假日、寒暑假集中补课或变相补课"等。

三是教师发展。包括加强师德师风建设、重视教师专业成长和健全教师激励机制等 3 项关键指标,旨在促进学校加强教师思想政治和师德工作,健全教师专业发展机制,不断提高教师队伍素质,加强班主任队伍建设,提高校长管理能力和教育教学领导力,完善校内教师激励体系,充分激发教师教书育人的积极性和创造性。例如,为加强师德师风建设,考查要点提出"按照'四有'好老师标准,健全师德师风建设长效机制,积极选树先进典型,加强师德教育;严格落实《新时代教师职业行为十项准则》,严肃查处师德失范行为,建立通报警示教育制度";为提高教师实施新课程新教材水平,考查要点提出"实施教师专业发展规划,健全校本教研制度,开展经常性教研活动;支持教师凝练教学经验、创建优质课程"等;为完善教师激励体系,考查要点提出"注重精神荣誉激励、专业发展激励、岗位晋升激励、绩效工资激励、关心爱护激励""完善校内绩效工资分配办法,坚持绩效工资分配向班主任、教学一线和教育教学效果突出的教师倾斜,将教师参与考试命题工作纳入绩效考核"等。

四是学校管理。包括完善学校内部治理、规范招生办学行为和加强校园文化建设等 3 项关键指标,旨在促进学校加快建设现代学校制度,强化学校内部管理,优化教学资源配置,充分激发办学活力,落实招生办学规范要求,加强校风教风学风建设,努力形成办学特色。例如,为完善学校内部治理,考查要点提出"制定学校章程,健全并落实学校各项管理制度"等;为强化学校条件保障建设,考查要点提出"加强办学条件建设,校舍建筑和教学仪器设施设备配备达到国家规定标准;班额符合国家规定标准,有效控制办学规模;按编制标准配齐配足各学科专任教师"等;为规范民办学校办学行为,考查要点提出"依法依规规范公办普通高中参与举办民办学校管理,严格落实民办学校'六独立'规定要求"等。

五是学生发展。包括品德发展、学业发展、身心健康、艺术素养和劳动实践等5项关键指标,旨在考查学生德智体美劳全面培养全面发展情况,引导学校注重加强德育、体育、美育和劳动教育,引导学生注重提高自身综合素质,扭转重知识、轻素质的倾向,培养学生适应终身发展和社会发展需要的正确价值观、必备品格和关键能力。例如,为提高学生品德素质,考查要点提出"坚定理想信念,了解党史国情,珍视国家荣誉""立志听党话、跟党走""具备社会责任感""养成良好行为习惯"等;为促进学生学业发展,考查要点提出"学业水平达到国家规定的质量标准,理解学科基本思想和思维方法,掌握学科基本知识、基本技能,形成学科素养"等;为培养学生创新精神,考查要点提出"能够自主学习、独立思考,善于合作学习""注重知行合一、学以致用""有自主探究和发现、提出问题、解决问题的意识与能力""有兴趣特长"等;为增强学生综合素质,考查要点提出"养成健康生活习惯,坚持参加体育运动,不沉迷网络游戏,体质健康达标,保持乐观向上心态""积极参加美育活动,掌握1—2项艺术技能""具有尊重劳动、热爱劳动的观念,积极参加家务劳动、校内劳动、校外劳动"等。

《普通高中学校办学质量评价指南》把推动树立科学教育理念、加强普通高中学校办学和招生管理等作为重要评价内容,这有利于促进义务教育优质均衡发展,为更好落实"双减"政策创造良好条件。

一是发挥普通高中学校办学理念的引领作用。《普通高中学校办学质量评价指南》特别强调要坚持正确政绩观和科学教育质量观,并把"正确处理考试升学与发展素质教育的关系,将高考升学率作为全面实施素质教育的客观结果之一,不给年级、班级、教师下达升学指标,不将升学率与教师评优评先及职称晋升挂钩,不公布、不宣传、不炒作高考'状元'和升学率"作为重要考查要点,这有利于扭转不科学的教育评价导向,引领全社会树立科学教育理念,为中小学全面实施素质教育营造良好环境,促进学生全面发展、健康成长。

二是发挥普通高中学校多样化办学的带动作用。《普通高中学校办学质量评价指南》把"将办学理念和特色发展目标融入学校管理、课程建设、学生发展、教师发展和校园文化建设等方面,努力办出学校特色"作为重要考查要点,并特别强调"引导办好每所学校,促进普通高中多样化有特色发展",这有利于引导义务教育学校加强学生综合素质培养,使学生能够理性选择适合自身成长发展的高中学校,从而缓解义务教育学生升学压力,减轻过重课业负担。

三是发挥普通高中学校招生"指挥棒"导向作用。普通高中学校招生对于引导义务教育学校深化教育教学改革、促进义务教育优质均衡发展具有重要导向作用。《普通高中学校办学质量评价指南》把"落实公办民办学校同步招生和属地招生政策"作为重要考查要点,就是要促进普通高中学校规范招生行为,严格招生工作纪律,杜绝违规招生、恶性竞争,维护良好教育生态,切实落实优质普通高中招生指标合理分配到区域内初中的政策,并向薄弱学校倾斜。这有利于扩大优质教育资源,促进县域义务教育优质均衡发展。

《普通高中学校办学质量评价指南》提出,各地各校要结合实际优化评价方式方法,不断提高评价工作的科学性、针对性、有效性。

一是坚持结果评价与增值评价相结合。在关注学校办学质量实际水平的同时,关注学校在办学质量上发展提高的程度,科学判断学校为提高办学质量所付出的努力和取得的成效。坚决克服单纯以考试成绩或升学率评价学校办学质量的倾向,充分调动每所学校的积极性和创造性,促进整体提升普通高中办学水平。

二是坚持综合评价与特色评价相结合。在关注学校全面育人整体成效和学生德智体美劳全面发展情况的同时,注重差异性和多样性,关注学校特色发展和学生个性发展情况,切实防止用"一把尺子"衡量不同学校的做法,促进普通高中多样化有特色发展。

三是坚持外部评价与自我评价相结合。在构建多方参与、统筹优化、组织高效的外部评价工作体系的同时,引导学校积极开展常态化自我评价,激发内生办学活力,促进学校及时主动发现问题、解决问题。

四是坚持线上评价与线下评价相结合。充分发挥现代信息技术在评价中的重要作用,建立学校常态化评价网络信息平台及数据库,完善学生综合素质评价档案;通过实地调查、观察、访谈等方式,深入了解掌握实际情况,切实做到定性评价和定量评价相结合,确保评价真实全面、科学有效。

《普通高中学校办学质量评价指南》明确要求,各地要切实加强对普通高中学校办学质量评价信息的分析,实事求是地做出评价结论,认真提出工作改进意见建议,不断完善评价结果运行机制,充分发挥其对全面提高普通高中办学质量的引领和促进作用。

一是促进学校改进教育教学工作。指导学校改进教育教学和管理,全面育人、科学育人,提升办学治校和实施素质教育能力;指导学校和教师精准分析学情,因材施教,促进学生全面发展、健康成长。

二是健全激励约束与宣传推广机制。各地要将普通高中学校办学质量评价结果,作为对学校奖惩、政策支持、资源配置和考核校长的重要依据;对履职不到位、违反有关政策规定、学校办学质量持续下滑的,要及时督促整改,并视情况依法依规追究责任。对在评价工作中发现的办学质量显著提高的先进典型经验,要大力宣传推广,发挥好示范辐射作用。

三是推动地方政府履行教育职责。办学质量评价结果在向学校做好反馈的同时,要向属地党委教育工作领导小组和政府进行通报,作为地方各级政府履行教育职责督导评价的重要内容,督促政府切实履职尽责,为办好普通高中教育提供充分的条件保障和良好的政策环境。

三、中小学教学质量全面管理

教学质量是学校的生命,是教育的生命,关系着学校的生存和教育的发展。因此,学校的重点和中心工作是如何提高教育教学质量,它是学校教育工作永恒的主题。

(一)教学常规管理

教学常规管理应当贯彻以下要求:

1.坚持立德树人,着力培养担当民族复兴大任的时代新人。完善德育工作体系,认真制定德育工作实施方案,深化课程育人、文化育人、活动育人、实践育人、管理育人、协同育人。大力开展理想信念、社会主义核心价值观、中华优秀传统文化、生态文明和心理健康教育。加强爱国主义、集体主义、社会主义教育,引导少年儿童听党话、跟党走。加强品德修养教育,强化学生良好行为习惯和法治意识养成。根据学生不同阶段身心特点,科学设计各级各类教育德育目标要求,引导学生养成良好思想道德、心理素质和行为习惯,传承红色基因,增强"四个自信",立志扎根人民、奉献国家。同时,加强对学生的管理,适当运用教育激励及惩戒手段促使学校形成良好学风,为提升教育教学质量打下坚实基础。通过信息化等手段,探索学生、家长、教师以及社区等参与评价的有效方式,客观记录学生日常表现和突出表现,特别是践行社会主义核心价值观情况,将其作为学生综合素质评价的重要内容。

2. 坚持开齐、开足、开好课程。严格按课程标准零起点教学,坚持完善集体备课制度,加强示范课引领作用,提高课堂教学水平。探索课后服务模式,从试点开展到全面推广。完善培优补差具体措施,重点建立对"学困生"帮扶,争取大面积"丰收"。

3. 优化教学方式。教研室要抓好启发式、互动式、探究式教学方法的推广与应用,提升学生的核心素养。要求各中小学做好课前预习,教师课堂上要讲清重点难点,理清知识体系,引导学生主动思考,主动探究。积极探索研究型、项目化、合作式学习方式,教师要精准分析学情,注重差异化教学。

4. 进一步规范办学行为。加大查处办学、招生、教学等环节中的违纪行为,严格落实作业管理、睡眠管理、手机管理、体质健康管理、课外读物进校园管理等"五项管理"工作,确保学生健康成长。

5. 继续积极探索公平公正的教育质量评价体系,最大限度调动广大教育工作者的积极性。努力探索集团化办学新模式,积极发挥名校优势,通过资源共享带动薄弱学校的快速发展。

(二)强化教学过程管理

为强化教学过程管理,确保教学质量目标的完成,必须制定并严格执行以下教学过程管理制度:

1. 坚持听课制度。到班随堂听课,是发现自身问题、促进教改、方便交流的重要平台。学校领导和教师要随时到班听课,相互学习,提高教学效果。每位教师每学期须听课十节以上,教研组长不少于十五次。

2. 坚持教学巡导制度。学校行政领导人员定期不定期对所有年级教学工作进行巡视和督导,确保教学工作正常运行。

3. 坚持教学月检查制度。每学月对教师的备课、上课、作业批改等情况进行一次全面检查。每次检查要有相互交流,点评到位,相互提高。教导处采取普查和抽查相结合的方式进行,经常性组织开展过程性评价活动,如评教(上课)、评备(备课)、评改(作业批改)……评出优劣,以进行奖励或惩罚,也可在绩效考核中体现。

4. 坚持教学质量监控制度。教导处认真做好期中、期末考试安排,毕业班实行月考制度,并及时召开毕业班教学质量分析会,找问题,添措施,不断改进教学方法,落实每单元知识点,提高教学质量。

(三)积极推进教改教研活动

教学质量是学校生存和发展的生命线,是整个学校的中心工作。抓教改促教研是提高教育教学质量的有效途径。教研室要充分发挥自身优势,指导教研教改工作,要结合本地师资力量实际,采取得力措施提升教师的业务素质。大力推进素质教育,认真开展教改教研活动,努力打造高效课堂,让教师成为落实素质教育的主力军,让课堂成为落实素质教育的主阵地。严禁教改教研活动应付了事,搞形式主义。

1. 完善集体备课制度。各备课组要坚持每周一次的集体备课制度、每月一次的教研组备课制度。备课活动要做到四定——定时间、定地点、定主题、定专题发言人,并做好记录。

2. 强化教改教研活动。落实"科研兴教、科研兴校"的发展思路,促使学校形成勇于探索、大胆创新的良好教研风气,学校每月至少召开一次大型教改教研活动。教研立足点应放在教学和课程改革实践中遇到的实际问题上,着眼点放在理论与实际的结合上,切入点放在教师教学方式和学生学习方式的转变上,生长点放在促进学生全面发展和教师自我提升上,推进新课程实验,确保学校校本教研工作落到实处。建立以"自我反省、同伴互助、专业引领"为核心要素,以理论学习、案例分析、教学反思、经验交流、教学指导、说课、听课、评课、骨干教师与教师对话交流等为基本形式的校本教研制度,并通过教学观摩、教学开放日活动为教师参与教研创设平台,创造条件。以"问题—计划—行动—反思"的操作方式,努力提高校本研究的针对性和实效性。以教研组为载体,注重以老带新,以强带弱,鼓励教师大胆点评,各抒己见,形成浓厚的教研氛围。

3. 优化教学模式。认真抓好课堂教学改革,推广启发式、互动式、探究式教学模式,开展"自主、合作、交流、探究"等教学方式的研讨。教研室应对各个学校实行推门听课、评课,督导教学评估,定期开展公开课、观摩课、优质课评选活动,及时发现和解决教学中存在的热点、难点、疑点问题,在每学期期中、期末、教学质量素质测试后都要进行认真分析。在课堂教学中,教师应从角色观念上转变,更要做好课前、课中、课后等方面的转变,真正做到高效率、高质量地完成教学任务,促进学生获得高效发展,打造高效课堂。鼓励根据学生的学业成绩,按照不同层次搭配划分学习小组,让学生共同学习、共同进步。

四、提高教学质量的途径和方法

提高教学质量,学校要从课程建设入手,以深入的教学改革为动力,以科学的评价体系为保障,以优质的教学资源为支撑,注重教育科研,来提升教育教学质量,把握好学校发展的生命线。

(一)提升教育教学质量从课程建设入手

课程是教育思想、教育目标和教育内容的主要载体,是学校教育教学活动的基本依据,直接影响人才培养质量。提升学校教育教学质量的历程中,学校要从课程建设入手,努力建设适合学生发展的课程,重点要解决以下几个问题。

1. 依据课程方案和标准全面实施国家课程

国家课程体现国家对学生发展的基本要求和共同的质量标准。为确保国家课程的全面实施,学校应将认真研读和落实义务教育课程方案和课程标准作为重点工作;教材选用应坚持适宜性、科学、民主、公平、公正的原则,坚持每个学科、每个版本选择一套教辅材料推荐给学生选用;要根据教育部的有关规定确定课程安排,严格控制周课时总量,不随意增减课时。

2.运用综合实践活动课程培养学生能力

综合实践活动课程,是基于学生的直接经验、密切联系学生自身生活和社会生活、体现对知识的综合运用的实践性课程。该课程的开展,有利于密切学生与生活的联系,推进学生对自我、社会和自然的内在联系的认识与体验,发展学生的创新能力、综合实践能力,以及良好的个性品质。学校要充分利用青少年社会实践基地,探索课堂教学与社区服务相结合、研究性学习与社会实践相结合的途径和方法。要尽量将活动安排在社区或更大范围的开放性环境之中,使社区成员进一步了解学生的服务活动,以鼓励他们继续积极参与。

3.开发校本课程要兼顾需要性与可行性

校本课程是基于学生需求,以学校为本位、由学校自己开发的课程。校本课程的开发与实施工作,要全面贯彻《基础教育课程改革纲要》精神,实施素质教育,充分培养学生的兴趣、爱好和特长,满足学生个性发展的需要,为学生提供多样化、个性化的课程选择。学校开发校本课程要兼顾需要性与可行性,在基于学生身心发展特点、学校现状、社区条件等情况调研的基础上开展,制订校本课程的实施方案,在实施过程中不断修订和完善,确保课程实施的科学性、针对性、可行性和有效性,逐步形成学校校本课程特色。

4.通过创造性的课程实施提高课堂效率

新课程更加强调知识的生成性,强调教师创新性的课程实施。为了提高课堂效率,教师要把课程实施视为师生在具体的课堂情境中共同合作、创造新的教育经验的过程。教师要处理好师生关系,加强课堂教学的互动性,培养学生发现问题和解决问题的能力,提升学生信息搜集能力和信息处理能力,鼓励学生参加课外科研活动,提高科研素质。

(二)提升教育教学质量以深入的教学改革为动力

学校教育的根本目的在于促进学生主动、有序、多方面以及可持续地发展。为此,学校要致力于为学生的发展提供最适切、最有效、最契合的教育,实现以学生发展为本的教学,切实提升教育教学质量。这就需要学校深入开展教学改革,重点在以下几方面工作中下大力气。

1.借助教学质量分析改善课堂教学

教学质量分析是对教师教学效果的总结和梳理,也是对学生学习效果的分析和诊断,它是学校教学工作不可或缺的一环。学校应在定期开展的、科学的教学质量分析中,有针对性地改善课堂教学。教学质量分析要抓住特点,找准典型;要找出其共同点进行深层次分析,找准症结,提出教学改进的对策建议;要全面研究学生的学习兴趣、动机以及个别化学习需要,据此制定适合每个学生的教学计划、教学进度和教学评价标准;要创造条件积极探索灵活多样的个性化教和学的策略,形成相对稳定、科学的教学模式。

2. 通过系统的教学质量保障机制改进课堂教学

科学的管理机制是学校可持续发展的保证。管理最基本的任务是强化制度建设,切实落实各项制度,形成教学质量保障制度体系。学校应建立基于过程的学校教学质量保障机制,统筹各环节,要建立一整套目标监控体系,要建立含长效机制、监控机制、预警机制、激励机制在内的教学质量保障机制。教师应主动收集学生反馈意见,及时调整和改进教学。学生反馈可以通过调查问卷、作业、电子邮件等方式开展,可以是课后评价或者是对教师的综合性评价,可以是学生对课堂教学的反应、对所学内容的掌握以及对评价方式的理解。

3. 运用多样的教学方式提高学生课堂学习的主动性

教学方式是在教学过程中,教师和学生为实现教学目的、完成教学任务而采取教与学相互作用的活动方式的总称。为了提高学生参与课堂学习的主动性和积极性,教师要依据教学目标、教学内容等不同,灵活采用多样的教学方式。启发式教学要求教师启发学生独立思考,发展学生的逻辑思维能力,让学生动手,培养学生独立解决问题的能力,发扬教学民主。讨论式教学,强调教师通过预先的设计与组织,启发学生就特定问题发表自己的见解,培养学生的独立思考能力和创新精神。合作式教学中教师要充分激发学生的学习积极性,促进学生对所学的学科产生情感共鸣。

4. 在作业的"松绑"中实现学生的自主发展

作业不仅直接影响着学生对知识的掌握和巩固,也影响学生作为一个"整体的人"的发展。新课程目标的最终落实与作业管理密切相关。近年来,教育部和省市教育部门多次下发文件要求合理布置家庭作业、减少课外作业量、减轻中小学生课业负担。教师要合理控制作业量,努力探索多样的作业方式,让学生从作业的"松绑"中实现自主发展。教师布置作业要坚持

"精选、批改、讲评"原则。分层作业的实施中,教师要在"资源共享制"中开展差异合作,引入"科学分层制",讲求评价的"适切性"。教师要从学生的年龄特点和心理需要出发,创设有情趣的作业形式,鼓励学生积极参加体育文艺活动,参与社会实践活动,走进大自然,丰富生活,陶冶情操。

(三)提升教育教学质量以科学的评价体系为保障

提升教学质量需要有科学的、适合学生发展的评价体系作为保障,这种保障必须贯穿于教学的全过程。学校要在教育教学评价工作中着重做到以下几方面。

1.开展综合素质评价

综合素质评价展现了素质教育的实质,中小学教育质量综合评价改革的启动,旨在通过建立体现素质教育要求、以学生发展为核心、科学多元的中小学教育质量评价制度,切实扭转单纯以学生学业考试成绩和学校升学率评价中小学教育质量的倾向,促进学生全面发展、健康成长。

学校在实施综合素质评价的过程中,应针对重点考察的项目,对照中小学教育质量综合评价改革指标体系开展检查。学校要改进教学评价方式,将定量、定性评价相结合,将形成性、终结性评价相结合,将内部、外部评价相结合。学校要改进教学评价方法,主要运用测试和问卷调查等方法,辅之以必要的现场观察、个别访谈、资料查阅等;要充分利用已有的学生成长记录、学业水平考试、基础教育质量监测等成果和教育质量监测、评价机构等评价工具;要科学设计评价流程,有序开展评价工作;要改进评价结果使用,改进教育教学,发挥以评促建的作用。

2.建立综合素质档案和成长记录

综合素质档案是学生档案的重要组成部分,是学校提高教学与管理质量,促进学生全面发展,有效拓展学生综合素质的重要信息资源,也是提高学生综合素质的重要环节。学校必须时刻关注学生的发展变化过程,留心收集综合素质档案,材料、信息来源必须客观、真实。班主任要指导学生了解综合素质档案的各项内容和收集方式,及时将有关材料收集存档,充分运用信息化手段,促进档案工作的现代化和数字化。成长记录应收集能够反映学生学习过程和学习结果的资料。成长记录要关注学生个性的发展,采取激励性的评价方式,体现学生的优势。

3.改革和完善学业考试

早在2000年,教育部就印发过《关于在小学减轻学生过重负担的紧急通知》,其中提出:"小学生学业成绩评定实行等级制,取消百分制。"学校要从根本上改善教育教学评价,需要从考试改革入手。"不以分数作为评价学生的唯一标准"的新增规定有利于降低学生的心理压力。将学生的成长过程纳入考核标准中,对学生实施综合素质评价,有利于学生的成长以及兴趣和才能的发挥。

学校要减少考试次数,将"压缩"出来的时间用于开展丰富多彩的活动,促进学生的德、智、体全面发展。要注意测验方法多样化,关注学生的多元智能,适应学生的学习个性和特长,考试评价的结果解释应具人性化和质性化,要努力减少考试焦虑,多鼓励和多关怀学习成绩较差的学生。对学业考试结果反馈,应当分析学生答卷的思考过程和特点,做出具有教育学意义或心理学意义的说明和注解。对作答题目进行评分时既要看答案结果又要看过程,对有创造性思维的答题过程给予鼓励和加分。

(四)提升教育教学质量以优质的教学资源为支撑

教学资源是一切可以利用于教育、教学的物质条件、自然条件、社会条件以及媒体条件,是教学材料与信息的来源,为教学的有效开展提供必需的素材和有力的支撑。要切实提升教育教学质量,落实管理标准,需要学校为努力提供便利使用的教学资源,重点落实以下几方面工作。

1.完善教学资源的配置和管理

教学资源和设施设备的配置旨在满足教学需要,为实现教学服务。学校要加强教学资源的系统建设。正确使用设备、维护保养好设备对保证设备正常运行、防止设备故障和事故发生、延长设备使用寿命、充分发挥设备经济效益有着重要作用。学校需加强教学资源和设施设备的管理,指定专人负责,建立资产台账。学校设财务总账、实验室设台账。要通过执行备案制度,完成账目的登记,保证账物相符。

2.提升图书馆、实验室使用效益

图书馆、实验室与功能教室是学校教学资源中重要的组成部分。图书馆(室)是为学校教育、教学和教育研究提供服务的信息机构。实验室是学校教育教学工作的重要设施。功能教室不仅是教室,还是教师的工作室、研究室,学生的探究室,学科博物馆,是培养学生创新精神和实践能力的重要场所。学校应在加强图书馆、实验室与功能教室管理的同时提升其使用效益。应该配备专职(兼职)管理员,建立健全各类管理制度,保存完整的档案资料。在实验室和功能教室的建设上,要结合新课程倡导的理念,加大对学生的开放力度,科任教师必须积极配合管理员完善相关工作。

(五)以教育科研提高教学质量

教育科研要以教育现象和问题为研究对象,以解决新问题、探索教育规律为目的,要用教育理论去研究教育现象和教育问题,探索新的未知教育规律及有效的教育途径和方法,提高中小学教育教学质量。

当今的教科研存在一些弊端。从中小学科研开展情况来看,中小学科研存在着许多问题,总结起来,有四个方面。一是浮躁。科研流于形式忽视内容,着重现象看轻本质,暴露出浮躁迹象。部分学校视教科研为"葱花",认为在学校管理这盘"菜肴"上撒一点即可。二是功利。有的学校认为搞教科研是形势所迫,就把任务向老师压,老师也是被动接受,而且有功利成分。老师需要评职称,要有论文发表;评优秀,要有科研项目;兴趣来了就专心致志,兴趣没了就不了了之,不把科研当作是严肃的事情,没有明确的目的性。三是困惑。许多教师认为科研是高深莫测的,对于搞科研往往是一头雾水,不知从何下手。他们认为科研是教育专家们的事情,作为一个普通教师只要做一些简单的教学工作就可以了,于是在考虑选择科研课题的时候带有很大的随意性和不科学性,流行什么就研究什么,没有考虑到科研课题的理论价值和实用价值。四是缺乏。资金不足,指导不够,研究不深,这是学校科研存在的普遍现象。由于许多教师缺乏教育科研相关的理论知识,不能规范地、科学地进行教育科研,不能正确选择适合本单位和自己实际的教科研专题。

提高教育科研的质量,充分利用教科研促进教学质量提高,需要抓好学校教育科研的工作。一是端正教科研态度,让意识改变行动。一位合格的教师必须具备几点最基本的职业素质:专业素质、思想素质、理论素质、科研素质。教师除了要掌握基本的教育教学方法之外,还要热爱学生、热爱本职工作,具有一定的教育心理学知识,具备一定水平的教育科研能力。教育是培养人的活动,教育活动具有科学性和艺术性。教育活动必须遵循一定的规律进行。教育不按照一定的规律进行就不能取得很好的教育效果,就不能很好地促进学生的发展。如果教育活动违背了教育规律,就会对学生的身心发展带来负面的影响,不但不能促进学生的发展,反而会阻碍、损害学生的身心发展,对学生的成长造成不良的后果。因此,进行教育活动要遵循教育规律。教育工作者要掌握教育规律,遵循教育规律开展教育教学活动。研究、探讨、发现、掌握教育规律是搞好教育活动的前提条件。二是开展教科研培训,提高理论修养。教育活动离不开研究和探索活动,教育的改革与完善更需要科研。教育面临的问题很多,要解决的问题也很多。素质教育的推进、具有创新精神和实践能力的人才的培养、基础教育新课程的实施,都需要我们研究、探索、实践。在教科研过程中使教师理论水平得到提高,实际的教育教学能力得到增强,能够为促进学生发展、提高教育教学质量奠定坚实的基础。然而知识的掌握、能力的取得需要不断学习,学校要通过培训,让教师了解当前教育教学改革的新动向,加强科研理论知识修养,通过"请进来""走出去"等各种途径,举办专题培训班、聘请专家、学者开设讲座,进行科研指导,给广大的教师提供更广、更深的科研专业知识,同时也让教师认识到,教育科研是新世纪教师的角色行为。提倡教师"人人有课题,人人做科研"。通过科研培训与研究探索,促进教师尽快把外在的教育思想和教育观念内化为自己的教育信念,最终形成自己对教育独特的认识和理解,从而实现教育教学活动的最高境界——创造性的教育。三是加强教科研管理,转变教育科研观念。作为学校管理者,要提高科研认识,加大教育科研投入经费,把教育科研摆到十分重要的地位。要组建教育科研机构,明确职能定位与工作机制,学校教科研组织要帮助教师搞清科研与教学的关系。领导自己带头搞科研,以身作则,创设良好的教育科研氛围,真正认识到教育科研对教育事业发展的重大意义,改善科研管理水平,从而转变管理层的科研思想观念,做到思想上的绝对支持。四是搭建教科研舞台,让教师"跳"起来。教育科研是促进教师自身发展的有效途径。教师在科研中反思自己的教育教学行为,与先进的理论和实践碰撞,在实践中提升自己的能力和水平。这样教师在教育教学活动中学习、研究、总结、实践,就会提高自身的综合素质。教育质量的提高也应立足于教育科研。要想搭建一个好的教科研平台,可以安排教师去科研水平很高的单位学习取经,也需要购置教育科研所必备的仪器设备、图书参考资料以满足科研的需要;在科研奖励机制方面,要重奖科研骨干力量,不仅从物质上进行奖励,还要从精神上进行奖励,树立典型,建立一套完善的科研管理制度。

第六章　学校躯干:教师队伍

实践证明,一所学校的教学质量=[学生(1分)+教材(2分)+环境(3分)+教法(4分)]×教师。可以看出前四项之和是10分,教师是起决定作用的自变量。教师素质越强,教学质量就越好。所以,建设一支高素质教师队伍,决定着学校的办学水平和办学质量,决定着学校办学的成败。

一、中小学教师队伍建设的目标和意义

2019年2月,中共中央、国务院印发了《中国教育现代化2035》,全方位谋划了推进教育现代化、建设教育强国的目标与战略,其中明确将"建设高素质专业化创新型教师队伍"确定为面向教育现代化的十大战略任务之一。

作为新时代教师队伍建设的纲领性文件,《中共中央、国务院关于全面深化新时代教师队伍建设改革的意见》将新时代教师队伍建设改革的目标确定为"造就党和人民满意的高素质专业化创新型教师队伍。"《中国教育现代化2035》进一步明确提出"建设高素质专业化创新型教师队伍"就是要"努力建设一支有理想信念、有道德情操、有扎实学识、有仁爱之心的教师队伍,更好承担起传播知识、传播思想、传播真理,塑造灵魂、塑造生命、塑造新人的时代重任"。

《中国教育现代化2035》提出:"高素质专业化创新型的教师队伍是加快教育现代化的关键","要坚持把教师队伍建设作为基础工作"。由此,新时代教师队伍建设目标反映了建设社会主义现代化教育强国的具体要求,包括基础教育新课程改革对教师的素质要求,对教师适应中小学教育教学变革趋势的能力要求和教师与教师教育专业化水平的要求。

首先,推进基础教育新课程改革需要高素质专业化创新型的教师。当前,以新课程改革为主线的基础教育改革对教师素质提出了更高的要求。以"一切为了每一位学生的发展"为核心理念的课程改革强调要关注学生发展、重视以学定教,强调新课程下的教师角色应由传统的知识传授者向学习者、研究者、组织者、引导者、促进者、催化者、实践者、开发者转变,倡导学生

113

自主、合作、探究的学习方法。由此,教师必须具备宽广的知识结构、更为开阔的学术视野和丰富的专业知识,具备更强的专业适应与整合能力、现代信息技术应用能力、创造性的课程实施能力、教学反思能力与研究能力,以及引导、组织学生开展自主性探究学习的能力。为了培养学生的核心素养,对教师核心素养的要求集中体现在教师的理想信念、师德师风和教育教学能力上,其中教育教学能力包括教学设计能力、教学交往能力、教学研究创新能力、课程资源开发与利用的能力、以学生的学习为中心构建教学情境的能力、不断更新自己的知识结构以适应教学变革趋势的能力,以及发现、解决教育教学实践问题的创新能力等。

其次,教育教学与学习变革的趋势需要高素质专业化创新型的教师。随着互联网、物联网、大数据、云计算、人工智能、传感技术、机器人、虚拟现实等在教育领域的应用与逐渐普及,学校教育正在发生革命性的变革:课堂正在成为人工智能参与的智慧体验课堂,学校将会变得形式更加开放、类型更加多元、层次更加丰富、环境更加生态、服务范围更加广泛,数字图书馆、数字课程中心或将成为学习资源中心,对学生的学习与发展的评估或将变革为基于数据挖掘系统和人工智能的随时、随地、随人、随事的 4A(Anytime,Anywhere,Anybody,Any event)评价与监测。传统的由教师、学生、课程构成的三维结构将转变为新的四维结构,即学生、数字化学习环境、数字化学习资源和教学支持服务。由此,教师不仅应具有崇高的师德、精湛的教学技能,而且应成为基于数字化环境、资源的学生学习活动的支持者与服务者,能够系统地支持学生的个性化、定制化的自主学习,同时通过创设教学情境来提升学生的学习体验。尤其重要的是,教师必须对教育教学充满挑战心、好奇心与想象力,把教育教学看作学生主动学习、探究反思、变化更新的创新过程,把每次教学都当作创意设计和实施的过程。同时,教师要在教学中为学生提供创新的时间和空间,而且要宽容学生的失败,营造教学中激励创新的氛围。

最后,培养高素质专业化创新型教师是推进教师与教师教育专业化的核心要义。《世界教育年报》曾以"教师的专业发展"为主题发表了一系列文章,探讨了教师专业化的目标与策略。此后,教师专业化在两个维度上持续推进:一个方向是 20 世纪 60 年代兴起的教师专业发展理论,通过揭示教师职业生涯周期中不同阶段呈现出的不同特征,强调通过提升教师教育的专业化水平为教师专业发展提供持续的支持;另一个方向是 20 世纪 80 年代起,一些发达国家开始致力于通过提高专业标准、改革专业教育、优化专业分工等来提高教学工作的专业地位。提升教师专业地位、促进教师的专业发展从而提高教学工作专业水平是高质量基础教育的根本保证逐渐成为全球性的共识。在借鉴教师专业化的国际经验基础上,我国自 20 世纪 90 年代起也开始致力于推进教师与教师教育的专业化:一是从 1993 年颁布的《中华人民共和国教师法》确立了教师的专业地位,到 1995 年、2000 年先后颁布实施的《教师资格条例》《〈教师资格条例〉实施办法》和 2017 年开始实施师范专业认证,主要是致力于通过确认教师的专业地位以提高教师的社会地位,建立相应的专业制度来规范教师队伍建设和师范专业的职前培养活动;二是通过推进教师教育的高等教育化、开放化与职前职后一体化等改革,致力于提升教师教育的专业化水平,进而提升教师的专业化水平与教师队伍建设的专业化程度。由此,从当前教师队伍建设改革实践出发,新时代教师队伍建设目标的核心要义就是通过提高教师社会地位、构建完善的教师教育体系和教师专业制度以持续提升教师教学工作的专业化水平,为建设社会主义现代化教育强国提供强大的支撑①。

二、中小学教师建设存在的主要问题

从目前教师队伍的现状来看,积极进取、爱岗敬业、乐于奉献仍然是教师的思想主流,教师们大都踏踏实实、认认真真工作在本职岗位上,把教书育人、无私奉献作为人生价值取向。但在新的形势下,特别是在实施绩效工资以后,教师在自身定位、发展愿景以及利益诉求等方面发生了较明显的变化。因此,作为学校管理者,以多元视角分析教师队伍的现状,并形成相应的工作对策,对于加强学校发展,提升学校竞争力,是十分必要而有意义的。当前,中小学教师建设存在的主要问题有以下几点:

(一)教育理念上的缺位——对新课程理念理解不深。新课程改革已经

---

① 荀渊. 新时代基础教育教师队伍建设的目标、内容与路径:基于《中国教育现代化 2035》教师队伍建设内容的分析[J]. 教师教育研究,2019,31(2):8-14.

走过了十多年,但许多教师缺少系统的理论指导,对新课程的理念把握得不全面、不深刻,对教育部门组织的业务进修、继续教育、校本培训等也没有引起足够的重视。因此,素质教育的理念尚停留在认识阶段,还不能应用在具体教育实践中。

表现在教育上,存在着重知识教学轻思想道德教育、重学科教学质量轻道德素养培养的倾向。由于部分教师过分地重视分数,使得他们对学生道德教育、行为习惯培养、学习品质培养存在严重失偏,过早地出现了两极分化的现象,尤其是低年级,那些"后发"学生从一年级开始就经历一次又一次的挫败,导致厌学低龄化。到了高年级乃至初中,这种现象更为加剧。

表现在具体教学实践中,则存在着重作业批改轻备课、重课外补课轻课堂效率的问题。这使得相当部分青年教师热情有余而无处施展,"堤内损失堤外补",看上去早出晚归,兢兢业业,但收效甚微。在实施"减负"以后,没有了课外时间让他们占用,这种现象也就更加突出。

(二)教育方法上的缺失——教育教学方法简单,师生关系不够和谐。我们发现,教师在教育教学过程中,由于教育方法简单,导致师生关系不够和谐的现象较为突出。在学生的管理和教育过程中,部分教师对学生中出现的问题往往简单化处理。如在学生的常规管理中,多年如一日,变化不大,无非是一边严管,一边奉献爱心,严管不见效,就用爱心感动之,爱心感动不了,就更加严管,再管不了就请家长,造成师生的对立情绪。然而,学校管不了的学生早已在家里"失控"了,于是没办法只能放任之,最后索性"眼不见为净"。教师的这种简单的工作方式科技含量低、收效低,教师的付出得不到相应的回报。

在教学过程中,有些教师上课还是"满堂灌",有的教师偶尔才上一两节体现新课改精神的公开课,新课改目标在教学中根本无法体现。甚至个别教师为了在考试中提高一点点平均分,把学生在校园里的自由时间都用在了题海战术上。中午、放学,教师做得最多的事情就是抓学生背记、抓学生的作业。教师的情绪往往跟着考试成绩阴晴变化,导致教师对待后进生失去耐心、爱心,师生关系趋向冷漠。这些问题都是教师急功近利、目光短浅的表现。

(三)教育能力上的缺陷——少数教师教育教学能力差。教师要教书,更要育人。教师的教育教学能力,不仅包括学科专业能力,还包括思想教育能力和学生管理能力。育人就要涉及管理思想、管理方法、管理手段,缺乏管理能力的教师是不完善的教师。有的教师上课组织教学能力差,班级纪律很差;有的教师语言表达能力差,说服不了学生;有的教师上课无逻辑,东拉西扯;一些教师不仅不能胜任班主任工作,而且还不重视学生的管理,缺少管理的思想和方法,造成教育教学效果明显落差。

(四)队伍结构上的缺憾——年轻化趋势明显,年龄结构不够合理。目前,许多学校的教师队伍年轻化趋势仍比较明显,三十五岁以下的教师占多数。尽管年轻教师有其优势,他们思想活跃、知识新颖,精力充沛、引领时尚,对新事物有较强的敏感度和接受力,但不可否认的是,他们的教育教学经验不足,无论是教育理念、教学方法还是教学手段,与老教师相比都有一定的差距。所以,要让青年教师在创建一流学校、形成独具特色的校园文化中发挥作用,克服因人才断层而带来的学校发展阻力,就必须尽快完成以老带新、以新接老的传帮带过程。

(五)教师职业上的倦怠——由于工作压力大,以应付的态度对待工作。"减负增效"的呼声一直不断,许多学校也进行了教育模式的创新探索,但这也导致了对学生的教育管理难度增加,教师的责任无限扩大。因此,教师没有更多的时间,也没有更多的精力进行班级管理、活动设计、课堂教学结构改革和提高课堂教学效率的研究,对业务进修、课题研究、教学探讨、班级管理、后进生教育等感到力不从心。长期下来,部分教师出现了职业倦怠现象。

三、中小学促进教师专业发展的策略

促进教师专业成长的策略,一要符合政策要求,具有适应性;二要坚持问题导向,具有针对性;三要遵循成长规律,具有实效性。适应性强调的是"可用",针对性强调是"有用",而实效性强调的是"好用"。主要策略有以下四条:

第一,落实保障政策,激发学历提升的内生动力。提高教师培养层次,提升义务教育学校教师学历层次为本科及以上,是新时代的新要求、新规定。教育部等五部门印发的《教师教育振兴行动计划(2018—2022 年)》提

出"提升培养规格层次,夯实国民教育保障基础"的目标和"为义务教育学校培养更多接受过高质量教师教育的素质全面、业务见长的本科层次教师"的任务,实施"教师培养层次提升行动",给教师学历提升提供了顶层政策保障。

教师提升学历层次的目的应该在于满足自身专业发展的需要,这也是教师提升学历的内生动力。带薪脱产进修、资助定向培养、学分互认,是激发教师学历提升内生动力的三种可用方式。有了政策保障做前提,更需要落实政策要求。地方政府和教育部门可以抓住一个重点,即对学历较低的教师,通过带薪脱产进修方式,帮助他们提升学历层次;建立一项政策,即对有发展潜力的本科中青年教师,通过在职资助方式,定向培养教育硕士研究生;落实一个规定,即《教育部关于大力推行中小学教师培训学分管理的指导意见》,建立教师培训学分银行,推动非学历培训与学历教育衔接,搭建学分互认的"立交桥"。

第二,优化学校制度,激发培训研修的内在需求。学历提升、专业培训、教学研究和教育科研是中小学教师正式学习的基本途径。但是,在学历提升之外,教师参加教师培训和教学研究缺乏主动性,绝大多数教师畏惧教育科研,其症结在于制度不健全,教师的内在需求没有激发。教师产生培训、教研和科研内在需求的根本在于"自我超越"。自我超越的人是能够不断学习、追求工作尽善尽美的人。自我超越之所以能持续实现,除了跟人的天赋有关外,根本原因是能不断学习和实践。

教师实现专业进步,从适应到胜任,从熟练到成熟,成长为骨干教师,再成长为学科带头人、教学名师,甚至是特级教师、教育家型教师,正是一个不断自我超越的过程。在这个过程中,基于学校发展的个体愿景不断升高、实践创新不断深入,而持续的生成性学习则是实现自我超越的根本途径。教师实现自我超越是依托于作为学习型组织的学校的。如果学校不能基于建成学习型组织而进行改进、优化的话,那么,教师群体就无法建立专业进步的愿景,自我超越将失去支撑。因此,作为学校,要发挥好支撑作用,为教师自我超越营造环境、创造条件,鼓励和支持教师个体进行专业学习和实践创新,充分激活教师个体内心向上的欲望和自我潜能的挖掘。

第三,创新管理机制,引导专业成长的内聚环境。如果"制度"是规定动作、是该怎么做事的话,那么,"机制"则是如何有效地做事、怎么做好事。"制度"对的是事,"机制"则对的是人。管理的精髓在支持、在服务。为了促进教师专业成长,各地要加强高等学校、教师发展中心、研修中心、校本研修"四位一体"的教师专业发展支持服务体系建设,强化教师发展机构在培训教师方面的作用。对学校来说,必须履行"引领教师专业进步"的管理职责。

《义务教育学校管理标准》要求,学校要建立教师专业发展支持体系:引进优质培训资源,定期开展专题培训,促进教研、科研与培训有机结合,发挥校本研修基础作用;鼓励教师利用网络学习平台开展教研活动,建设教师学习共同体。在教师专业成长支持服务方面,学校还要围绕"引领教师成长"的目标,在机制上进行改革与创新,形成具有强大内聚力的环境:一是整合学校的培训、教研和科研等制度,有效运行教师学习的激励和制约机制;二是建立教师学习支持服务制度,将教师学习列入学校规划及年度、学期、月、周计划之中,形成教师学习常态化机制;三是加强检查督促、总结验收和展示交流,推进各项学习活动方案的落实到位。

第四,创设学习文化,引领专业品质的内涵提升。建立教师的学习型组织,是营造学习文化的前提。所谓学习型组织,其基本含义是持续开发、创造未来能力的组织。学习型组织(learning organization)的英文直译是"学习中的组织""学习实践中的组织"或"获取(知识和能力)过程中的组织",它并没有特别的"型"或"式"的含义。真正的学习型组织不仅仅是在单位或组织内部积极倡导学习、制定学习计划、布置学习材料、组织宣传讨论、颁布奖惩措施等。当下,许多学校的学习型组织以教研组为单位。有的教育学者认为,在教研组"学习文化"创设上,首先,要建立以"学习文化"为指向和核心的教研组文化愿景;其次,要确立以"学习文化"为核心的教研组工作重点和工作思路;最后,要树立基于转化的关系式思维方式,如理论学习、实践研讨、教学实践和课后反思"四结合式"。那么,中小学学科教研组如何发挥引领教师专业品质提升的作用呢? 一要有自己的"宗旨",也就是有清晰的愿景,有明确的目标,围绕愿景,在目标导向下行动;二要有自己的"系统",强调的是组织的系统性;三要强调"整体",进行整体规划、制定年度计划、开展系列活动;四要突出"集体",发挥同一年级、同一学科、校内跨学科或校际某一集体的作用。

四、中小学促进教师专业发展的方法

教师的专业素质发展不仅影响学生全面、健康和终身可持续发展,还影响教师自身事业发展和教育教学改革,进而影响教学质量提高和学生综合素质培养。因此各中小学校领导、老师要紧紧围绕教育教学实践,紧贴教师专业发展实际,积极探讨构建多层次的校本研修方式和方法,为教师专业素质发展搭建平台,并以此推动学校教育教学改革向纵深发展。

(一)以管理制度促进教师专业发展

为有效促进教师专业素质发展,必须制定教师专业发展管理制度。

一是成立校本研修工作例会制度。由各中小学校教导处、科研处组织安排,定期开展活动,每周一次例会。要求学校各学科研修小组全体成员准时参加,力求每次例会都有相关主题。主题或由各学科针对研究中遇到的问题、困惑等确定,或由学校教导处、科研处结合学校教学工作确定。让例会成为学校制订计划、探讨问题、解决问题、交流经验的平台。

二是健全对外交流互动学习制度。一方面,利用学校、教育行政部门和师资培训单位共同组织高效课堂培训活动,加强中小学校教师和外来专家、名师的交流,帮助学校做好课改诊断;另一方面,适时组织中小学校中层领导和教学骨干走出去,到各地学校学习,加强与外校的交流、联系与沟通,及时把外地学校的好经验学过来,改进自身不足。

三是尝试个案学习创新制度。个案学习创新是最有效的校本研修方式之一,可以更有效地使新课程理念和教学实践发生碰撞,在实践层面上不断得到提升。为此,我们要求基层学校结合教学实际开展"教"与"学"的个案研究,让每个参与研究的教师紧密结合自己的教学,每周自主选择最具有教学特色的个案或课例进行学习、分析、反思,随后在每周学科教研会上相互交流研讨;每月撰写一个富有创造性的教学个案,在学科教研组中进行交流,分享成果,共同提高。

四是实行教学问题积累制度。教师发现问题、提出问题的过程就是教师深度思考与反思的过程。"问题即课题",实行教学问题积累制度,有利于发掘教师创新能力,更有利于促进学校教学改革。要求教师结合教材、教法与学法实际,每天提出一个具有研究价值或感到困惑的问题,或提出一个具有见解性的问题进行积累,并在教研组、集体备课活动时间和其他教师一起讨论解决。如果确实有解决不了的重大困惑或疑难问题,再定期邀请有关专家来校通过报告、讲座及对话商榷的形式进行解决,增强教师的问题意识和创新意识,加深对新理念、新教材、新教法的理解与运用。

五是落实读书学习反思制度。做研究型教师要从读书和反思开始,因此中小学校要大力倡导读书和反思活动,购进教师人文素养专辑读本,发放到各中小学校教师手中,适时组织教师人文素养学习活动、教师演讲、学校论坛等,丰富教师教育教学知识,开阔教师的视野。不少学校纷纷掀起读书热潮,购进符合新课程、符合教师专业发展的书籍。不少学校还在寒暑假向教师推荐阅读书目,并在每学期开学初开展读书交流活动、"读书沙龙"活动,加快教师专业成长步伐。

(二)以教学研修促进教师专业发展

如何通过教学研修促进教师专业发展,帮助教师提高课堂教学水平,是学校领导和教师一直思考并努力解决的问题。为此,可以采用"实践反思—同伴互助—专业引领"的教学研修模式。

"实践反思"。一是制订教师专业发展规划。在对学校教师自身条件和基础进行客观分析评价后,再制订教师专业发展规划,并让教师制订个人发展规划,包括自我分析、发展目标、具体措施等方面;学校教导处、科研处综合统筹,按照教育局相关要求,建立健全教师成长记录袋,定期对教师专业发展目标进行矫正性诊断,帮助教师找准自己专业发展方向。二是开展"说课—上课—评课"活动。要求学校每个教研组每学期都要有意识地把一些典型的、有代表性的课堂教学进行校内展示,然后备课组或教研组针对课堂教学情况进行剖析。具体程序是先由上课教师介绍教学设计思路,然后针对授课教师的理论设计和实际上课过程中学生的反应进行比较,发现亮点,作为今后教学范例,或者找出不足,要求教师引以为戒。通过"说课—上课—评课—反思—整合"活动,把新的教学理念转化为教学行为,落实"三维"目标产生感性认识,并探究"温故与导新—探究与生成—展示与升华—拓展与小结"四板块教学流程,以开阔教师视野。三是养成教学反思工作日常化习惯。坚持以人为本的管理理念,鼓励教师认真撰写教学案例,在反思中成长。教师上完课后要立即进行自我反思,侧重对"学困生"的关注度和

121

第六章　学校躯干:教师队伍

教材创新使用等方面;作业批改后要写好情况分析,重点分析作业出错的原因和改进具体方法;参加学校教学案例研修后,要做出自我评价,写明取得的主要成绩及原因,分析主要问题、原因及改进措施;教师外出学习听课回来后,要进行学习听课反馈,并为自己提出有效的改进策略。

"同伴互助"。一是开展师徒结对活动。优秀骨干教师担任"导师",可以一次带两个徒弟。导师要在教学理论、教学实践、教科研等方面加强指导,使年轻教师尽快步入工作轨道,进而使更多年轻教师脱颖而出,成为基层学校乃至市级以上骨干教师或教学新秀。这种做法可以实现教师层级间的互助支援,促进教师专业发展。二是开展互助备课活动。要求学校教导处在新学期开始就部署好一个学期备课计划,要求每位教师提前搜集资料,写出"可圈可点"的个人备课教案。在此基础上各学科集体备课组坚持周备课制度,让备课有创新的教师讲讲自己创造性地利用教材的课例,大家再集思广益,共同探讨、修改、完善,形成集体备课的通用教案,实现备课资源共享。三是开展分层推进活动。采取"搭台子、压担子、树样子"等做法促进教师专业发展。"搭台子",指教学业务部门可以组织青年教师、骨干教师参与教学竞赛等活动,让广大教师登台亮相,展示自己的风采。在竞赛活动中,教师间相互进行教学探讨,进而提高课堂教学水平。"压担子",即鼓励中小学校选派年轻教师参加上级研讨课、各级各类公开课、各种教师基本功竞赛等活动,让年轻教师既有压力又有动力,时时针对自己的常态课进行改进,向高效课堂迈进。"树样子",就是在青年教师中树立榜样,让每位教师都得到成长,让榜样鼓励带动其他青年教师快速成长。

"专业引领"。一是邀请知名教育专家做辅导报告,进行理论引领,实现理论上脱"盲"。可以邀请各地的名师、专家到各中小学校进行教学诊断,点评课堂,拉近教师与课改的距离,同时可以与其他学校进行教学互动交流,并就如何抓好教育教学改革,如何推进高效课堂进行充分沟通与对话,帮助教师树立新课改理念。二是抓好学校典型引领。众多教师共同生活工作在校园,周围生动鲜活的专业发展典型事例无时无刻不影响着教师。因此要积极挖掘学校一些成功教师的成长历程,并向广大教师宣传,让教师们产生强烈的自我发展欲望。同时,要充分利用老教师的经验财富,组织帮助他们把经验写出来、提炼出来,并通过视频、声像、文本等多种方式把他们的经验及时传递给新教师,促进新老教师更替。此外,还要在学校优秀教师中间选拔专业辅导员做专题讲座,提升教师理论水平和教学操作能力。三是强化课堂教学研究引领。要求学校业务副校长牵头,协同教导处、教研组、备课组专门成立听课小组,随机听取教师的常态课。听课组成员对照课程标准,结合自身对课程改革的理解,写出详细的课堂教学评价,及时与上课老师进行沟通、交流。如果发现教师的常态课问题较典型,则要求该教师选择同类内容再做准备,届时邀请听课组再次前往听课。这样反复"磨课",教师教学既有压力又有动力,教学效果十分显著。

五、中小学教师积极性激励

教师是学校最核心的要素和资源,学校管理者工作的重中之重即对教师进行管理。激励作为一种重要的管理行为,是学校管理者调动教师积极性必不可少的"管理法宝"。从心理学意义来说,激励是指激发人的动机和心理过程,运用到管理上,则是指管理者根据组织的战略目标,对成员的行为加以强化,采用领导、引导的方式鼓励组织成员自我管理,使其行为加速达到组织预定目标的心理过程。由此可知,要对教师进行激励,关键是采取有效的策略促使教师形成积极的行为,并将这些行为予以强化和保持。不同的激励策略会产生不同的行为效果,作为学校管理者,既要从自身管理的角度出发,考虑"自上而下"的各种激励策略,又要从教师行为所影响的各主体的角度出发,考虑对于教师行为表现的反馈和回应,即"自下而上"的激励策略,还要从教师群体的角度出发,研究增进教师群体之间"平行互动"的激励策略。综合三种维度,形成教师激励的网络,思考如何使教师激励变得更为全面和有效,这是当前学校管理者面临的问题。

(一)"自上而下"的教师激励策略

学校管理者提出针对教师的各种激励策略是"自上而下"的、宏观的、发展的,目的是为激励教师提供一些支持和条件,营造激励的环境氛围,从组织的视角提出教师激励的策略。

1. 使命激励法

使命激励法是指学校管理者通过运用权力和对未来的憧憬鼓励教师懂得自己工作的目的和价值,让教师相信自己工作的重要性,增强自豪感。其实质来源于学校目标,是目标激励的另一种表现形式,不同之处在于使命激励更偏重于教师个体而不是整个组织,是学校促进教师把学校总目标"内化"的一种途径。在与学校保持共同的价值观和目标追求的基础上,教师意识到自己在组织中需要承担的责任和使命,从而明确自己今后努力的方向,以此来影响教师的行为。同时,教师扮演的职业角色决定了其必然要担负社会赋予的使命,即为学生发展做出努力,为百年树人的教育事业做出贡献,这种使命感来自社会的期望。赋予教师使命或让教师树立使命意识,会使教师产生积极的心理向往和追求,是一种很好的激励教师行为的动力来源。

2. 发展激励法

发展激励法是指学校管理者要善于把教师的智慧和能力作为一种巨大的资源来开发和利用,让教师看到自己进一步成长的空间和能够获得的各种利益。教师专业能力的提高、事业的发展、特长的发展或人际关系的发展等都可以作为教师发展的途径。教师希望发展的方向往往表明了教师的需求,对教师发展的满足更有利于激发教师的自我效能,促使教师产生积极行为。如通过给教师提供培训机会,促进教师自身价值的提高,能够增加教师结识良师益友的机会,从而满足教师人际交往的需求。同时,学校管理者也应该充分信任教师,给予他们挑战性工作的机会,让教师感到自己是受重视的,这对于社会、学校都是很有价值的,能够帮助教师开发自身的潜力,增强教师自信心,鼓励教师成为更优秀的人才。同时,运用发展激励法时应注意培养教师的忠诚感,进而使培养的优秀教师能够持久地为学校做贡献。

3. 名誉激励法

名誉激励法是指学校管理者通过对教师进行各种评价,赋予教师各种名誉作为奖励的方式。一方面,名誉激励法可以让教师获得精神上的满足。名誉是指社会对特定的公民的品行、思想、道德、作用、才干等方面的社会评价,是任何人职业发展中的重要资源,获得增进名声的机会可以成为很有效的激励因素。另一方面,名誉的提高也会带来物质上和机会上的奖励。实际上,名誉资本的积累不但能够带来立竿见影的自我宣传效果,而且还能产生一种其他回报的宣传效果。比如,增加教师进修学习的机会,可以树立教师在学生中的威信,使其更容易受到学生的喜爱,并成为其他教师追求进步的目标和学习的榜样。

4. 环境激励法

环境激励法是指学校管理者通过努力营造一个让教师快乐的、满意的环境，影响教师的情绪和心理来使其努力工作。激励从某种角度来看可以理解为增加积极的快乐感。人作为一种环境的动物，感觉的获得来自环境的各种刺激，不同的环境会对人的思想观念、行为方式产生潜移默化的，但却是明显的，甚至是决定性的影响。因此，生活和工作中各种环境的好坏是影响教师积极性的一个不可忽视的因素。作为学校管理者应看到环境建设的激励作用，努力营造和谐、公平、团结的人际关系环境，营造舒适、美丽、整洁的校园环境，营造积极向上、健康活泼的工作环境；在条件充分的情况下，可以帮助教师创造和睦、信任、良好的家庭环境。

（二）"自下而上"的教师激励策略

激励作为一种有效的管理教师手段，除了需要学校管理者自身做出一些努力以外，也离不开与教师有关的其他行为主体的努力。从这个维度出发，可以为学校管理者提供一些教师激励的新策略。

1. 教师自我激励法

教师作为被激励的客体，本应是被动的但也应该是主动的。任何激励策略都要通过教师的自我吸收和内化才能起到激励效果。作为教师成长必不可少的环节，"反思"是教师自我激励的有效途径。通过课前反思，教师能够更加明确自己教学的目的，从而选择适合学生的教学方式，增进学生对于课程的认同度。课中反思，可以让教师获得教学过程中交流的欢乐，唤起其心中的使命感和自豪感，对于激发和保持教师积极性有着重要的作用。课后反思最重要，通过与学生的交流可以使教师对自己的教学、教案进行再认识和再思考。要充分利用教学后进行反思的"镜子效应"，这不仅能够自觉地提高教师自身教学能力，且能增进师生间的沟通和交流，为教师营造和谐的教学氛围，促使教师有效地达到目标。

2. 学生互动激励法

学生互动激励法是从教师和学生之间的特殊关系出发的，学校管理者应为学生与教师互动提供条件和支持，倡导学生对教师工作给予回应和评价,从而使教师从学生(劳动付出对象)的尊重和肯定中获得心理的满足和行为的动力。无论对教师采用怎样的激励,都不应脱离了学生这一群体,他们是教师全身心工作和付出的对象,他们的肯定会让教师获得欣慰,对教师有极大的激励作用。每个教师都希望所教的学生喜欢自己的课,有较好的学习成绩,这些信息的反馈有助于教师积极地自我表现并建立信心,促使教师不断更新知识,努力使自己的水平向更高层次发展,是一种有效的自下而上的激励途径。同时,通过学生与教师之间的互动和沟通,还能促进彼此更了解各自的需求,从而为以后的再"合作"奠定基础。

3. 家长反馈激励法

家长反馈激励法是指学校管理者为家长与教师之间的沟通提供平台和机会,增进家长对教师的信息反馈,从而促进教师更全面地认识和评价自己,以做出相应的行为改变。如学校管理者可以举办各种家校互动的活动,邀请家长到学校与教师一起陪学生开展活动,增进彼此的了解和沟通,使教师获得交往和尊重的满足感。也可以通过校方组织,建立家校互动网络平台,组建家长群、家长和班级互动群、班级博客等,使家长与教师能够及时、有效地沟通,共同为促进学生的发展做出贡献。学校还可以在每次与家长的接触和沟通中或者在开家长会的时候发放一份问卷,了解家长对教师的反馈信息,家长的肯定能够给予教师极大的荣誉感和成就感,教师也会在这个过程中形成积极的观念和心态,以愉悦的心情投入工作中,使其行为更富有积极意义。

(三)"平行互动"的教师激励策略

学校管理者关注的是如何把握教师的心理,从而调动教师工作的积极性,最终实现学校目标。由群体心理学可知,人际关系对于工作效率有极大的影响。在组织的构成要素中,最重要的变数是个人或群体的活动、交往与情绪,它们是行为产生的根源。"平行互动"的激励策略就是基于教师群体之间相互刺激和调整的角度而提出来的。

1. 群体形象激励法

群体形象激励法是指学校管理者依据学校发展的规律,把教师按照年级或者科目而划分为不同的正式组织,把每个组织作为一个群体予以激励,即通过正式的或非正式的比较和评价,各群体会有不同的形象展现,对于好的群体形象予以宣传和奖励,不好的予以批评。这种方法不但使各群体之间有意识地展开竞争,且能够使每一个个体意识到其个体形象是群体形象的一部分,用群体的约束力来激励个体维护良好的形象。群体与个体之间是自然的相互制约、互相影响的关系。作为群体的一员,教师会因较好的个体表现为群体争光而获得成就感和自豪感,反之,群体的良好形象也会使教师自觉地意识到自己所肩负的责任。学校可以通过公开的表彰(如上光荣榜,授予标兵群体、模范群体等荣誉称号),营造一种积极的、良性竞争的氛围,使教师之间通过群体与个体的关系产生激励效应。

2. 兴趣激励法

兴趣激励法是指学校管理者通过非正式的形式号召教师成立兴趣小组,调动整个团体成员的积极性,这是团体激励中最为有效的激励方式。由于该团体的成立是以个体之间共同的爱好、兴趣、情感为基础的,很容易形成一个内聚力极强的组织,团体成员之间相互沟通,相互协调,相互学习,相互尊重。教师个体作为团体的一员,在小组中能够找到志同道合的人,彼此欣赏和理解,在这样和谐、积极的群体组织中,教师的个体自尊心得以维护,个体才能得到充分的发挥。如果这个兴趣小组有一个"权威人士"作为领导,这样的小组就具有极强的群体意识和遵从性,如果管理者想对其进行激励,会很容易产生效果。即便管理者没有采取何激励措施,只要帮助小组营造良好的文化氛围,在该群体中的个体之间也会产生相互的激励效应。

3. 投险激励法

投险激励法亦称竞争激励法,是指把教师置于良性竞争环境之中,唤醒教师的危机意识,从而提高其奋斗的动力。在学校管理者看来,竞争是激励的法宝之一,竞争观念是激励策略的指导思想,与此同时,他们也应该意识到教师之间肯定存在竞争,但应注意鼓励积极的、良性的竞争,制止恶性竞争。学校管理者应建立公平、合理的竞争机制,鼓励并引导教师做出正确的竞争行为。当然,单纯依靠激励机制显得有些单薄和不稳定,还要注重竞争氛围和竞争文化的营造,增加教师之间的有效沟通,减少误解和消极的竞争,这对于教师激励效果而言会更加具有巩固作用。

　　总之,学校管理者对教师进行激励可以有多种策略。不论选择哪些策略,重要的是要充分有效地激发教师的工作热情和积极性,提升教师的满足感。教师之间相互激励是不可或缺的,通过互动促进个体或群体共同成长,同时教师自身、学生和家长也会对教师的行为产生影响。要在多种激励策略的共同协作下,营造良好的工作氛围,满足教师的各种合理需求,最终促进教师形成积极的行为,这才是激励的本质。

第七章　学校根基：课堂教学

课堂教学是教育教学中人才培养的最具体活动,是教师给学生传授知识和技能的全过程,主要包括教师讲解、学生问答、教学活动以及教学过程中使用的所有教具。课堂教学也称"班级上课制"。与"个别教学"相对,课堂教学是把年龄和知识程度相同或相近的学生,编成固定人数的班级集体,按各门学科教学大纲规定的内容,组织教材和选择适当的教学方法,并根据固定的时间表,向全班学生进行授课的教学组织形式。

课堂教学应是以人类优秀文化为中介的"教"与"学"相统一的教育实践活动。这就意味着,课堂教学中的三个基本要素之间通过交互作用形成一个活动系统,这三个要素内在互相关联、缺一不可。如果忽略其中任何一个要素及其功能,或者割裂和曲解各要素之间的内在关系,都不是具有本真意义的课堂教学。课堂教学既然是以人类优秀文化为中介的"教"与"学"相统一的教育实践活动,自然也就应该是一种"化人"和"人化"的文化,是师生同享人类优秀文化从而使学生获得成长的一种动态的教育文化。

立足课堂教学的原本意义,教育者需沉思:真的把课堂教学作为一个活动"系统"和一种教育"文化"了吗? 真的让课堂教学成为曼妙而深刻的人生旅程了吗? 如何让人类优秀的文化唤醒并滋润学生的灵魂? 如何感召学生? 怎样才能让学生的精神世界完满打开? 我们如何让学生通过课堂教学获得丰满的智慧启迪和真善美的精神润泽?

一、课堂教学的历史发展

随着资本主义工商业的发展和科学技术的进步,教育对象的范围不断扩大,教学内容大量增加,这就需要有一种新的教学组织形式。16 世纪,在西欧一些国家创办的古典中学里出现了班级教学的尝试。如法国的吉耶讷中学,分为十个年级,以十年级为最低年级,一年级为最高年级。在一年级以后,还附设二年制的大学预科。又如斯特拉斯堡的文科中学,分为九个年级,还设一个预备级,为十年级。这些都是班级教学的萌芽。

17世纪捷克教育家J. A. 夸美纽斯总结了前人和自己的实践经验,并在其所著的《大教学论》中加以论证,从而奠定了班级教学的理论基础。此后,班级教学在欧洲许多国家的学校逐步推广。中国采用班级教学最早的雏形,是始于同治元年(1862)清朝政府在北京开办的京师同文馆。20世纪初废科举、兴学校以后,全国逐步采用了班级教学的组织形式。

二、课堂教学的主要理论

凡是科学的课堂教学模式,一定是符合教育理论,遵循教育规律的。教育理论是教育规律的理论化表述,是教和学的指导。

(一)布鲁纳的结构主义教学理论

美国学者布鲁纳是一个结构主义者,他深受建构主义心理学家皮亚杰的影响,他的教学理论无论从思想还是内容上都与皮亚杰有密切关系,是在吸取和发展皮亚杰心理学研究成果的基础上建立起来的。他的理论不仅提出了学(教)什么、什么时候学(教)、怎样学(教)等问题,而且对这些问题做了使人比较满意的回答,提出了基础学科早期学习、掌握学科的基本结构、广泛应用发现法等主张。

1. 要让学生掌握学科的基本结构

布鲁纳认为,任何一门学科都有一个基本结构,即具有其内在的规律性。它反映了事物间的联系,包含了"普遍而强有力的适应性"。不论教什么学科,都必须使学生理解学科的基本结构,而学科的基本结构即各门学科的基本概念、基本原理和规律。"基本"就是一个观念具有广泛的适用于新情况的能力,它是进一步获得和增长新知识的"基础";"结构"则是指学科的基本概念、基本原理及其之间的联系,是指知识的整体和事物的普遍联系,即规律。另外布鲁纳指出,在教学中,不仅要让学生掌握一般的理论,还要培养他们对学习的态度、对推测和预测的态度、对独立解决问题的态度。

2. 提倡早期学习(学习准备观念的转变)

布鲁纳在他的《教育过程》中"学习准备"部分的第一句话就是:任何学科都可以用某种理智的方法有效地教给处于任何发展阶段的任何学生。因此学习准备是很重要的。学习准备主要指学生的年龄特征和智力发展水平是否已经达到能适应某些学科学习的程度。布鲁纳根据他的儿童发展阶段论提出了这一观点。他认为,在发展的各个阶段,儿童用他自己观察世界和解释世界的独特方式去表现那门学科的结构,并逐渐掌握它;另外儿童的认识发展阶段固然和年龄有关,但也可以随文化和教育条件而加快、推迟或停滞。所以他主张,教学要向儿童提出挑战性的适合的课题,以促进儿童认识的发展。他强调基础学科要提早学习。使学生尽早尽快地学习许多基础学科知识,是布鲁纳关于学校课程设计的指导思想。

3. 教学原理

布鲁纳认为,教学论是一种规范化的力量,它所关注的是怎样以最好的方式学会人们想教的东西,以及怎样促进学习,而不是描述学习。它有四个特点:第一,它应详细规定最有效的使人能牢固地树立学习的心理倾向的经验;第二,它应当详细规定将大量知识组织起来的方式,从而使学习者容易掌握;第三,它应规定呈现学习材料的最有效的序列;第四,它必须规定教学过程中贯彻奖励和惩罚的性质和步调。据此他提出了四条教学原则:动机原则、结构原则、程序原则、反馈强化原则。

4. 发现学习

"发现学习"是布鲁纳在《教育过程》一书中提出来的。这种方法要求学生在教师的认真指导下,能像科学家发现真理那样,通过自己的探索和学习"发现"事物变化的因果关系及其内在联系,形成概念,获得原理。发现学习以培养探究性思维的方法为目标,以基本教材为内容,使学生通过再发现的步骤来进行学习。发现学习是以布鲁纳的认知心理学学习理论为基础的。他认为学习就是建立一种认知结构,相当于我们所说的主观世界,是头脑中经验系统的构成。建立认知结构是一种能动的主观活动,具有主观能动性。所以布鲁纳格外重视主动学习,强调学生自己思索、探究和发现事物。发现学习的特点有三:再发现、有指导的发现和以培养探究性思维为目标。发现学习的优点有:基本智慧潜力、激发学习的内部动机、掌握探索的方法、有助于记忆的保持。

在布鲁纳看来,学生的心智发展,虽然有些受环境的影响,但主要是独自遵循自己特有的认识程序的。教学是要帮助或形成学生智慧和认知的生长。他认为,教育工作者的任务是要把知识转换成一种适应正在发展着的学生的形式,而表征系统发展的顺序,可作为教学设计的模式。由此,他提倡使用发现学习的方法。

布鲁纳认为,在教学过程中,学生是一个积极的探究者。教师的作用是要形成一种学生能够独立探究的情境,而不是提供现成的知识。我们教一门学科,不是要建造一个活着的小型藏书室,而是要让学生自己去思考,参与知识获得的过程。"认识是一个过程,而不是一种产品。"可见,学习的主要目的不是记住教师和教科书上所讲的内容,而是要学生参与建立该学科的知识体系。所以,布鲁纳强调的是,学生不是被动的、消极的知识的接受者,而是主动的、积极的知识的探究者。

布鲁纳的发现法还强调学生直觉思维在学习上的重要性。直觉思维对科学发现活动极为重要。直觉思维的形成过程一般不是靠言语信息,尤其不靠教师指示性的语言文字。直觉思维的本质是映象或图像性的。所以,教师在学生的探究活动中要帮助学生形成丰富的想象,防止过早语言化。与其指示学生如何做,不如让学生自己试着做,边做边想。

在布鲁纳看来,学生在一般教学条件下,学习的动机往往很混乱。有些学生谋求好成绩,是为了一些外部的动机,如为了得到或避免教师和家长的奖励或惩罚,或为了与同学竞争。而布鲁纳更重视的是形成学生的内部动机,或把外部动机转化成内部动机。而发现活动有利于激励学生的好奇心。学生容易受好奇心的驱使,对探究未知的结果表现出兴趣。所以,布鲁纳把好奇心称为"学生内部动机的原型"。

布鲁纳对记忆过程持比较激进的观点。他认为,人类记忆的首要问题不是贮存,而是提取。尽管这从生物学上来讲未必可能,但现实生活要求学生这样。因为学生在贮存信息的同时,必须能在没有外界帮助的情况下提取信息。提取信息的关键在于如何组织信息、知道信息贮存在哪里和怎样才能提取信息。

在一项让一些学生学习三十个单词的实验中,布鲁纳对一组学生说,要他们设法把每个单词造成一个句子;而对其他学生,他只说需要记住单词,以后要复述的。结果发现,前者能复述其中的95%,而其他学生的回忆量不到50%。所以,学生如何组织信息,对提取信息有很大影响。学生亲自参与发现事物的活动,必然会用某种方式对它们加以组织,从而对记忆具有最好的效果。

（二）布鲁姆的掌握教学理论

20世纪60年代,美国以布鲁纳的结构主义课程理论为指导,进行了轰轰烈烈的课程改革,旨在为美国社会培养未来的科学家,以提高美国的科学技术水平。然而,这场改革因为过分强调理论化,导致美国教育质量下降,学校出现了大量不能掌握课程内容的"差生"。面对这样的现实,本杰明·布鲁姆响亮地提出了"教育功能是挑选不是发展"的质疑,并提出了"掌握学习"的理论学说。这一理论的内容主要包括以下几个方面。

1.学生具备必要的认知结构是掌握学习的前提。布鲁姆是位认知派心理学家。他认为,"学生具备从事每一个新的学习任务所需的认知条件越充分,他们对该学科的学习就越积极"。学生原有的认知结构决定着新的知识的输入、理解和接纳,对学习结果及其以后学习都有重大的影响。所以,他十分强调学生在学习前应具备所需的认知结构。由于不同学生的认知结构在数量和质量上存在着差异,布鲁姆主张教师在学期初,应先对学生进行诊断性评价:确定学生是否具备了先决技能、先决态度和先决习惯;鉴定学生对教学目标的掌握程度;辨别学生需要帮助的程度。教师根据诊断性评价的结果,为学生提供预期性知识,"使教学适合学生的需要和背景"。

2.学生积极的情感特征是"掌握学习"的内在因素。布鲁姆认为,学生成功地学习一门学科与他的情感特征有较高的相关。那些具有较高学习动机、对学习有兴趣、能积极主动学习的学生,会比那些没有兴趣、不愿学习的学生学得更快更好。教师在教学中能否充分注意并合理满足学生的情感需要,对学生的和谐发展具有非常重要的意义,教师应尽可能让每个学生都感受到良好的学习体验,获得成功的快乐。随着一次又一次的成功,学生学习的愿望得到加强,成就动力逐渐形成,学习的内驱力就会大大增强。

3.反馈——矫正性系统是"掌握学习"的核心。布鲁姆指出:"掌握学习策略的实质是群体教学并辅之以每个学生所需的频繁的反馈与个别的矫正性的帮助。"教学过程的每个步骤都必须通过评价来判断其有效性,并对教学过程中出现的问题进行反馈和调整,从而保证每一个学生都能得到他所需要的特殊帮助。反馈矫正通常分四步:第一,每堂课结束时留十分钟左右的时间,用课前准备好的几个突出反映"目标"的小题目进行检查,方法灵活,个别提问、集体回答、口答、笔答都可采用,回答者所学知识得到强化,听者知道错在何处,如何补救;第二,在每个单元结束时进行一次形成性测试,测试突出"目标"中规定的重点、难点、涉及本单元的新知识;第三,根据形成性测试的结果,进行个别补救教学,个别补救教学最有效的方法是将学生分为四到五人一组的学习小组,掌握者做未掌握者的小老师,互相帮助,这样既帮助未掌握者深化理解,又帮助未掌握者找出错误所在并及时纠正;第四,进行第二次形成性测试,对象是在第一次测试中未掌握而接受辅导、矫正的学生,内容是在第一次测试中做错的题目,目的是获得反馈信息,了解有多少人经过矫正达到了掌握,能否进行下一次单元的教学。

"控制学习"和"合作学习"是当今美国流行的两大教学法。"控制学习"是一种适应学生差异,单独"处方"的教法。"控制学习"是"因材施教"的课堂应用,由布鲁姆所创。布鲁姆意识到在同一堂课上,天赋高的学生往往比天赋低的学生获得更多的表现机会,这对需要练习的差生是一种不平等。布鲁姆的方法要求教师给不同情况的学生以不同的要求和指导,使大多数学生在不同的要求下进步,有效地完成课程规定的任务。

"合作学习"即在课堂上以小组为单位共同努力,以完成各种学习任务。合作小组应是典型的不同成分的组合。每组学生以5—6人为宜,合作者间必须遵照一定的合作性原则,合作各方为取得共同的或各自的目标进行互利的多方面配合。合作各方必须具备合作的动机、信息差距和合作的基础,各方面都能通过合作从对方获取有用的信息来填补自身在信息、知识和能力等方面存在的不足,并得到心理上的满足、信息上的拓宽、知识上的增长和能力上的提高。

(三)美国罗杰斯的非指导性教学理论

罗杰斯是人本主义心理学的代表人物,他把在心理治疗中的非指导性治疗技术移植到教学过程中,提出了以学生自发学习为特征的非指导性教学。非指导即放弃传统教育忽视个体要求、替代学生思考的指导。他认为,真正有价值的教是激发学生自我发现、自我拥有,而不是教师的教导。

非指导性教学是基于人本主义的人生来就有学习的潜能这一理念的,其教学目标是促进学生的学习和自我实现。非指导性教学是一种无结构的教学。教学目的、内容、进程和方法等由学生自己讨论决定,学生有绝对的选择自由,可以无拘无束地提问和发表意见。课程进行既无终结,也无考查。其操作程序大致是:先创设情境;再由个人或小组选择其学习目标。教师可以引导学生寻求共同关注的问题,经集体讨论确定为集体目标。教师要提供一些可利用的资源,并参与小组目标的发展。

实现非指导性教学的条件有两个。一是教师以真诚的态度对待学生,把学生的感情和问题放在教学过程的中心地位,为学习创设心理自由和心理安全的教学环境。心理自由的环境指学生敢想、敢说、敢做、不屈服于权威的气氛。心理安全的环境指没有威胁、批评,而且不同意见、想法都能受到重视、尊重与鼓励的环境。二是教师要帮助学生澄清自己想要什么,帮助学生安排适宜的学习活动与材料,帮助学生发现学习的个人意义,维持有利于学习过程的心理气氛。

(四)以学生为中心的教学理论

"以学生为中心"的观念源于美国儿童心理学家和教育家杜威的"以儿童为中心"的观念。以学生为中心的教学的特征是重视和体现学生的主体作用,同时又不忽视教师的主导作用,通常采用协作式、个别化、小组讨论等教学形式或将多种教学形式组合起来进行教学。

以教师为中心的教学模式,可以帮助学生理解学科的基本概念及其相互关系,认为学生可以通过听课来获得这种理解,学生无须积极参与课堂教学。以学生为中心的教学模式,目的是帮助学生进一步深化他们的知识观念或已有的观念,为了改变已有的观念,学生需要建构自己的知识结构,为此学生必须积极参与课堂教学。按照这种标准来分析当前的课堂教学,大多数课堂教学属于以教师为中心的课堂教学。希腊哲学家、教育家苏格拉底说过:"教育不是灌输,而是点燃火焰"。课堂教学应该是老师点燃学生追求真理思想的火焰。

以教师为中心的教学模式有利于发挥教师的主导作用,便于高效率地将前人所创造的知识系统传递给学生,便于教师组织和监控教学过程。其不足之处是忽视学生的学习主体作用,不利于培养学习能力,不利于创新思维、创新能力的培养和人才的成长。以学生为中心的教学模式注重在学习过程中发挥学生的主动性、积极性,要求学生由知识灌输对象转变为知识信息加工的主体,成为知识意义的主动构建者;要求教师由知识灌输者转变为学生主动意义构建的帮助者、促进者。教材不是传授的内容而成为学生主动意义建构的对象。教学媒体也不是帮助教师传授知识的手段和方法而成为学生的认知工具。在这种教学模式中,教师、学生、教材、教学媒体所形成的要素结构与以往的教学模式截然不同,其基本特征是:

(1)学生角色发生变化,成为信息加工的主体,是知识意义的主动建构者。

(2)教师角色发生变化,成为学生学习的组织指导者,是学生知识建构的帮助者。

(3)教学方法发生变化,由考虑如何高效、系统讲授转变成考虑如何通过创设情景、组织协商会话促进学生主动建构知识意义。

(4)教学内容发生变化,学生由单纯从书本获取知识,转变成通过自主学习从各种途径(课本、网络、图书馆)获取大量知识。

(5)教学媒体(黑板、教具、电子课件)作用发生变化,成为促进学生自主学习的认知工具。

毫无疑问,这种教学模式有利于学生的主动探索发现,有利于学习能力的培养,有利于创造型人才培养。特别是在知识信息爆炸的年代,形成学生主动建构知识意义的能力,甚至比掌握一两门学科知识还来得重要。

自主学习设计,这是该教学模式的核心内容,常用方法有"支架式""抛锚式""随即进入式"。不管用什么方法均应注意充分发挥学生主动性,让学生有机会在不同情况下应用所掌握的知识,让学生根据自身行动的反馈信息来形成对客观事物的认识。

协作学习环境的设计,是为了个人在自主学习的基础上,通过小组讨论、协商,进一步完善和深化对主题的意义建构。教师根据不同的主题设计不同的协商会话形式。

学习效果评价设计,评价的方式有小组对个人、教师对学生、学生对教师、学生对自己。评价的内容包括学习能力、协作过程中的贡献、是否达到意义建构等方面。评价的形式注重过程评价。

以学生为中心的教学模式的特点是:

(1)体现"以学生为中心"的教学大纲,这样的大纲是教师和学生必备的指导手册,要求学生了解学习的目标、评估方法和评估过程。教师根据学生学习的不同方式,与学生共同探讨学习中需要解决的问题和解决问题的方法。

(2)实行"以学生为中心"的教学方法,引导学生学习、鼓励学生思考提问,上课时可采用回答问题、课堂讨论、角色扮演、小组演讲等形式。教师在整个教学过程中扮演的是导师的角色。

(3)采用多次任务式的课程考试评估方式,课程的进行采用讨论、课题研究、案例分析等活动方式。根据教学要求,学生应掌握一门全部考核考点和内容,方能通过该课程。针对学生没有掌握的内容,教师采用一对一的辅导,允许学生补考补做。

(4)建立完善的学习支持系统,每个学生都有学生学习手册。内容包括课程目标、学习内容、考核评估方法、考勤制度等,另外还有学生进行申诉的程序和办法的描述。

虽然以学生为中心的教学模式有很多优点,但是在现阶段还存在一些问题:由于强调了学生的"学",因此当自主学习的自由度过大,就容易偏离教学目标的要求;当学生学习能力差别过大时,就不容易使学生整体达到培养要求;当学习复杂知识时,就会因主动探索而使得效率降低。出现这些问题主要有以下几方面原因:自扩招以来教学工作量增加,班级人数过多;教师科研任务压力大;激励教师投入教学工作的政策亟待强化。此外,还有一些主观原因:长期以来形成的"老师讲,学生听"传统习惯势力的影响;在信息时代,有的老师仍然在潜意识中存在"教师是知识的权威"观念;对学生(尤其是研究型大学的学生)潜在的自主学习能力估计不足;等等。

不论以学生为中心的教学模式有多少弊端,笔者认为应该发展以学生为中心的教学模式,毕竟学生是学习的主体也是最终受益者。除了要让学生学到知识外,更重要的是让学生知道学习的重要性和如何学习。

三、中小学课堂教学原则

教学原则是根据教育教学目的、教学规律而制定的指导教学工作的基本要求。它既指教师的教,也指学生的学,应贯穿于教学过程的各个方面和始终。教学原则反映了人们对教学活动本质性特点和内在规律性的认识,是指导教学工作有效进行的指导性原理和行为准则。教学原则在教学活动中的正确和灵活运用,对提高教学质量和教学效率发挥着重要的保障性作用。

中小学常用的教学原则体系,是在苏联凯洛夫《教育学》的教学原则体系基础上发展起来的,但其内容已由我国教学理论和实际工作者结合我国的教学实践有所发展,并补充了一些新的原则。特别应当指出,这一原则体系是针对师生系统地传授和学习书本知识的教学模式。如果教学采用教师辅导学生从活动中自己学习的模式(例如活动课程),则这一原则体系并不适用。

(一)直观性原则

直观性原则指根据教学活动的需要,让学生直接感知学习对象。这一原则是针对教学中词、概念、原理等理论知识与其所代表的事物之间相互脱离的矛盾而提出的。

教学活动的特点之一在于它是一种间接认识,学生在教学中是以学习前人经验即书本知识为主的。这些书本知识的真理性固然毋庸置疑,但它们与学生的生活和他们自己的个人经验存在相当的差距,有些甚至是完全陌生的。而人的认识总是从感性上升到理性,从具体过渡到抽象,完全没有感性认识和具体形象做基础和支撑,是不可能真正掌握纯粹理论知识的。由于书本知识与学生之间客观存在的距离,学生们在学习和理解的过程中必然会产生各种各样的困难和障碍,直观性原则的意义在于克服这些困难和障碍,通过提供给学生直接经验或利用学生已有的经验,帮助他们掌握原本生疏难解的理论知识。

直观的具体手段一般有以下三种:

1.实物直观。实物直观是通过实物进行的,即直接将对象呈现在学生面前。在学习比较生疏的内容时,实物直观能够最为真实有效和充分地为学生提供理解、掌握所必需的感性经验。

2.模像直观。模像直观是运用各种手段对实物的模拟,包括图片、图表、模型、幻灯、录音、录像、电影、电视等。实物直观虽然具有真实有效的特点,但往往受到实际条件的限制而无法使用;模像直观则能够有效地弥补实物直观的缺憾。特别是现代技术在教育领域的应用,使得模像直观的范围更加广阔,大到宇宙天体,小到分子结构,都能够借助某种技术手段达到直观的效果。

3. 语言直观。语言直观是教师运用自己的语言、借助学生已有的知识经验进行比喻描述，引起学生的感性认识，达到直观的效果。与前两种直观相比，语言直观可以最大限度地摆脱时间、空间、物质条件的限制，是最为便利和最为经济的。语言直观的运用效果主要取决于教师本人的素质和修养。

在教学中贯彻直观性教学原则，对于教师有以下基本要求：

1. 恰当地选择直观手段。学科不同，教学任务不同，学生年龄特征不同，所需要的直观手段也不同。教师要恰当地选择直观手段，帮助学生理解所学知识。

2. 直观是手段而不是目的。一般地说，在教学内容对于学生比较生疏，学生在理解和掌握上遇到困难或障碍时，才需要教师运用直观。为直观而直观，只能导致教学效率的降低。

3. 在直观的基础上提高学生的认识。直观给予学生的是感性经验，而教学的根本任务在于让学生掌握理论知识，因此教师应当在运用直观时注意指导，比如通过提问和解释鼓励学生细致深入地观察，启发学生区分主次轻重，引导学生思考现象和本质、分析原因和结果等。

（二）启发性原则

启发性原则指在教学中要充分调动学生学习的自觉积极性，使得学生能够主动地学习，以达到对所学知识的理解和掌握。这一原则是为了将教学活动中教师的主导作用和学生的主体地位统一起来而提出的。

"有领导的认识"是教学活动的特点之一，没有教师的主导作用，小学生是不可能自行达到社会对于他们的要求的，教师对于教学任务能否完成和教学效果的优劣都负有主要责任。然而，学生是教学活动的主体，教师的主导作用首先在于激发学生的求知欲和学习兴趣，使他们能够自觉主动地学习，离开了这一点，学生对于科学知识的真正掌握、学生智力的发展、学生态度感情的成熟和提高都是不可能的。

在教学活动中贯彻启发性原则，对教师有以下基本要求：

1. 激发学生的积极思维。教师的启发应当能够激起学生紧张、活泼的智力活动，从而使学生深刻地理解掌握知识，获得多方面的体验和锻炼发展。因此,启发应当选择那些具有一定难度、需要学生进行比较复杂思维的活动,但又要选择他们通过自觉积极的思考能够得到基本正确结果的问题来进行。简单的事实和记忆性的知识,即使顺利地"启发"出结果,价值也是有限的。

2.确立学生的主体地位。学生是学习的主人,教师的启发只有在切合学生实际时才可能避免盲目性,只有承认学生的主体地位,真正研究和了解学生的学习需要,教师的启发才可能是有针对性的和有效的。

3.建立民主平等的师生关系。在权威式的师生关系中,教师是凌驾于学生之上的真理代言人和学术权威,学生很难真正做到自由地、充分地提问和思考。只有当学生真正感受到教师将自己当作人格上与之完全平等的人,他们的学习自觉性才可能真正地调动起来。

(三)系统性原则(循序渐进原则)

系统性原则(循序渐进原则)指教学活动应当持续、连贯、系统地进行。这一原则是为了处理好教学活动的顺序、学科课程体系、科学理论体系、学生身心发展规律之间错综复杂的关系而提出的。

上述几个方面都对教学活动的进行产生影响。一般来说,学科课程体系和学生身心发展规律是最主要的,教学活动的顺序必须以这两方面为依据,按照这两方面的要求持续、连贯地进行。同时,教师也要了解作为课程基础的科学理论本身的发展变化,从而能够更自觉地安排、处理教学,使教学活动的顺序更加科学、合理。

在教学中贯彻这一原则,对教师有以下要求:

1.按照教学大纲(课程标准)的顺序教学。教学大纲(课程标准)是各门课程的内在逻辑系统的反映,并且建立在学生发展一般规律之上,各种教材是以此为依据编写的,教学活动从根本上是按照教学大纲(课程标准)的顺序展开的。教师要认真学习和研究教学大纲(课程标准),充分了解和掌握课程的逻辑以及对学生的要求,这是教学系统性的根本保证。

2.教学必须由近及远、由浅入深、由简到繁。教学大纲(课程标准)虽然考虑了学生的认识发展,但主要是按照内容编排、制定的,因此教师要认真研究学生,针对他们在学习过程中的认识需要和特点处理好近与远、浅与深、简与繁等问题。

3.根据具体情况进行调整。系统性原则并非要求教师刻板、僵化地执行大纲。教学大纲(课程标准)是按照一般和普遍规律制定的,在实际教学中,不同地区、学校、学生的情况有很大差异,在基本服从大纲顺序的前提下,教师要善于从自己面对的实际出发,适当地调整速度,增删内容。

(四)巩固性原则

巩固性原则指在教学中要不断地安排和进行专门的复习,使学生对所学的知识牢固地掌握和保存。这一原则是为了处理好教学中获取新知识与保持旧知识之间的矛盾而提出的。

教学活动是不间断地、连续地进行的。学生要不断地学习、记忆新知识,而人的记忆和遗忘是同一事物的两个方面,在学习新知识的同时必然会产生对旧知识的遗忘,因此在教学中需要进行不断地巩固,通过练习、复习帮助学生牢固地掌握所学知识。巩固的意义不仅在于强化旧知识,也有助于学习新知识,因为知识是有内在联系的,旧知识是新知识的基础。人类早已注意到巩固对于学习的价值,孔子就说过"学而时习之""温故而知新"。

在教学中贯彻这一原则,对于教师有以下基本要求:

1.在理解的基础上巩固。对于所学知识的理解是巩固的前提,没有学会的东西,是不可能真正巩固的。教师首先应当保证学生学懂学会,才有可能获得巩固的良好效果。

2.保证巩固的科学性。心理学研究揭示了关于记忆和遗忘的一些规律,按照这些规律组织安排巩固,可以提高巩固的效率。教师应当熟悉并且善于运用这些规律。

3.巩固的具体方式要多样化。除了常见的各种书面作业外,教师应当善于利用各种不同的方式帮助学生巩固所学知识,比如调查、制作、实践等,都能够使学生通过将知识运用于实际有效地达到巩固的目的,并且能够促进学生多方面的发展。

4.保证学生的身心健康。国内若干调查显示,中小学生的学习负担过重、睡眠不足是相当普遍的现象,原因之一是作业量偏多。中小学生的身心发展对他们的一生、对整个国家和社会都是至关重要的,教师应当本着对儿童和社会负责的精神,合理地安排巩固工作,将学生的作业量控制在适当的范围内。

（五）量力性原则（可接受性原则）

量力性原则（可接受性原则）指教学活动要适合学生的发展水平。这一原则是为了防止教学难度低于或高于学生实际程度而提出的。

教学活动要讲究效率，在同样的时间内，学生所学越多则教学效率就越高。但是，教学效率的获取必须以符合学生身心发展规律为基础，脱离了这个基础，不仅教学效率本身是不可靠的，还会对小学生的发展造成消极的结果。教学难度超过学生的实际接受程度，学生不可能真正理解和掌握所学的知识，各种心理机能也不可能得到恰当的运用和提高；教学难度低于学生的实际接受程度，学生会因为缺少必要的注意和紧张而难以对所学知识留下深刻印象，而且由于无法进行有价值的学习活动而使各方面的发展失去机会。

在教学中贯彻这一原则，对于教师有以下基本要求：

1.重视儿童的年龄特征。教师应当不断加强自身的心理学素养，及时掌握心理学的新进展。20世纪以来发展心理学的研究，对于教师正确理解和贯彻量力性原则（可接受性原则）具有重要的意义。

2.了解学生发展的具体特点。年龄特征和发展阶段主要是揭示个体发展的普遍规律，这些普遍规律体现在小学生发展的各个方面，而且是极为多样化的。教师要具体地研究学生的发展特点。例如，在学习某种新知识的时候，他们原有的知识准备情况如何？他们的思维或记忆水平是否能够支持他们完成这一学习任务？可能发生什么困难？能够达到什么样的理解和掌握程度？等等。在这样的研究基础上，才可能真正做到"量力"。

3.恰当地把握教学难度。什么样的程度和水平最符合量力性的要求，很难有稳定、确切的具体标准，需要根据心理学揭示的普遍规律和对学生的具体研究由教师自己来把握。这是教师劳动创造性的体现，是需要教师不断思考、不断解决的问题。

（六）教育性与科学性统一的原则

教育性与科学性统一的原则指教学要在科学的方法论指导下进行。这一原则是为了将教学中科学知识的传授与思想品德教育统一起来而提出的。

小学开设的各门课程，是按照教育的根本目标选择安排的，一般来说，在科学性和真理性上是有保证的。这些课程的学习,对于学生思想品德形成发展的作用必然是积极的和肯定的。但是,完全凭借科学真理的思想品德教育价值去直接、自动地发挥作用是不够的,需要教育者引导和挖掘,使之充分地对受教育者产生熏陶作用。另外,教育者本人的政治信念和道德修养总是会投射到教学活动中,如果教育者在这方面与课程所体现的方向存在差异,就有可能扭曲其在思想品德教育方面的价值,因此需要通过这一原则规范教师的教学行为。

在教学活动中贯彻这一原则,对教师有以下要求:

1. 坚持正确的方向。中小学生的认识水平和分辨能力都是有限的,教师要主动、适时、适当地加以引导,帮助他们形成和提高对是非、善恶、美丑的认识。

2. 严格遵守职业道德。作为社会公民,教师享有思想和信仰自由,但是在教学中教师必须体现国家意志,按照国家制定的教育目的教学,坚持和维护社会基本的政治观点和价值观念,不能用带有个人色彩的思想观点随意地影响学生。

3. 实事求是。在教学中贯彻这一原则,特别要防止形而上学,不能穿凿附会、生拉硬扯。那种"穿靴戴帽式"的思想性,本身就是违背这一原则的,从长远看其效果更是适得其反。

4. 讲究教学艺术。要善于根据小学生的年龄特征和教学任务的具体特点,自然地将思想性与科学性结合起来,使得学生在不知不觉中受到教育,达到"润物细无声"的效果。许多优秀教师在这方面创造了宝贵经验,广大教师应当善于从中学习。

(七)理论联系实际原则

理论联系实际原则指教学活动要把理论知识与生活和社会实践结合起来。这一原则是为了防止和解决理论脱离实际、书本脱离现实问题而提出的。

学生主要学习理论知识,而且是在相对封闭的学校和课堂里通过教师的讲授和书本学习的。这种状况很容易导致学生所获得的理论知识与其来源和去向脱节——学生既不了解概念和原理是如何产生的,又不能够运用它们去阐释和解决实际问题。因此,在教学中教师必须提供和创造机会,通过多种多样的途径和形式使学生从事实践活动,引导他们体会思想观点、态度信念等的形成对于解决实际问题的价值意义。

贯彻这一原则还特别应当强调教学要联系学生实际。改革开放极大地加速了社会的发展,社会生活所产生的变化在深度和广度上都要超过之前。因此,今天的小学生是在完全不同于他们的父母和教师的环境中成长起来的,在他们身心发展的各个方面都带有许多新的特点。教师对此要有足够清醒和自觉的意识,不能够简单地将自己的经历套用到对学生的教学中。教师应明白哪些知识在过去是生活常识,而对于今天的学生则完全陌生,哪些知识在过去是专业性很强的,而对于今天的学生则非常熟悉。与此相应,在教学中应当选择什么事例,应当设计哪些实践环节,都需要教师认真思考,根据学生的成长发展实际进行安排。

在教学活动中贯彻这一原则,对教师有以下要求:

1.重视理论知识的教学。实际是相对于理论而言的,没有理论,联系实际就降低到了学生自然生活的水平,失去了学校教育的优势和意义。

2.注重在联系实际的过程中发展学生的能力。与课堂学习相比,联系实际的实践过程提出了更加丰富多样的能力要求,教师要敢于放手,鼓励学生去尝试和探索,运用所学的知识解决问题,同时在解决问题的过程中获取新的知识,补充书本知识的不足,从而使各种能力得到锻炼、发展。

3.联系实际应当从多方面入手。首先,应当尽可能广泛地让学生接触社会生活的各个方面;其次,应当尽可能与结合本地区的特点;再次,应当注重小学生发展的实际。

4.帮助学生总结收获。中小学生的行为自觉水平和反思水平还比较欠缺,不大善于分析、总结在联系实际过程中的收获,联系实际容易流于形式。教师要加以引导,提供机会并提出要求,让学生及时交流体验,表达感受。特别应当提出的是,总结收获注重的是学生的真情实感,不能够人为地拔高学生的思想和认识。

(八)因材施教原则

因材施教原则指教师在教学活动中应当照顾学生的个别差异。这一原则是为了处理好集体教学与个别教学、统一要求与尊重学生个别差异问题而提出的。

由于遗传素质、家庭环境和个人成长经历的不同,在同一班级中的小学生,虽然有着共同的年龄特征,但是在学习的成绩、学习态度和方法、兴趣和爱好、气质和性格、禀赋和潜能方面都存在很大的差异。教师是对由个性完全不同的学生组成的集体进行教学,因此因材施教就是要适应每个学生的不同需要进行有针对性的教育。因材施教在我国有着悠久的历史传统,孔子的教学实践就为后人提供了这方面的典范,值得后人学习。孔子说:"求也退,故进之;由也兼人,故退之。"意思是"冉求老是退缩,因此我要鼓励他上前;仲由呢,他胆子大,敢作敢为,因此我要压压他"。朱熹总结孔子的教学经验说:"夫子教人,各因其材。"

在教学中贯彻这一原则,对于教师有以下要求:

1. 充分了解学生。在共同的年龄特征基础上,儿童存在差异。要做到因材施教,教师必须充分地了解每一个学生。除学习成绩以外,学生的个性特征的各个方面、家庭背景、生活经历等,都是教师因材施教所需要了解的。

2. 尊重学生的差异。学生的差异不仅是客观存在的,而且是合理的,因材施教的含义不仅包括承认差异,而且包括尊重差异。中小学阶段的课程和教学以所有学生可以达到的程度为标准,在达到标准的基础之上,教师应当允许学生存在不同方面、不同水平的差异,并且针对每一个学生的具体条件帮助他获得最适宜的个性发展,而不是去普遍地增加难度和深度。良好教育的结果是培养出大批个性充分发展的人,而不是千人一面的"标准件"。正如杜威所说,"如果从个人身上舍去社会的因素,我们便只剩下一个抽象的东西;如果我们从社会方面舍去个人的因素,我们便只剩下一个死板的、没有生命力的集体"。

3. 面向每一个学生。中小学教育是义务教育,是儿童必须接受的,完成义务教育是中国每一个适龄儿童的基本权利。现代教育的一个重要理念是,每一个儿童有权利得到适合自己的教育。因此,现代教育强调,不能够要求儿童适应教育,而是要使教育适应儿童。

四、课堂教学模式

教学模式是一定的教学理论或教学思想的反映,是一定理论指导下的教学行为规范。不同的教育观往往提出不同的教学模式。比如,概念获得模式和先行组织模式的理论依据是认知心理学的学习理论,而情境陶冶模式的理论依据则是人的有意识心理活动与无意识的心理活动、理智与情感活动在认知中的统一。

(一)教学模式的发展

系统完整的教学模式是从近代教育学形成独立体系开始的,"教学模式"这一概念与理论在20世纪50年代以后才出现。不过在中外教学实践和教学思想中,很早就有了教学模式的雏形。

古代教学的典型模式就是传授式,其结构是"讲—听—读—记—练",其特点是教师灌输知识。在这种模式下,学生被动机械地接受知识,书中文字与教师的讲解几乎完全一致,学生对答与书本或教师的讲解一致,学生是靠机械的重复进行学习。

到了17世纪,随着学校教学中自然科学内容和直观教学法的引入,班级授课制度开始实施。夸美纽斯提出应当把讲解、质疑、问答、练习统一于课堂教学中,并把观察等直观活动纳入教学活动体系之中,首次提出了以"感知—记忆—理解—判断"为程序结构的教学模式。

19世纪是一个科学实验兴旺繁荣的时期。赫尔巴特的理论在相当的程度上反映了当时科学发展的趋势。他从统觉论出发,研究人的心理活动,认为学生在学习的过程中,只有当新经验与已经构成心理的统觉团中的概念发生联系时,才能真正掌握知识。所以教师的任务就是选择正确的材料,以适当的程序提示学生,形成他们的学习背景(或称统觉团)。从这一理论出发,他提出了"明了—联合—系统—方法"的四阶段教学模式。以后他的学生莱因又将其改造为"预备—提示—联合—总结—应用"的五阶段教学模式。

以上教学模式都有一个共性,它们都忽视了学生在学习中的主体性,片面强调灌输方式,在不同程度上压抑和阻碍了学生的个性发展。随着资本主义大工业的发展,强调个性发展的思想的普遍深入与流行,以赫尔巴特为代表的传统教学模式受到了挑战,应运而生的杜威的实用主义教育理论得到了社会的推崇,同时也促进了教学模式向前推进了一步。

杜威提出了"以儿童为中心"的"做中学"为基础的实用主义教学模式。这一模式的基本程序是"创设情境—确定问题—占有资料—提出假设—检验假设"。这种教学模式打破了以往教学模式单一化的倾向,弥补了赫尔巴特教学模式的不足,强调学生的主体地位,强调活动教学,促进学生发现探索的技能,获得探究问题和解决问题的能力,开辟了现代教学模式的新路。

当然,实用主义教学模式也有其缺陷。它把教学过程和科学研究过程等同起来,贬低了教师在教学过程中的指导作用,片面强调直接经验的重要性,忽视知识系统性的学习,影响了教学质量,因此在 20 世纪 50 年代受到了社会的强烈批评。

20 世纪 50 年代以来,随着科学技术的发展,教育面临着新的科技革命的挑战,促进人们利用新的理论和技术去研究学校教育和教学问题。凭借现代心理学和思维科学对人脑活动机制的揭示,发生认识论对个体认识过程的概括、认知心理学对人脑接受和选择信息活动的研究,特别是系统论、控制论、信息加工理论等的产生,对教学实践产生了深刻的影响,也给教学模式提出了许多新的课题。因此这一阶段在教育领域出现了许多的教学思想和理论,与此同时也产生了许多新的教学模式。

当代教学模式的发展,具有以下特点:

1. 从单一教学模式向多样化教学模式发展

自从赫尔巴特提出"四段论"教学模式以来,经过其学生的实践和发展逐渐以"传统教学模式"的名称成为 20 世纪教学模式的主导。此后,杜威打着反传统的旗号,提出了实用主义教学模式,20 世纪 50 年代以来一直在"传统"与"反传统"之间来回摆动。20 世纪 50 年代以后,由于新的教学思想层出不穷,再加上新的科学技术革命使教学产生了很大的变化,教学模式出现了"百花齐放、百家争鸣"的繁荣局面。据统计,教学模式有二十三种之多,其中我国提出的教学模式就有十多种。

2. 由归纳型向演绎型教学模式发展

归纳型教学模式重视从经验中总结、归纳,它的起点是经验,形成思维的过程是归纳。演绎型教学模式指的是从一种科学理论假设出发,推演出一种教学模式,然后用严密的实验来验证其效用。它的起点是理论假设,形成思维的过程是演绎。归纳型教学模式来自教学实践的总结,不免有些不确定性,有些地方还不能自圆其说。而演绎型教学模式有一定的理论基础,能够自圆其说,有自己完备的体系。

3. 由以"教"为主向重"学"为主的教学模式发展

传统教学模式都是从教师如何去教这个角度来进行阐述,忽视了学生如何学这个问题。杜威的"反传统"教学模式,使人们认识到学生应当是学习的主体,由此开始了以"学"为主的教学模式的研究。现代教学模式的发展趋势是重视教学活动中学生的主体地位,重视学生对教学的参与,根据教学的需要合理设计"教"与"学"的活动。

4. 教学模式的日益现代化

在当代教学模式的研究中,越来越重视引进现代科学技术的新理论、新成果。有些教学模式已经开始注意利用先进的科学技术成果,教学的科技含量越来越高,充分利用可提供的教学条件设计教学模式。

(二)中小学课堂教学的主要模式

教学模式是教学理论的具体化,是教学实践概括化的形式和系统,具有多样性和可操作性,因此对教学模式的选择和运用是有一定的要求的。教学模式必须要与教学目标相契合,要考虑实际的教学条件、针对不同的教学内容来选择教学模式,当然首先还是要了解有哪些教学模式,它们的特点是什么。

1. 传递—接受式

该教学模式源于赫尔巴特的四段教学法,后来由凯洛夫等人进行改造后传入我国,在我国广为流行,很多教师在教学中自觉不自觉地都用这种方法教学。该模式以传授系统知识、培养基本技能为目标。其着眼点在于充分挖掘人的记忆力、推理能力与间接经验在掌握知识方面的作用,使学生比较快速有效地掌握更多的信息量。该模式强调教师的指导作用,认为知识是教师到学生的一种单向传递,非常注重教师的权威性。

(1)理论基础

该模式根据行为心理学的原理设计,尤其受斯金纳操作性条件反射的训练心理学的影响,强调控制学习者的行为达到预定的目标。该模式认为只要通过"联系—反馈—强化"这样反复的循环过程就可以塑造有效的行为目标。

(2)教学基本程序

该模式的基本教学程序是:复习旧课—激发学习动机—讲授新课—巩固练习—检查评价—间隔性复习。

复习旧课是为了强化记忆、加深理解、加强知识之间的相互联系和对知识进行系统整理。激发学习动机是根据新课的内容,设置一定情境和引入活动,激发学生的学习兴趣。讲授新课是教学的核心,在这个过程中主要以教师的讲授和指导为主,学生一般要遵守纪律,跟着教师的教学节奏,按部就班地完成教师布置给他们的任务。巩固练习是学生在课堂上对新学的知识进行运用和练习解决问题的过程。检查评价是通过学生的课堂和家庭作业来检查学生对新知识的掌握情况。间隔性复习是为了强化记忆和加深理解。

(3)教学原则

教师要根据学生的知识结构的认知水平对教学内容进行加工整理,力求使所传授的知识与学生原有的认知结构相联系。教师在传授知识的时候需要很高的语言表达能力,同时要对学生在掌握知识时常遇到的问题有所觉察。

(4)辅助系统

课本、黑板、粉笔、挂图、模型、投影仪等。

(5)教学效果

优点:学生能在短时间内接收大量的信息,能够培养学生的纪律性,能够培养学生的抽象思维能力。

缺点:学生对接收到的信息很难真正地理解,往往培养的是单一化、模式化的人格,不利于创新性、分析性学生的发展,不利于培养学生的创新思维和解决实际问题的能力。

(6)在运用这种模式时的建议

在介绍讲解性的内容上运用比较有效,当期望学生在短时间掌握一定的知识去应试时比较可行。教师不可在任何教学内容上都运用这种模式,长此以往必然造成一种"满堂灌"的教学模式,非常不利于学生的全面发展,从而培养出一大批没有思想与主见的"高分低能者"。

2. 自学—辅导式

该教学模式是在教师的指导下学生自己独立进行学习的模式。这种教学模式能够培养学生的独立思考能力,在教学实践中也有很多教师在运用它。

（1）理论基础

该模式从人本主义出发,注重发挥学生的主体性,以培养学生的学习能力为目标。这种教学模式先让学生独立学习,然后根据学生的具体情况再由教师进行指导。它承认学生在学习过程中试错的价值,培养学生独立思考和学会学习的能力。

（2）教学基本程序

自学—辅导式的教学程序是:自学—讨论—启发—总结—练习巩固。

教师在教学中根据学生的最近发展区,布置一些有关新教学内容的学习任务并组织学生自学,在自学之后让学生之间交流讨论,发现他们所遇到的困难,然后教师根据这些情况对学生进行点拨和启发,总结出规律,再组织学生进行练习巩固。

（3）教学原则

自学内容难度应适宜,先让学生进行自主学习,后由教师进行指导概括和总结,教师在教学过程中要适时点拨。

（4）辅助系统

要提供必要的学习材料和学习的辅助设施,给学生自学提供有力的支持。

（5）教学效果

优点:能够培养学生分析问题、解决问题的能力,有利于教师因材施教,能发挥学生的自主性和创造性,有利于培养学生相互合作的精神。

缺点:学生如果对自学内容不感兴趣,可能在课堂上一无所获;需要较长的时间;需要教师非常敏锐地观察学生的学习情况,必要时进行启发和调动学生的学习热情;需要针对不同学生进行讲解和教学,所以很难在大班教学中开展。

（6）实施建议

最好选择难度适合且学生比较感兴趣的内容进行自学,教师要有很高的组织能力和业务水平,以启发为主要,避免过度讲解。

3. 探究式教学

探究式教学是以问题解决为中心的,注重学生的独立活动,着眼于学生的思维能力的培养。

（1）理论基础

依据建构主义的理论,注重学生的前认知,注重体验式教学,培养学生的探究和思维能力。

（2）基本程序

教学的基本程序是:问题—假设—推理—验证—总结提高。

首先创设一定的问题情境提出问题,然后组织学生对问题进行猜想和做假设性的解释,再设计实验进行验证,最后总结规律。

（3）教学原则

建立一个民主宽容的教学环境,充分发挥学生的思维能力,教师要掌握学生的前认知特点实施一定的教学策略。

（4）辅助系统

需要一定的供学生探究学习的设备和相关资料。

（5）教学效果

优点:能够培养学生的创新能力和思维能力,能够培养学生民主与合作的精神,能够培养学生自主学习的能力。

缺点:一般只能在小班进行,需要较好的教学支持系统,教学需要的时间比较长。

（6）实施建议

在探究式教学中教师一定要尊重学生的主体性,创设一个宽容、民主、平等的教学环境。教师要对那些打破常规的学生予以一定的鼓励,不要轻易地对学生说对或错。教师要以引导为主切不可轻易告知学生探究的结果。

4. 概念获得模式

该模式的目标是使学习者通过体验所学概念的形成过程来培养他们的思维能力。该模式主要反映了认知心理学的观点,强调学习是认知结构的组织与重组的观点。

（1）理论基础

该模式的理论基础为布鲁纳、古德诺和奥斯汀的思维研究理论。他们认为分类是把不同的事物当作相等看待,是将周围的世界进行简化和系统化的手段,从而建立一定的概念来理解纷繁复杂的世界。布鲁纳认为,所谓的概念是根据观察进行分类而形成的抽象化思想。在概念形成的过程中要注重事物之中的一些相似成分,而忽略那些不同的地方。在界定概念的时候需要五个要素:名称、定义、属性、例子以及与其他概念的相互关系。

(2)基本程序

概念获得模式包含这些步骤:教师选择和界定一个概念—教师确定概念的属性—教师准备肯定和否定的例子—将学生导入概念化过程—呈现例子—学生概括并定义—提供更多的例子—进一步研讨并形成正确概念—概念的运用与拓展。

(3)教学原则

帮助学生有效地习得概念是学校教育的基本任务之一。概念获得模式一般采取"归纳—演绎"的思维形式。首先通过一些例子让学生发现概念的一些共同属性,掌握这一概念区别于其他概念的本质特征。学生在获得概念后还需要进行概念的理解,即引导学生从概念的内涵、外延、属、种、差别等方面去理解概念。为了强化学生对概念的理解,还应该对与概念相关的或相似的概念、逻辑相关概念、相对应的概念等进行辨析。学习的目的在于运用,在运用的过程中我们可以发现学生对概念的掌握程度,可以及时地采取补救措施。

(4)辅助系统

需要大量正反例子,课前教师需要精心的准备。

(5)教学效果

能够培养学生的归纳和演绎能力,能够形成比较清晰的概念,能够培养学生严谨的逻辑推理能力。

(6)实施建议

针对概念性很强的内容实施教学,课前教师要对概念的内涵与外延做很好的梳理。

5.巴特勒的自主学习模式

20世纪70年代美国教育心理学家巴特勒提出教学的七要素,并提出"七段"教学论,在国际上影响很大。

(1)理论基础

它的主要理论依据是信息加工理论。

（2）教学程序

基本教学程序是:设置情境—激发动机—组织教学—应用新知—检测评价—巩固练习—拓展与迁移。

他的教学七步骤中的情境是指学习的内外部的各种情况。内部情况是学生的认知特点,外部情况是学习环境,它的组成要因素有个别差异、元认知、环境因子。动机是学习新知识的各种诱因,它的主要构成要素有情绪感受、注意、区分、意向。组织是将新知识与旧知识相互关联起来,它的主要构成要素有相互联系、联想、构思、建立模型。应用是对新知识的初步尝试,它的构成要素有参与、尝试、体验、结果。评价是对新知识初步尝试使用之后的评定,它的组成要素有告知、比较、赋予价值、选择。重复是练习与巩固的过程,它的主要构成要素有强化、练习、形成习惯、常规、记忆、遗忘。拓展是把新知识迁移到其他情境中去,它的构成要素有延伸、迁移、转换、系统、综合。

（3）教学原则

巴特勒从信息加工理论出发,非常注重元认知的调节,利用学习策略对学习任务进行加工,最后生成学习结果。教师在利用这种模式的时候,要时常提醒学生反思自己的学习行为,要考虑各种步骤的组成要素,根据不同情况有所侧重。

（4）辅助系统

一般的课堂环境即可,教师需要掌握学习策略。

（5）教学效果

这是一个比较普适性的教学模式,根据不同的教学内容它可以转化为不同的教学法,只要教师灵活驾驭就能达到他想要的教学效果。

（6）实施建议

要想灵活运用这种教学模式,教师应该是一位研究型的教师,具有一定的教育学和心理学的知识,掌握元认知策略。

6.抛锚式教学

这种教学模式要求建立在有感染力的真实事件或真实问题的基础上。确定这类真实事件或问题被形象地比喻为"抛锚",因为一旦这类事件或问题被确定了,整个教学内容和教学进程也就被确定了(就像轮船被锚固定一样)。

（1）理论基础

它的理论基础是建构主义。建构主义认为,学习者要想完成对所学知识的意义建构,即达到对该知识所反映事物的性质、规律以及该事物与其他事物之间联系的深刻理解,最好的办法是让学习者到现实世界的真实环境中去感受、去体验(即通过获取直接经验来学习),而不是仅仅聆听别人(例如教师)关于这种经验的介绍和讲解。由于抛锚式教学要以真实事例或问题为基础(作为"锚"),因此也被称为"实例式教学""基于问题的教学"或"情境性教学"。

（2）基本程序

抛锚式教学由这样几个环节组成:

创设情境——使学习能在和现实情况基本一致或相类似的情境中发生。

确定问题——在上述情境下,选择出与当前学习主题密切相关的真实事件或问题作为学习的中心内容。选出的事件或问题就是"锚",这一环节的作用就是"抛锚"。

自主学习——不是由教师直接告诉学生应当如何去解决面临的问题,而是由教师向学生提供解决该问题的有关线索,并特别注意发展学生的"自主学习"能力。

协作学习——讨论、交流,通过不同观点的交锋,补充、修正、加深每个学生对当前问题的理解。

效果评价——由于抛锚式教学的学习过程就是解决问题的过程,由该过程可以直接反映出学生的学习效果。因此对这种教学效果的评价不需要进行独立于教学过程的专门测验,只需在学习过程中随时观察并记录学生的表现即可。

（3）教学原则

情境设置与产生问题一致,问题难易适中,要具有一定的真实性,在教学中要充分发挥学生的主体性。

（4）辅助系统

巧设情境,合作学习。

（5）教学效果

能培养学生的创新能力、解决问题能力、独立思考能力、合作能力等。

（6）实施建议

创设情境适时抛出问题，注意情境感染与熏陶作用。

7. 范例教学模式

范例教学模式比较适合原理、规律性的知识，是中学思想政治课教学最基础的内容之一。范例教学模式是由德国教育实践家 M. 瓦根舍因提出来的。

（1）理论基础

该模式遵循人的认知规律——从个别到一般，从具体到抽象的过程。在教学中一般从一些范例分析入手感知原理与规律，并逐步提炼进行归纳总结，再进行迁移整合。

（2）基本程序

范例教学的基本过程是：阐明"个案"—范例性阐明"类案"—范例性地掌握规律原理—掌握规律原理的方法论意义—规律原理运用训练。

范例教学主张选取蕴含本质因素、根本因素、基础因素的典型案例，通过对范例的研究，使学生从个别到一般、从具体到抽象、从认识到实践理解，掌握带有普遍性的规律、原理的教学模式。范例性地阐明"个案"，指用典型事实和现象为例说明事物的本质特征。范例性地阐明"类案"，是指用许多在本质上与"个案"一致的事实和现象来阐明事物的本质特征。范例性地掌握规律原理是指从大量的"类案"中总结出规律和原理，在总结归纳的过程中，要注意对规律或原理的表述要准确，对规律原理的名称要清楚。掌握规律原理的目的和意义在于运用，因而教师要让学生掌握规律、原理的方法论意义。为了了解学生对规律和原理的掌握程度，从而获得反馈信息，规律原理的运用训练是教学必不可少的环节。

（3）教育原则

该模式要遵循这个基本顺序：从个别入手，归纳成类，再从类入手，提炼本质特征，最后上升到规律与原理。

（4）辅助系统

选取不同的带有典型性的范例。

（5）教学效果

有助于培养学生的分析能力，有助于学生理解规律和原理。

（6）实施建议

比较适合社会科学中的一些原理和规律教学，范例要有一定的代表性，最好能激发学生的兴趣。

8.现象分析模式

（1）理论基础

它主要基于建构主义的认知理论，非常注重学生利用自己的先前经验对问题进行解释。

（2）基本程序

现象分析模式的基本教学程序是：出示现象—解释现象的形成原因—对现象的结果进行分析—分析解决方法。

在教学中，某种现象往往是以材料的形式出现的，学生要能通过现象揭示其背后的本质。

（3）教育原则

现象能够反映本质规律。教师可以创设民主环境，充分发挥学生的主体性，让他们进行解释说明。

（4）辅助系统

需要真实的现象感受，最好有音像辅助设备。

（5）教学效果

培养学生的分析能力、综合能力。

（6）实施建议

教师要调动学生的思维，让他们去发现现象背后的规律；选取的现象要具有一定的典型性，能揭示背后的规律。

9.加涅模式

（1）理论基础

依据信息加工理论，加涅认为学习的条件分为内部条件和外部条件，内部条件又进一步分为基本先决条件和支持性的先决条件。支持性的先决条件在学习过程中起辅助作用，但是没有这些条件学习也可以发生，而如果缺少基本先决条件则是不行的。不同的学习类别需要不同的学习条件，并能产生五种类型的学习结果:言语信息、智慧技能、认知策略、动作技能、态度。

言语信息包括名称、符号、事实和原则。为了使言语信息的学习得以发生,言语信息的内容对学习者必须是有意义的。考查言语信息是否掌握,必须对一些事实进行提问。智慧技能,包括辨别、概念、规则和高级规则。智慧技能的学习是通过呈现许多规则和例子以指导学习者找到正确的答案,可以通过要求学习者解决特定的问题来考查学习结果。认知策略,对这种技能的教学方法是,演示或说明策略后,学习者练习,一旦学生熟悉了一个问题,新的问题要呈现,以帮助学生将策略迁移,或者评价学生对策略的掌握。动作技能,反复练习对这种技能的掌握很关键,可以通过完成任务的时间或者精确性来测试对动作技能的掌握。态度,强化相依原理在态度学习中起主要作用。

加涅的学习层级理论主要适用于智慧技能的学习。学习层级理论,也称累积学习理论,其基本观点是:学习任何新的智慧技能都需要某种先前的学习,学习是累积性的。按照复杂性程度的不同,由简单到复杂,加涅将智慧技能分为八个层次:信号学习、刺激—反应学习、连锁学习、言语联想、辨别学习、概念学习、规则学习和高级规则学习。其中前四类学习是学习的基础形式,总称联想学习。学校教育更关注的是后面四类的学习。

加涅把人的学习过程等同于电脑对信息的加工处理,他的学习理论的要点是注意、选择性知觉、复诵、语义编码、提取、反应组织、反馈。

(2)基本程序

按照电脑加工信息的步骤(环境—接收器—登记—编码—反应器执行监控—效应器—环境),他提出九步教学法:引起注意—告知目标—刺激回忆先前的知识—呈现刺激材料—提供学习指导—引出行为—提供反馈—评价行为—促进保持与迁移。

加涅认为学习这九个阶段可分为三个部分,即准备、操作和迁移三个部分。

准备包括接收、预期、提取到工作记忆中,对应的教学事件是引起注意、告知目标、刺激回忆先前的知识。操作包括选择性知觉、语义编码、反应、强化,对应的教学事件是呈现刺激材料、提供学习指导、引出行为、提供反馈。学习迁移包括提取和强化、提取并一般化,对应的教学事件是评价行为、促进保持与迁移。

10.奥苏贝尔模式

奥苏贝尔是认知结构迁移理论的提出者。他通俗地认为认知结构就是书本知识在学生头脑中的再现形式,是有意义学习的结果和条件。他着重强调了概括性强、清晰、牢固、具有可辨别性和可利用性的认知结构在学习过程中的作用,并把建立学习者对教材的清晰、牢固的认知结构作为教学的主要任务。奥苏贝尔的有意义学习理论着重强调了认知结构的地位,围绕着认知结构提出的上位学习、下位学习、相关类属学习、并列结合学习和创造学习等几种学习类型,为新旧知识是如何组织的提供了一条较有说服力的解释。自他之后,认知结构迁移理论才真正引起人们的重视并为人们广泛理解。

(1)理论基础——"有意义接受学习"理论

美国著名教育心理学家奥苏贝尔在对学习类型做深入研究的基础上,将"学习"按照其效果划分为"有意义学习"与"机械学习"两种类型。所谓有意义学习,其实质是"符号表示的观念,以非任意的方式和在实质上(而不是字面上)同学习者已经知道的内容联系在一起。所谓非任意的和实质上的联系是指这些观念和学习者原有认知结构中的某一方面(如一个表象、一个已经有意义的符号、一个概念或一个命题)有联系"。换句话说,要想实现有意义的学习真正习得知识的意义,即希望通过学习获得对知识所反映事物的性质规律及事物之间关联的认识,关键是要在当前所学的新概念、新知识(即"符号表示的观念")与学习者原有认知结构中的某个方面(表象、概念或命题)之间建立起非任意的实质性联系。只要能建立起这种联系就是有意义的学习,否则就必然是死记硬背的机械学习。奥苏贝尔认为,能否建立起新旧知识之间的这种联系,是影响学习的最重要因素,是教育心理学中最基本、最核心的一条原理。正如他的代表性论著《教育心理学:一种认知观点》一书的扉页中用特大号字所表述的:"假如让我把全部教育心理学仅仅归结为一条原理的话,那么,我将一言以蔽之:影响学习的唯一最重要因素就是学习者已经知道了什么。要探明这一点,并应据此进行教学。"

奥苏贝尔指出,要实现有意义学习可以有两种不同的途径或方式:接受学习和发现学习。接受学习的基本特点是:"所学知识的全部内容都是以确定的方式被(教师)传递给学习者。学习课题并不涉及学生方面的任何独立的发现。学习者只需要把呈现出来的材料加以内化或组织,以便在将来某个时候可以利用它或把它再现出来。"发现学习的基本特点则是:"要学的主要内容不是(由教师)传递的,而是在从意义上被纳入学生的认知结构以前必须由学习者自己去发现出来。"奥苏贝尔还强调指出,如果根据学习引起的能力变化来区分学习类型,即根据用何种方式来引起能力变化,那么,就只能区分出"接受学习"与"发现学习"两种,而所有其他的学习类型皆可并入这两大类型之中。他认为截至目前学术界对学习类型的众多分类(如"辨别学习""概念学习""尝试错误学习""条件反应学习""配对联想学习"等等)实际上都是"没有按照这些学习类型所引起的能力变化来区分学习"的结果。

(2)"先行组织者"教学策略

奥苏贝尔不仅正确地指出通过"发现学习"和"接受学习"均可实现有意义学习,而且还对如何在这两种教学方式下具体实现有意义学习的教学策略进行了研究,特别是对"传递—接受"教学方式下的教学策略做了更为深入的探索,并取得了成为教学论领域一座丰碑的出色成果——"先行组织者"教学策略。这是在分析与控制三种认知结构变量(即原有认知结构的可利用性、可分辨性和稳固性等三个变量)基础上而实施的一种教学策略。由于它以认知学习理论为基础又有很强的可操作性,自奥苏贝尔于1978年提出以来,其影响日益扩大,截至目前,它已成为实现"有意义接受学习"的最有代表性、最具影响力,也是最见实际效果的教学策略之一。

(3)动机理论

奥苏贝尔不仅在对学习过程的认知条件、认知因素进行深入研究的基础上提出了"有意义接受学习"理论和"先行组织者"教学策略,而且还注意到影响学习过程的另一重要因素即情感因素的作用,并在这方面提出了独到的见解。

奥苏贝尔认为,情感因素对学习的影响主要是通过动机在以下三个方面起作用:

动机可以影响有意义学习的发生。由于动机并不参与建立新旧概念、新旧知识之间的联系,所以并不能直接影响有意义学习的发生,但是动机却能通过使学习者在"集中注意""加强努力""学习持久性"和"挫折忍受力"等方面发挥出更大潜能而加强新旧知识的相互作用,从而有效地促进有意义的学习。

动机可以影响习得意义的保持。由于动机并不参与建立新旧知识之间的联系和新旧知识的相互作用,所以也不能直接影响习得意义的保持,但是保持总是要通过复习环节来实现。而在复习过程中动机仍可通过使学习者在"集中注意""加强努力"和"持久性"等方面发挥出更大潜能来提高新获得意义的清晰性和巩固性,从而有效地促进保持。

动机可以影响对知识的提取。动机过强,可能产生抑制作用,使本来可以提取的知识提取不了,考试时由于心理紧张,动机过强,影响正常水平发挥就是一个例子。反之,有时动机过弱,不能调动起学习者神经系统的全部潜力,也会减弱对已有知识的提取。

奥苏贝尔认为,动机是由三种内驱力组成的。由于动机是驱使人们行动的内部力量,所以心理学家常把动机和内驱力视为同义词。奥苏贝尔认为通常所说的动机是由"认知内驱力""自我提高内驱力"和"附属内驱力"等三种成分组成的。

认知内驱力是指要求获得知识、了解周围世界、阐明问题和解决问题的欲望与动机,与通常所说的好奇心、求知欲大致同义。这种内驱力是从求知活动本身得到满足,所以是一种内在的学习动机。由于有意义学习的结果就是对学习者的一种激励,所以奥苏贝尔认为,这是"有意义学习中的一种最重要的动机"。例如,儿童生来就有好奇心,他们越是不断探索周围世界,了解周围世界,就越是从中得到满足。这种满足感又会进一步强化他们的求知欲,即增强他们学习的内驱力。

自我提高内驱力是指儿童希望通过获得好成绩来提高自己在家庭和学校中地位的学习动机。随着年龄增长,儿童自我意识增强,他们希望在家庭和学校集体中受到尊重。这种愿望也可以推动儿童努力学习,争取好成绩,以赢得与其成绩相当的地位。自我提高内驱力强的学习者,所追求的不是知识本身,而是知识之外的地位满足,所以这是一种外在的学习动机。

附属内驱力是指通过顺从、听话、从父母和老师那里得到认可,从而获得派生地位的一种动机。这种动机也不是追求知识本身,而是追求知识之外的自尊满足,所以也是一种外在的学习动机。

上述三种不同成分的动机对每个人来说都可能具有,但三种成分所占的不同比例,则依年龄、性别、文化、社会地位和人格特征等因素而定。在童年时期,附属内驱力是获得良好学业成绩的主要动机;童年晚期和少年期,附属内驱力降低,而且从追求家长认可转向同龄伙伴的认可;到了青年期和成年期,自我提高内驱力则逐渐成为动机的主要成分。前面强调了内在动机(认知内驱力)的重要性,但决不应由此贬低外部动机(特别是自我提高内驱力)的作用。在个人的学术生涯和职业生涯中,自我提高内驱力是一种可以长期起作用的强大动机。这是因为,与其他动机相比,这种动机包含更为强烈的情感因素,既有对成功和随之而来的声名鹊起的期盼、渴望与激动,又有对失败和随之而来的地位、自尊丧失的焦虑、不安与恐惧。

由上面关于"动机理论"的介绍可以看出,奥苏贝尔确实对情感因素在认知过程中的作用与影响有较深入的研究。如果我们在教学设计或在课件脚本设计过程中能根据学习者的不同年龄特征,有意识地帮助学习者逐步形成与不断强化上述三种动机,并在教学过程的不同阶段恰当地利用这些动机,那么,由于学习过程中认知因素与情感因素能得到较好的配合,因此一定将取得更为良好的教学效果。

(4)基本程序

提出先行组织者—逐步分化—综合贯通。

11. 合作学习模式

它是一种通过小组形式组织学生进行学习的一种策略。小组取得的成绩与个体的表现是紧密联系的。合作式学习必须具备五大要素:个体积极的相互依靠、个体有直接的交流、个体必须都掌握给小组的材料、个体具备协作技巧、群体策略。合作式学习有利于发展学生个体思维能力和动作技能,增强学生之间的沟通能力和包容能力,还能培养学生的团队精神,提高学生的学业成绩。

课堂里的合作有四点不足之处:首先,如果学得慢的学生需要学得快的学生的帮助,那么对于学得快的学生来说,在一定程度上就得放慢学习进度,影响自身发展。其次,能力强的学生有可能支配能力差或沉默寡言的学生,使其更加退缩或更加不动脑筋。再次,合作容易忽视个别差异,影响对合作感到不自然的学生的学习进步。最后,小组的成就过多依靠个体的成就,一旦有个体能力不足或不感兴趣,则会导致合作失败。

12. 发现式学习模式

发现式学习是以培养学生探索知识、发现知识为主要目标的一种教学模式。这种模式最根本的地方在于让学生像科学家一样来体验知识产生的过程。发现式教学法有四个优点:

(1)提高学生对知识的保持。

(2)教学中提供了便于学生解决问题的信息,可增强学生的智慧潜能。

(3)通过发现可以激励学生的内在动机,引发其对知识的兴趣。

(4)学生获得了解决问题的技能。

根据许多心理学家对这种教学模式的研究,它更适合于低年级的教学,而且在课堂上运用太费时间,也难以掌握。

五、课堂教学创新和变革的路径

中小学课堂教学改革是在变化中不断适应、在解放中有所控制的过程中不断发展的。在教学改革不断发展的时代,人们对死板单一的教学课堂的改革充满了期待。时代在变化,但教学目标始终是为了增强学生的能力。学生学习不能一味地重视结果而忽略了过程的重要性,要稳扎稳打学好每一步。从课堂内容上讲,直接经验要多与间接经验相结合,从教学方法讲,不能一味地死板教学,要让学生自己领悟到知识的用处,教学效果的评价也不能只注重学生成绩,而是要对学生的综合素质进行综合评价,推广小组合作教学形式,实行体验教学法。当然新一轮的课堂教学改革要在继承传统的基础上推陈出新,既要从传统课堂教学中吸收优点,又要依据现代课堂本身进行创新,实现课堂改革的有效进步。

(一)中小学课堂教学变革创新的重要性

人类已经步入21世纪,进入信息社会的时代。随着社会的进步,整个世界的竞争也日益激烈,人才也成了激烈竞争中至关重要的争抢对象,而人才的培养离不开教育,教育离不开课堂,课堂教学的改革与创新不容忽视。教学的过程就是老师在课堂教学环境下引领学生探求真理的过程。教师要在课堂上锻炼学生主动学习的意识,让学生自我思考,并且不能丧失探求发现的好奇心。我国的课堂教学相对处于落后地位。中国想要在世界范围能拥有更大的竞争力，依靠现在的教育水平是很难的。因此，改变原有的教学模式，使课堂教学变得更有效率成为重中之重。

（二）中小学课堂教学改革建议

1.师生互动成为首要任务

新的课堂标准提出要求，老师在课堂教授过程中要注重师生间的交流和互动。在师生交往过程中，老师和学生要处于平等地位，处理问题要相互作用、相互协调。学生活动开展的频率要增高，并且学生活动不要单一化，要多样化，让学生在认知和发展中充分体会到自己的主体地位。课堂教学的本质就是一个师生互相交流、共同进步的互动过程，是为学而教、以学定教、互相学习、教学相长的过程。课堂教学要改变以老师为主的讲授课堂，避免学生总是处于被动接受的地位，要让课堂成为真正意义上的交流互动课，让学生成为探求知识的主体。

2.改变学生课堂学习方式

实现课堂教学改革单单依靠老师自己的力量是不行的，学生也要转变原有的课堂习惯以及学习方式。完善学生学习方式也成为重点，使学生从接受知识的被动者转换成为主动获取知识的主体者，从而形成丰富多样的学习方式。学生要学会从学习的过程中发现并探索问题，要充分利用自己拥有的学习时间，享受学习过程，把握好自己拥有的学习权利，从而提高自己的创新能力以及实践能力。

3.合作学习

合作学习，顾名思义就是老师和学生之间合作学习，平等交流。合作学习要求以小组为单位针对任务做好明确分工，每个同学都拥有自己的责任，并且要对自己的责任负责。现代教学要求我们要对教学过程进行优化，使学生处于主体地位，教师处于主导地位，营造同学老师间和谐的合作学习的课堂环境。这样有利于学生合作精神的树立，团队集体意识增强，也有助于学生竞争意识以及竞争能力的提高，使学生在互帮互助的和谐氛围中共同发展。

4.改变传统的教学目标

随着时代的发展，我们对学生的评价不能只看重一个简单的分数，更要看见学生的潜力以及综合素质。我们要树立一个科学、系统的评价观念,让课堂教学不仅是提高成绩的工具。我们要以学生心理满意度作为评价标准进行课堂教学,这将是改革的一大进步。

5.充分利用现代化的信息技术。信息技术作为当今社会不可缺少的元素,也可以有效地应用到课堂教学中去。这不仅可以提高教学效率,还可以普及信息技术。应用现代多媒体技术,使学生更直观地感受知识,这样突破封闭式的课堂教学不仅能激发学生的学习兴趣,更能使知识深入人心,也可以使学生更稳固地接受知识。

第八章　学校精神:校园文化

学校文化是一所学校经过长期发展积淀而形成共识的一种价值体系,包括价值观念、办学思想、群体意识、行为规范等,也是一所学校办学精神与环境氛围的集中体现。校园文化建设主要分为三个部分,即物质文化建设、精神文化建设和制度文化建设。这三个方面建设的全面、协调发展,将为学校树立起完整的文化形象。

一、学校文化建设的意义

(一)学校文化的概念

关于学校文化的概念有如下两类:广义的学校文化认为学校文化是一种亚文化,是学校中形成的特殊文化,体现的是社会背景下以学校为地理环境圈,由全体师生在学校长期的教育实践过程中积淀和创造出来的,并为其成员所认同和遵循的价值观、精神、行为准则、规章制度、行为方式和物质设施等的一种整合和结晶,其本质意义在于影响和制约学校内人的发展,其最高价值在于促进学校内人的发展;狭义的学校文化认为学校文化就是学校校园环境中存在的一切文化现象。学校文化实质上是一种德育隐性课程,通过学校文化对学生进行道德熏陶,帮助学生在潜移默化中接受道德规范,实现道德成长。学校文化既包括了校园建筑、环境布置等显性要素,也包括了人际环境、心理环境等隐性要素。

(二)学校文化建设的意义

学校文化是学校物质财富和精神财富的总称。它包括物质文化、制度文化及由课余文化、舆论文化、人际关系等组成的精神文化。物质文化是校园文化的表层结构,制度文化是校园文化的中层结构,精神文化则是校园文化的深层结构。学校文化作为一种环境教育力量,对学生的健康成长有着巨大的影响。

学校文化建设的终极目标就在于创设一种氛围,用以陶冶学生情操,构建学生健康人格,全面提高学生素质。从学校文化育人的功能来看,学校文化建设的意义具体有以下几点:

1.德育功能

学校文化的德育功能是其最重要的功能,优秀的学校文化,对于学生思想品德的影响有着巨大作用。

(1)有利于陶冶学生的情操。优美的校园环境有着春风化雨、润物无声的作用。如诗如画的校园风光、布局合理的校园建筑、鸟语花香的校园景致、整齐光洁的道路交通、美观科学的教室布置、文明健康的文化教育设施……无不给学生以巨大的精神力量。学生在优美的校园环境中受到感染和熏陶,触景生情,因美生爱,从而激发出热爱学校、热爱家乡、热爱祖国的高尚品德。学生在幽静的环境中学习,感到舒心怡神,从而增强环境保护意识。丰富多彩、健康高雅的校园文化,对低俗的非理性的文化及各种消极思想也能起到很好的抑制作用,所有这些都有利于学生正确的世界观、人生观、价值观的形成。

(2)有利于规范学生的行为。健全的规章制度及健康的集体舆论对学生的学习、生活及思想言行具有规范作用。当学生的思想言行不符合制度规范及集体舆论的要求时,他就会自我调节纠正。优美的校园环境同样能规范学生的行为,试想:你会在地面光洁、环境优美的场所乱扔纸屑、随地吐痰吗?你会在雪白的墙壁上乱涂乱画吗?不会!

(3)有利于培养学生的集体意识和协作精神。校园文化建设是以学校集体为单位的,注重学校的集体形象。这就要求学生必须处理好个人和集体之间的关系,注重相互间的协作,必要时为了集体利益要牺牲个人利益。这种来自外部环境的压力和自身发展的需要都要求学生处理好个人和集体的关系,以建成一种友好互助的群体氛围。反过来,一个充满理想、团结友爱的集体会使学生亲身感受到集体的温暖,体会到集体力量的伟大,从而树立个人要服从集体、严以律己、宽以待人、"国家兴亡,匹夫有责"的集体主义思想观念。

(4)有利于培养学生的健康个性,促进学生的心理健康。学生渴望精神生活的丰富多彩,而且不同的人有不同的兴趣爱好。多彩的校园文化适应了学生精神需求多样化、个性化的特点,避免了对学生人格塑造单一化的倾向,使那些个性特长较突出的学生找到了适合自己的内容和形式,并在活动中看到自己的价值,从而激发他们的自主性、自尊心和自豪感,树立一个真实、完整、积极的自我意象,形成积极向上的生活学习态度。当今学生的心理适应能力是比较差的,而优美的校园环境、丰富多彩的校园文化、和谐的人际关系能培养学生较强的心理适应能力。学生置身于优美的校园环境中会感到心旷神怡而暂时逃离"神经紧张,甚至心烦意乱"的境地,在轻松的心境下,打开心扉,能够增强进取心,从而自愿接受挑战。丰富多彩的活动一方面扩大了学生的交际圈,使内向孤僻的学生合群并找到知心朋友,扩大胸怀;另一方面也使学生沉浸在欢乐或业余爱好中,因注意力转移而冲淡和忘却不愉快的心理因素,就不至于"越想越别扭,越想越伤心"了,从而促进学生健康心理的形成。

2. 美育功能

爱美是人的天性,学生也不例外。多数学生在追求美的过程中又存在着明显的弱点:他们追求美,却不善识别美,常把新、奇、特视为美,甚至误以丑为美;只追求外在美,而不追求内在美,往往认为仪表的漂亮就是美,而不懂得美具有广泛复杂而深刻的内涵。而优良的校园文化有利于培养学生正确的审美观,提高他们的审美能力及创造美的能力。

环境美可以升华为情感美。美丽安全的校园环境,整洁漂亮的教室布置,朴素大方的服饰打扮,以及校园空气的净化、文明礼貌语言的使用、和谐人际关系的形成,均可促进学生鉴赏美、追求美、创造美。在一系列审美活动中,学生会认识到美是社会实践的产物,是劳动创造的,感受到心灵美、语言美、行为美、环境美的深刻内涵,真正懂得和体验到诸如"大方""优雅""和谐""风度"等词汇的含义,从而把这些词汇的内涵变成他们自觉的行为,使追求美、创造美成为他们生活的需要。

3. 实践功能

随着分配制度、就业制度、劳动用工制度、干部人事制度的改革,青年学生面临着人才市场和优化劳动组合等种种考验。要想在市场竞争中立于不败之地,就必须树立竞争意识,努力增强自己的竞争实力。以创建活动、达标活动、争先创优活动及各种竞赛活动为载体的校园文化对于学生树立强烈的竞争意识、参与精神有着极为重要的现实意义。它既增强了学生的竞争意识,又使学生在争创活动中受到锻炼,提高竞争能力。

未来社会是一个人际广泛交往的社会,社会对未来人才社交方面的要求越来越高。教育要"面向现代化,面向世界,面向未来",学校自然要成为培养交际能力的主阵地。而和谐人际关系的形成有利于提高学生交往的信心,各种活动的开展既给学生提供了广泛的交际场所,又提高了学生的交际能力。

在学校文化建设中,学生既是校园文化建设的主力军,又是行为主体,是校园文化的参与者和组织者。丰富多彩的校园文化既可培养学生的兴趣特长及创造能力,提高学生的动手能力,帮助其掌握多种技能,树立热爱劳动的观念,又可以磨炼学生意志,提高学生组织管理能力,为以后走向社会奠定坚实的基础。

总而言之,要使学校教育工作行之有效,除正面教育、积极引导外,还必须充分挖掘和利用校园文化的潜移默化作用,高度重视校园文化建设。校园文化对学生的影响虽不是立竿见影的,但却是稳定渐进的,要相信,优秀的校园文化必然会结出人才成熟之果。

二、学校文化体系和元素

任何一种文化都是由人类创造、积累、选择、传承下来的,学校文化也不例外。它是全体师生的教育实践方式和创造成果经由长期的历史积淀、选择而形成的。近年来,对学校文化的结构研究成果丰富多彩,大致将校园文化分为以下两种结构模型:

(一)无生命的几何模型

1. 圈层模型

学校文化的圈层模型是建立在从形态的角度分析学校文化构成的基础之上的。根据对学校文化构成要素的分析不同,圈层模型又有以下三种表现形式(如图 8 - 1)。

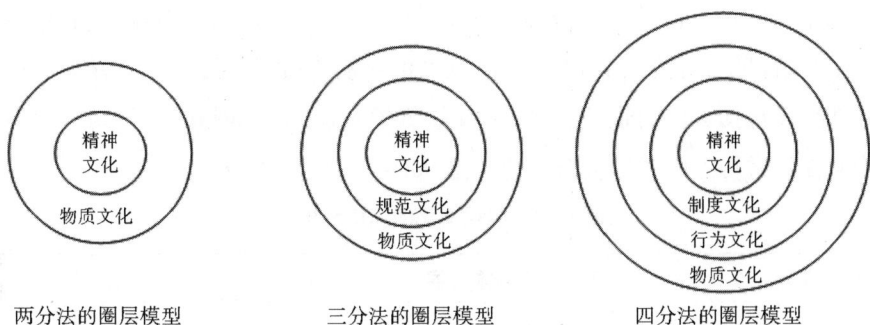

图 8 - 1　圈层模型的三种形式

（图中文字：精神文化、物质文化——两分法的圈层模型；精神文化、规范文化、物质文化——三分法的圈层模型；精神文化、制度文化、行为文化、物质文化——四分法的圈层模型）

　　第一种形式是建立在物质文化和精神文化的"两分法"基础之上的。许多学者认为,学校物质文化是精神文化的物质外壳,学校精神文化是学校文化的灵魂和核心;学校精神文化决定物质文化,赋予物质文化灵魂与精神内涵。

　　第二种形式是建立在物质文化、规范文化、精神文化的"三分法"基础之上的。有学者将学校文化描述为由三个同心圆构成的整体:外圆是物质文化,属学校文化的表象层,主要指学校的校舍和环境;中圆是规范文化,属学校文化的制度层,主要指学校的管理体制和规章制度;内圆是精神文化,属学校文化的观念层,主要指学校的办学思想和价值观,是学校文化的内核和灵魂。

　　第三种形式是建立在物质文化、行为文化、制度文化、精神文化的"四分法"基础之上的。有学者将四种形态的文化排列成由浅入深,由表及里的不同层次:表层的物质文化、浅层的行为文化、内层的制度文化、深层的精神文化。显然,这也是一种圈层模型。

　　圈层模型简明、直观地描绘了学校文化的不同表现形态,以及这些文化形态的"外显—内隐"特征。然而,这是一种过于简化的静态模型,没有反映不同形态的文化是如何相互影响、相互作用,形成完整学校文化体系的。

　　2.冰山模型

　　冰山模型的支持者把学校文化看成两部分:一部分是可以直接观看到的结构,称为显性结构;另一部分是隐藏的不可见的结构,称为隐性结构。显性结构包括学校的校园环境(生态环境、师生的形象和学校建筑的布局

169

等)、学校的标志符号(包括校徽、校旗、校歌等)、学校的规章制度、学校的组织结构、管理的行为模式以及其他可见的具有文化意蕴的客观物质存在。隐性结构包括学校的管理思想、学校的价值观念、办学理念、学校精神以及隐藏在日常行为中的约定俗成的文化(如校风、教风、学风)。

表 8-1 学校文化的冰山结构表

基本成分	具体内容	主要特点
显性成分	做事方式(待客方式;学校成员内部的互动方式;与上级部门互动方式;处理问题的自动化行为);学校图腾、标语等;学校建筑与布置;典礼与仪式;榜样与故事;学校制度与规范(包括课堂规则);课堂教学行为	可观察和测量的
灰色地带	学校传统	半显半隐的
隐性成分	学校成员共享的价值与观念;学校成员行为和价值观的前提和假设,它往往隐藏得更深,需要更细致和深入地挖掘;制度化行为的动机	需要长期的共同生活方可把握

学校文化的显性结构是隐性结构的物质载体,是隐性结构的外在表现;隐性结构是显性结构的基石,是指挥棒。只有具有一定文化底蕴的物质建筑才能在时间的长河中保存下来,没有隐性结构的显性结构只是一株无根的花,虽有香味但很快会枯萎、消逝,经不起时间的考验。个别学校为了谋求眼前的知名度和功绩,大兴土木,却忽视了隐性结构的重要性或者漠视隐性结构的建设。这些现象的产生,也和显性结构的见效快和易评价,隐性结构的难把握、难控制有关。如何把握好显性结构和隐性结构建设之间的平衡,将是对学校发展的一种挑战。只有处理好这两种建设之间的比重关系,学校才能长远地发展;反之,学校将在时间的长河中逐渐被边缘化,并且走向消亡。

不论是圈层模型还是冰山模型,都区分出学校文化的物质(显性)和精神(隐性)两大领域。但是相比于冰山模型,圈层模型区分得更详细,更容易被大家所接受;冰山模型虽然比较笼统,但是它可以比较全面地涵盖学校文化。

3.金字塔模型

云南师范大学在对该校文化建设规划的过程中,提出了学校文化的"金字塔模型"(如图8-2)。这一模型将学校的环境文化、制度文化、行为文化、理念文化由下而上排列成一个层次系列。其中,环境文化包括学校的规划布局、道路建筑、绿化卫生、宣传栏等;制度文化包括人事工资、奖惩、教学、科学、行政后勤等方面的规章制度;行为文化则包括行为规范和校风两个方面,涉及教师、学生和行政管理人员,以及校内的各种组织(班级、党组织、团队组织、社团组织等);理念文化则包括办学理念、办学目标、学校方针、策略、校训、标识等。显然,这里所说的环境文化,与前面所说的物质文化在内涵上是一致的。

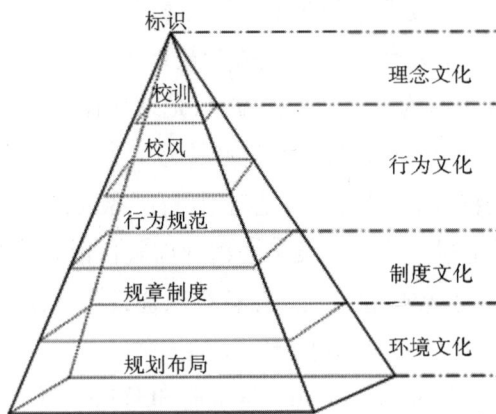

图8-2 学校文化的金字塔模型

金字塔模型形象地反映了学校文化各组成部分的层次性结构。与圈层模型在排序上不同的是,这一模型认为制度文化更靠近外(下)层,行为文化更靠近内(上)层。从学校文化建设的角度来看,这一模型提供的启发是:既可以考虑采用自上而下的策略来建设学校文化,又可以考虑采用自下而上的策略来建设学校文化。当然,在实际的文化建设工作中,往往需要综合采用两种策略。

4.五角星模型

五角星模型是由从事学校识别战略研究和策划的人员提出来的。学校识别系统是一个庞大的系统,由以下五个子系统构成:理念识别系统(MI)、行为识别系统(BI)、视觉识别系统(VI)、环境识别系统(EI)、声音识别系统(AI)。这五个子系统形成一个五角星形的结构(参见图8-3)。

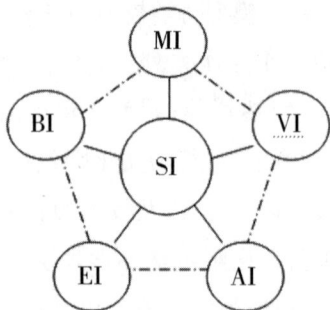

图 8 - 3　学校文化的五角星模型

在这一模型中,MI 是学校识别系统的基本精神所在,代表着学校的意志和精神内核,处于最高决策层次;BI 是在学校理念的指导下逐步培育出来的全体师生员工自觉的行为方式和工作方法,是理念在行为上的具体落实;VI 是学校所独有的一套识别标志,是用设计符号的方式来表达和传播学校的理念;AI 也是学校特有的识别标志,是运用声音、音乐、节奏等方式来表达学校的理念;EI 则是通过全校师生员工的精神面貌价值观念和行为意识来表达学校的理念,并为学校建立识别。在整合识别系统中,MI 是核心,BI 是实现 MI 的保障,VI、EI、AI 则是 MI 的不同表现。

"学校识别系统"(School Identity System,SIS)这一概念源自企业识别系统(Corporate Identity System,CIS),也称学校识别战略,是学校依照正确的教育思想,综合运用教育策划、学校诊断等教育理念、管理理念、教育技术,采用科学的方法,按照科学的操作程序,对学校的发展与经营进行决策、规划,对学校的形象进行刻意设计与策划,借助宣传媒体向外界充分地展示,使之形成鲜明的特色,并逐步将学校打造成一个品牌的过程。虽然学校识别系统也强调理念的核心地位,但在实际操作中,还是更多地关注视觉识别、环境识别、声音识别等形象要素的策划、设计、制作与展示。由此可以看出,"学校识别系统"更关注的是学校文化中表层的、物质文化方面的内容。

5. 三角模型

2006 年,中央教育科学研究所(今中国教育科学研究院)学校研究部在全国教育科学规划国家课题"基础教育阶段现代学校制度建设的理论与实验研究"的基础上,设立了"现代中小学、幼儿园文化建设实验研究"的专项课题,力图使尽可能多的学校尽快从传统走向现代,从封闭走向开放,从学校现代化建设的第一大阶段进入学校现代化建设的第二大阶段，从学校"硬实力"的提升为主转向学校"软实力"的提升为主，推动学校快速、全面地成为现代化学校。

课题组从精神力系统、执行力系统、形象力系统三个角度，开展学校文化建设的理论与实验研究。在三大系统中，以精神力系统的研究为基础，以执行力系统的研究为重点，用精神力系统的研究来统领执行力系统、形象力系统的研究，达到全面、有效地提升学校的精神力、执行力、形象力的目的。这种学校文化建设的思路形成了一个学校文化的"三角模型"。

在精神力系统中，主要包括办学理念、办学目标(含学校的发展目标、学校的培养目标)、学校特色、学校精神、校训、三风(校风、教风、学风)、教育信条、学校形象定位、校歌等；在执行力系统中，主要包括学校的管理体制和组织结构、管理原则和行为准则、各部门的职责和制度、工作策略和办学特色、教职工行为准则、学生行为准则等；在形象力系统中，主要包括基础性视觉要素(校名、校标、标准字、标准色、辅助色等)及其在学校各工作系统中的应用，物质与人文环境，专业展室和专用功能室、厅馆文化，听觉文化，校服，校刊与学校网站等。

"三角模型"将学校文化分成三个子系统，明确了各个子系统的基本功能与具体内容，对学校文化建设的实践有重要的指导作用。然而，这一模型没有对三个子系统之间的关系做出清楚的说明，也没有表明三个子系统是如何形成有机整体的。

(二)有生命的树结构模型

虽然以上模型对学校文化的组成要素和结构有不同的理解，但它们有以下三个共同的特点：首先，它们都采用几何图形作为类比物；其次，它们都是无生命的模型；第三，它们都是孤立地分析学校文化，没有考虑影响学校文化的外部因素。一些研究者将学校文化比喻成一棵树，克服了以上模型在这三个方面的缺点。

1.生命树结构

生命树结构来自学校识别系统的策划者。他们将学校识别系统比喻为一棵树，在这一比喻中，将理念识别系统(MI)类比为树根，这是非常有道理的，体现了理念在学校文化中的根基作用；将行为识别系统(BI)比喻成树干、树枝,将视觉识别系统(VI)和声音识别系统(AI)比喻成树叶、花朵,从形象识别的角度看基本上是合适的,只是没有必要区分树干和树枝、树叶和花朵;将环境识别系统(EI)从系统中分离出去,比喻成树周边的生长环境,则是牵强的,因为环境本身也是形象识别系统的一部分。

还有的人将学校文化比喻成一棵生命树(如图8-4):学校中具体的物质、行为、制度、精神是生命之树的叶子;学校中大多数人对待物质、行为、制度、精神的态度和方式是生命之树的主干;学校所在地区的本土文化和行政文化是学校文化的土壤。这一模型不仅考虑到文化的四种形态,而且还考虑了学校中的人对这些文化形态的态度和方式,以及学校所在地区的本土文化和行政文化。与基于视觉识别系统的树模型相比,这一模型有以下两个优点:一是,这一模型以学校中的人的态度和方式为树干,力图将四种文化形态整合起来;二是,这一模型形象地揭示出学校文化是建立在本土文化和行政文化的基础之上的,关注到了学校文化的外部环境。

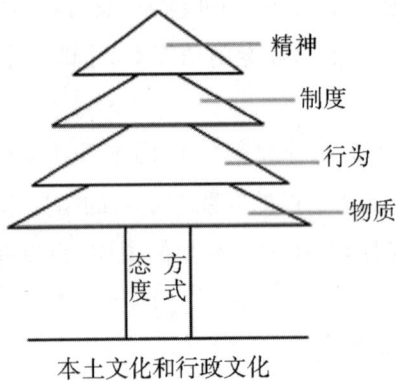

图8-4 学校文化的生命树模型

不过,这一模型也有以下几个明显的缺陷:第一,它在类比上是不完备的,这一树模型是没有树根的,缺乏树根的树怎么存活呢?第二,将人对物质、行为、制度、精神的态度和方式比喻成树干,但这一因素并不是学校文化的一个独立组成部分,也难以整合四种形态的学校文化。第三,将物质、行为、制度、精神四种文化形态作为树叶简单地罗列出来,没有反映四种文化之间的关系。

2.生态树结构

北京师范大学科学传播与教育研究中心教授李亦菲结合上述结构模型,提出了一个新的学校文化生态树模型。在这一模型中,理念文化类比为树根,制度文化类比为树干,学生文化、教师文化和管理者文化类比为树枝,行为文化和形象文化类比为树叶,传统文化和本土文化类比为树赖以获得养分的土壤,现代文化和外来文化类比为树赖以获得能量(食物)的阳光。之所以将这一模型称为"生态树模型",就是因为这一模型不仅包含了类比为树的学校文化,还包含了类比为土壤的传统文化和本土文化,以及类比为阳光的现代文化和外来文化,将学校文化放在一个它赖以生长和发展的大文化环境中,就好像树离不开土壤和阳光一样。

学校文化的生态树模型蕴含了以下关于学校文化的新理解:

第一,学校文化是一所学校在各种文化背景的综合影响下,由学校全体成员在办学过程中共同创造和遵循的价值观念、制度体系和行为规范,以及在校园环境中凸显出来的景物风貌和形象气质。

第二,学校文化既可以从形态的角度分为精神文化、制度文化(含课程文化)、行为文化、形象文化、景物文化,也可以从载体的角度分为学生文化(含班级文化和社团文化)、教师文化、管理者文化、环境文化。

第三,学校文化的生成和发展既受到传统文化和本土文化的影响,也受到现代文化和外来文化的影响。

第四,精神文化是学校文化的根基,它既从传统文化和本土文化中获得养料,又从现代文化和外来文化中获得能量。

第五,制度文化是学校文化的主干,它以理念文化为基础,并引导和规范着学生、教师和管理者表现出特定的行为风范和形象风采。

第六,学生文化、教师文化和管理者文化分别表现为各自的行为文化和形象文化,就是确保这三者的文化形成一个和谐的整体。

第七,环境文化(或校园文化)表现为学校的景物文化,主要包括校园景观和室内布置两个方面,景物文化应与学校的理念文化一致。

(三)对学校文化结构的再认识

上面这些结构模型,分别从多种角度形成了学校文化的不同结构体系。但是,理论与实践之间总有一定的差距。学校文化建设在具体的操作过程中,必须有一个清晰的思路,这就要求学校文化结构体系尽可能简单,能抽出一条丝来,让设计者便于规划,让操作者便于执行,让观察者一目了然。尽管理论界的研究者已经尽量让学校文化结构体系显得十分清晰,但为了便于论述,以及在设计和操作上更为方便,我们对其进行梳理并形成了自己的结构体系。

1.学校文化的形态结构

我们从学校文化的形态上,把学校文化分为精神文化、制度文化、行为文化和物质文化四种表现形态,作为学校文化的结构体系,便于设计者理清思路。

2.学校文化的类型结构

我们从学校文化建设主体的角度,把学校文化分为学生文化、教师文化、领导文化、服务文化和管理文化五类,作为学校文化的类型结构体系,便于执行者把握学校文化的理念和操作程序。

3.学校文化的载体结构

从学校文化的空间和内容承载角度,把学校文化分为课程文化、课堂文化、教研文化、教室文化、宿舍文化、食堂文化、网络文化和社团文化八类,作为学校文化的载体结构,便于操作者从不同角度进行思考和丰富学校文化内容。

以上的分类方法不尽科学,比如课程文化、管理文化完全可以归入行为文化,教研文化可以归入教师文化,活动文化可以归入学生文化。但是,考虑到学校的实际和论述的方便,我们采取了以上这种结构体系。

三、学校文化建设原则

学校文化构建是一个系统工程,要建设优秀的学校文化,需要在学校文化建设中以科学的原则为指导。因各校的实际情况不同,学校文化建设需要把握的问题有所区别。一般来说,学校文化建设需要遵循以下原则:

(一)校本性原则

学校文化理念的生成一定是基于学校自身,一定是基于学校、为了学校、在学校中。因此学校文化理念的思考一定是学校主体的思考,那种通过察看其他学校获得只言片语、拼盘式的理念表达不能算是学校文化理念。

校本性的原则就要求学校办学主体认真实践,积极反思,寻找属于本校自己的表达,让别人通过学校文化的理念表达,就能够看出这所学校自身的思考与实践。这就需要学校领导对学校的文化传统与办学历史做系统的回顾与梳理,结合学校的现实情况及未来走向的设计,系统地对学校文化理念进行凝练。

(二)个性化原则

个性化原则与校本性原则是相关的,只要每所学校的文化理念是校本的,那自然也就是个性化的,因为每所学校都有所不同。个性化的原则体现的是学校之间的差异性,实质强调的是学校文化理念的独到之处。独到的学校文化理念不是与一般的理念完全对立的怪异理念,而是具有普遍指导意义的理念与学校具体实际的有机结合。对于"独到"的理解不应绝对化,"独到"不是漫无时空界限的独一无二、空前绝后,而是一定时空范围内的"独到"。

个性化的学校文化理念主要来源于学校领导者对自身办学实践的深刻感悟和科学总结,从实践中认识新规律、提炼新思想,通过对实践中不断出现的新问题、新情况不断总结创新而来。独到的学校文化理念也来自对学校传统的大胆革新,革新的前提是怀疑与反思。世界各国的学校文化理念都可以作为某所学校文化理念产生的基础,或者说是继承与发扬,但传统中总会有些不适应社会发展的陈腐成分,大胆地剔除这些陈腐成分,提出新的见解,就能形成自己个性化的办学思想。

(三)哲学性原则

哲学体现人类文化的高度。学校是产生文化的地方,因此,学校文化理念需要最深刻、最抽象的概括,这就需要哲学思维。哲学的基本思维方式是反思,反思就是思想以自身为对象反过来思之。哲学的反思包含两个层面,一是将思想作为反思的对象,二是将构成思想的前提、规则、依据等作为反思的对象,这样就构成了哲学的前提性批判。学校文化理念本身就是一种思想的体现,这种思想源于办学实践,当然也包含对于已有思想的反思,还包含对于构成这些思想的前提的反思。

这就要求我们在构建学校文化理念时,首先要具有哲学反思的意识,这种反思的意识要贯穿学校文化理念建构的始终。

对于新办学校而言,需要对实践进行总结与提炼,形成学校的文化理念;对于已有一段办学历史,或者是已有了一些学校文化理念表达的学校,就需要对已有的学校文化理念进行反思,但这种反思需要对构成已有的思想的前提、规划与依据进行批判,经历思考—提炼—提纯的过程。

(四)简明性原则

尽管学校文化理念需要进行高度的理性概括,需要运用哲学的思维形式——反思,表达的是最深刻、最抽象的概括,但由于学校面对的对象不仅包含学校中的人,还包含社会,所以学校文化理念的建构需要遵循简明性的原则。简明的语句不仅易记易懂,而且易于传播,最为关键的是,简明的语句最容易表达学校文化理念的核心内容。比如,某小学的校训为"诚、慎、勤、勇",寓"诚以待人、慎以待物、勤于励己、勇于处事"之意。反之,繁复冗长的表述只会让人摸不清学校的主要意图。

(五)生成性原则

学校的发展受到政治、经济、文化、社会发展、家庭结构等各方面因素的影响,而这些因素本身就是变动不居的,因此,学校文化理念也处于动态生成的状态之中。虽然说,学校文化理念体系中基础性的核心理念变化存在滞后性,但当学校在新历史机遇期所制定的新战略与原有理念相抵触时,必须要求学校文化与之相匹配。这就要求学校文化理念要随着实践和认识的深化而不断地丰富其内涵,适度扩大其外延。"文化"这一概念本身就有"以文化人"之意,所以学校文化理念动态生成也就成为其实然之意了。

(六)互动性原则

学校文化理念设计的互动原则表现在多个方面。从与人的互动角度来看,有与学校中的教师、学生及员工的互动,也有与社区人士、学生家长、教育行政人员、专家学者的互动;从学校发展的时空关系来看,有与学校历史传统及未来发展方向的互动,也有与班级、年级及教研组等文化的互动;从与实践的互动角度来看,与学校中的教育活动实施、教育质量提升及师生员工的实然言行有关。

互动原则在某种意义上揭示了学校文化理念产生的机制,也就是说,学校文化理念的产生不是单凭校长或者几个行政人员在办公室里拍脑袋想出来的,而是需要对学校历史传统、学校实然文化状态、学校教育质量提升及特色发展、学校发展愿景等进行系统的反思。学校文化理念的确立,还与学校在国民教育体系中的性质、功能和目标的认识有关。互动原则在本质上也会促进学校文化理念的不断生成。

四、学校文化建设路径

多样性是文化的重要特征,文化有自己的个性。同时,文化的整体性、渗透性等特点,使之不可能孤立存在,文化需要载体。载体是承载其他事物的事物,如汉字是中华文化的载体。学校特色文化的形成,要选择和培育合适的载体。不同的学校,由于历史传统不同、人员结构不同、所处地域不同、办学特色不同,文化的载体也不相同。要选取与师生生命,尤其是精神生命发生深切联系,能唤醒潜藏生命之中的生命意识和教育意识的载体,以形成学校特色文化。面对学校发展的日益趋同,如楔入式的办学理念、模块式的校园建筑、应景式的文化标识等倾向,从不同角度、不同方式,精心选择特色文化的载体显得尤为重要。

(一)选择学校文化的载体

1. 从学校发展历史中选择载体。历史、现在和未来是一个连续体,相互影响。学校的发展历史,特别是创建的历史,深刻影响着学校现在和未来的发展,是选择学校特色文化载体的重要方式之一。所以,学校文化在创建过程中,应当认真总结学校发展和创业历史,深入挖掘学校发展过程中的精神因素,并以此作为载体,形成学校特色文化。

2. 从学科及其特性中选择载体。学科是学校培养人的基本元素,学科特色是学校特色的重要组成部分。从学科中选择载体,是确立学校特色文化的重要方式之一。许多学校从自己的优势学科出发,选择学科教学作为载体,形成了学校的特色文化。如突出国际课程的"国际视野"、体育教学的"拼搏"、艺术教学的"博雅"、语文大教学的"博学"等形成学校独特文化。

3. 从学校所处地域中选择载体。人们常说,"人杰地灵","一方水土养一方人"。学校与所处地域在政治、经济、生活、文化等方面,发生着千丝万缕的联系,地域对学校文化产生着深刻影响。从学校地域中选择载体,是建设学校特色文化的重要方式之一。如在改革开放的前沿深圳,很多学校选择"开放、包容"作为学校的核心文化。

4. 从典型风物中选择载体。风物泛指风景和物品。"风物长宜放眼量",不同境界和心态的人,能从同一风物中解读出不同的意蕴。从学校典型的风物中选择载体,是形成学校特色文化的重要方式之一。如广州的木棉树,每到花季,满树的木棉花开得火红、灿烂,广州的许多中小学则以"木棉精神"形成学校文化。此外,还有从杰出人物中选择代表人物为载体,形成学校特色文化。实际上,学校文化采用什么载体,需要解放思想,开阔视野,培育、选择合适的文化载体,为形成学校特色文化创造良好的条件。

(二)在共同创造中形成学校文化

学校文化是一种精神财富,是学校师生的价值认同和精神追求,它不可能一朝一夕之间突然生成,而是师生长期创造的结果。学校文化需要师生员工创造,在共同创造中形成。

1. 将载体融入学校文化。选择了载体,并不等于形成了特色文化,学校特色文化需要创造。首先,要将载体融入学校文化。学校要以此为目标来建设相应的校园传统文化活动,比如传统文化课堂、校园活动等可体验的文化活动。在基础学科教学体系之外,学校还可以设置相应的文化知识辅修课程。可以开设完善的文化艺术课,如围棋、书法、民歌、水墨画等,学生可以在这些课堂中不断地丰富自己的精神世界,以此来提升艺术修养、构建自己的道德价值观。或者用可以物化的活动形式在校园环境建设中表达传统文化,比如用雕像、主题美术乃至教学楼装潢设计等形式将历史名人和传统故事生动形象地呈现出来,以此来营造一个底蕴深厚的校园人文环境。

2. 探讨学校特色文化的内涵。文化的整体性、弥散性、隐在性决定了特色文化寓于物质文化、精神文化、制度文化和环境文化之中。特色文化的形成,需要在载体特性和学校办学特色之中找到共同点,探讨其内容。这种探讨需要师生共同创造。如中华优秀传统文化的教育作用不仅仅体现于外在的展示形式上,还渗透在其内涵、内容中。其价值内涵又与中小学思想教育有一定的共通之处,比如古代名言警句、教育观念可以与现代学校的办学理念、校训、校风、教风、学风完美融合,最大限度地发挥中华优秀传统文化孕育人才的作用。不仅如此,教师在日常教学中也要注意中华优秀传统文化价值的渗透,比如以课堂教学为主阵地,以校本课程设计等为支架,渗透中国传统文化知识内容,并以此连接德育与知识教学。要积极开展与传统文化有机结合的系列教育活动,将中华优秀传统文化价值深化,将其融合在校园文化内容里,以无形的方式渗透给学生。

3.凝练学校特色文化的表述。学校的特色文化要用简短的文字表述出来。这种表述中,载体的外在特征与学校的内质要契合,要有美感,逻辑性强,朗朗上口,文字要简短、精美,便于记忆和传播。如西安交通大学的西迁精神:"胸怀大局、无私奉献,弘扬传统、艰苦创业";青岛科技大学的橡胶品格:"吃苦耐劳、坚韧不拔,朴实无华、甘于奉献,同心协力、勇承重载";塔里木大学的胡杨精神:"艰苦奋斗、扎根边疆,自强不息、甘于奉献";北京大学的北大精神:"爱国,进步,民主,科学";南京大学的诚朴文化:"诚朴雄伟,励学敦行"。

文化是一种构架,有清晰的内在结构和丰富的内涵,是一系列共有的概念、价值观和行为准则,需要用文字表述出来。文化是普遍存在的,无时无刻不在对人产生影响,但这种影响是弥散性的,无意识的。学校教育是根据国家要求的教育目标,有意识地对学生施加影响,实现文化育人。因此,形成自己生动、鲜明、有影响力的特色文化,十分重要。文化既是自己的生存活动,也是前人活动的结果,文化与载体相融,是变化的、发展的,需要创造。上述高校特色文化的表述是师生共同创造的结果,将对学校发展、学生成长产生深刻影响。

(三)在传播、践行中丰富和发展学校文化

亨廷顿认为,文化是人类生产或创造的,而后传给其他人,特别是传给下一代的每一件物品、习惯、观念、制度、思维模式和行为模式。文化是发展的、变化的,文化育人是一个动态的过程。学校特色文化需要阐释、传播、践行,并在阐释、传播、践行中传递、完善、发展,这是学校特色文化发展的过程,也是文化育人的过程。学校文化的形成方式主要有三种。

1.创设标识。要让师生员工了解、认识学校的特色文化,这是文化育人的前提。认识特色文化的重要方式之一是创设标识。标识具有识别性、准确性、持久性、艺术性、显著性等特征,可以帮助师生和社会认识、了解、感受、体验学校的特色文化。出色的学校标识体系,不只给人以新鲜的指示效果,也体现着学校的人文环境,传达着人性化的思想,更在潜移默化中影响和引导师生的共同进步,和谐美丽的学校也因此得到了真实的体现。

2.创建项目。在学校特色文化的践行、交流中,创建项目,通过项目推进特色文化的丰富、发展,十分重要。项目是指为达到某种目标,将各种相关资料组织起来,在特定的约束规范内,完成一项独立的、一次性的工作任务。和日常运作相比,项目具有一次性、独特性、目标的明确性、后果的不可逆性等特征。在学校特色文化建设中,可以通过创设项目,探讨、深化学校特色文化内涵,推进学校工作,深化文化育人,交流文化建设成果。

3.综合设计。文化对人的影响是整体的、潜移默化的,渗透在学校的方方面面。传播、践行特色文化,需要系统考虑、综合设计。根据学校和学生的实际,结合时代特点和形势需要,与先进文化的发展方向密切结合,挖掘学校文化的育人功能,使学生在文化建设中提高思想道德修养和整体素质。

文化具有继承性、创新性。文化继承是文化创新的基础,没有继承,文化发展只能是"无源之水";文化创新是文化继承基础上对文化的超越,没有创新,文化就不能丰富和发展。文化的发展是一个不断积累的过程。学校在持久的文化建设过程中,通过创设标识、创建项目、综合设计等,阐释、传播、践行学校特色文化,在阐述、传播、践行中传递、完善、发展学校特色文化,具有深远的意义。

五、学校文化建设应当注意的问题

(一)学校文化建设存在的问题

1.校园环境文化建设问题较多

环境文化包括校园所处的自然环境、校园规划格局、校园建筑等,是学校精神文化的直观体现。但是,校园环境文化先精神文化而行是目前校园文化建设中普遍存在的问题,导致校园环境文化建设变成一些景观的堆砌,缺少内涵,没有真正体现出校园文化精神和学校特色。

2.校园制度文化建设存在缺陷

在制度文化建设中,大多注重对教育教学过程的管理,在一定程度上忽略了作为学校主体的教师和学生的个性需求,对教师、学生的发展关注不够,缺少人文关怀,"以人为本"的教育思想体现不够。

3.校园精神文化建设存在不足

校园精神文化是校园文化的核心和灵魂,是校园文化建设的最高层次。

它集中反映了学校的个性和精神面貌,主导着校园文化的方向。但目前校园精神文化建设中还存在一些不足。

(1)对校园精神文化建设认识片面

有的学校对校园文化的内涵和要求认识不够,没有进行有意识的主动建构;有的学校热衷于打造表面的环境文化,营建"形象工程",没有形成深层次的核心价值文化,学校的人文厚度并没有随着校园的日渐漂亮而有所增长;有的学校只重视物质硬件、管理制度、文体活动等显性文化建设,忽视教师的精神风貌、思想信念和学生的学习兴趣、健康个性、健全人格等隐性文化的构建;有的学校没有将校园文化建设与师生的需求结合起来,人本意识不强;文化是品牌创建的基础和灵魂,个别学校却把校园文化的创建和学校品牌的创建割裂开来。如此种种都是对校园精神文化建设认识不足的体现。

(2)学校理念系统松散且概念不清

许多学校虽制定了一训三风,但不完整且不成熟。一方面表现为系统松散,即整个理念系统没有核心理念的主导,缺乏理念系统的向心力和凝聚力。学校精神文化不能突出学校的价值观和办学理念。另一方面表现为对理念系统的概念认识不清,办学理念、一训三风等各个概念所对应的内容张冠李戴。

(3)精神文化与现实脱节

有的学校的精神文化建设只停留在外显的符号层面,管理者和师生员工的精神状态、行为方式,与纸面上、墙面上显现的符号文化的真实价值完全脱节。

(4)学校文化活动较单薄

学校文化与学校师生之间不够融洽,学校师生对校园文化被动接纳的多,主动消化的少。在校园文化的构成上,节日文化活动多,平时文化活动少,常规的娱乐性文化活动多,深层次的科技艺术文化活动少。在校园文化活动的组织上,缺乏系统性与战略计划,往往是临时安排多,长远规划战略考虑少;从学校角度设计的活动多,从教师、学生角度设计的少。另外,校园文化建设与社会文化建设关联少,对社会文化如社区文化等缺乏辐射和影响力,社会认可度小。

4.学校文化建设缺乏整体规划、特色不强

大多数学校在校园文化建设中,没有整体设计与长远考虑,缺少长远规划、近期目标和分步实施方案,随意性太强;环境文化建设、制度文化建设、精神文化建设三驾马车各奔东西,不成体系。

大多数学校校园文化没有其鲜明的个性特征,没有注重体现学校自身的特色、历史渊源和发展趋势,趋同化明显。

(二)学校文化建设需要把握的关键问题

1.整体和谐

校园的整体和谐是指教育管理者在规划校园文化环境时要精心设计,周密布局,从而达到校园总体格局和谐、格调高雅的目的。

首先学校建筑群在布置时要充分兼顾其使用功能。教学、科研、实验区域是学校的主体,应当安排在学校最合适的位置。凡经常有车辆进出的部门,如小卖部、食堂、基建处、后勤处等部门,宜设在学校边缘位置并有另门出入。教室的布局要注意相对集中,以便管理。部分实验室、阅览室、计算机房、多媒体教室等专用教室,可分散在教学楼和实验楼内,避免因布置过于密集而造成拥挤和相互干扰,影响教学效果。

其次校园建筑要注意整体性,要强调各因素的统一。一般而言,每一所学校都有一座主建筑,它是学校建筑体的核心,其他建筑都应与它协调一致,从造型、风格、色调、用料等方面通盘考虑。校舍建筑应当富有变化,内含韵味,不能搞一刀切,更不能"脸谱化"。同时校园建筑一定要尽可能地留出绿化地带,合理性布置一些优美典雅的景点,力争做到建筑美和环境美的统一。

2.以人育人

教育管理者要正视教育的目的——促进人的发展,在校园文化环境布置时要充分挖掘学校环境中所蕴含的人文因素,以健康向上的人文资源促进全校师生的思想进步和人格发展。

一般来说,每一所学校在它发展的历史轨迹中都会留下一些人文资源。这些人文资源是学校成长过程的历史见证,往往与重大的历史事件或某个历史名人有着联系,有些还是一所学校生生不息的内在动力和精神支柱。对这些人文遗产加以精心保护,充分发挥其独特的教育作用,往往会给师生们以精神上的慰藉和品格上的熏陶。

当然,对于部分缺乏人文资源的学校和新地新建学校,教育管理者在构思文化环境时就要着意于人文环境的营造,着眼于对原有自然环境的"人化"设计。如著名教育家陶行知曾在南京创建小庄师范学校,他一度将"小庄"改为"晓庄",寓以"日出而作"之意;又因学校背靠老山,于是改"老山"为"劳山",寓以"劳力上劳心"之意。这些都是先生生活教育思想的体现。陶行知这种赋学校自然环境以文化寓意的做法,不仅影响了当时的一代人,而且对当今建设校园环境也很有借鉴意义。

3.自然统一

教育者在考虑校园文化环境的设置时,应该特别重视确立阳光、空气、绿化在环境中的核心地位,巧借自然风光,把湖光山色、花草树木、奇石流水等一切具有审美魅力的自然景观,巧妙地组织到学习和生活环境中来,让师生的学习、工作处于静谧、温馨的氛围之中。

不少中小学校在规划校园环境时,可能受财力等要素制约,难以达到很高的要求,但只要规划构思者做一个有心人,完全可以营造一个"精致型"的校园环境。如有些学校因地制宜做一些园林小品,合理性地布置一些假山、花架、长廊、凉亭、石桌、石椅等,茂林修竹,曲径通幽,为师生营造了舒适的学习和休憩之地。

4.寓教于乐

教育管理者在构建校园文化环境时要注重以活动为载体,充分发挥校园群体意识和主体意识的优势,以活动影响全体师生工作、学习、心理、生活、作风等方面,从而起到丰富充实校园文化的作用。

充分调动师生的积极性,不仅要打造和谐、乐观、民主、向上的校园文化环境,还应以活动为载体,寓教于乐。如在教师节搞一次聚餐,在中秋节搞一次晚会,组织一次师生共同参与的校园运动会,开展一次师生同台献艺的艺术节,甚至组织一场社会和家庭都参与的亲情交流会……这些都是广大师生体验和谐人际关系的有效途径,会大大丰富和充实校园文化建设在精神层面方面的内容。

5.凸显个性

凸显个性是指教育管理者在构建校园文化环境时要通过突出某一环节

的特征,刻意形成一种与众不同的校园主体文化环境,从而一定程度上起到规范师生习惯,展现学校特性的一种策略①。

凸显个性要以各项活动为载体,丰富校园文化生活。一是利用学校校园艺术节、运动会等活动,传统节日、重大历史事件纪念日等时机,组织征文、演讲、文艺演出、参观游览、歌咏比赛等活动;通过开展读书活动,促进学生多读书、读好书;开展经典古诗文、美文的诵读活动,开展手抄报编辑比赛等。二是按照学生身心发展规律,开展富有特色的校园文化活动,形成鲜明的办学个性。

---

① 胡尧兴.校园文化建设应关注的几个问题[N].浙江教育报,2018 - 11 - 30 (Z01).

第九章　学校力量:教育科研

伴随着新课程全面实施,人们欣喜地看到了"教育科研"也悄悄地走进了学校。新课程迫切需要广大教师向专业化发展,而教师专业化的一个重要标志是教师有较高的"教科研素养",这是一个教师"潜在能量"大小和"成熟程度"高低的重要体现。学校以科研为先导,扎实有效地组织开展校本教育研究,注重用教育科研的手段研究解决面临的诸多问题,可以使学校的管理、教学更趋科学、规范和理性。那么,中小学校本教育科研究竟该如何定位? 如何使学校校本教育科研更趋"实在、管用、有效",使之对基础教育的改革和发展发挥应有的、正确的引领和促进功效? 这需要缜密思考并认真解决。

一、中小学教师需要加强教育科研

随着我国新一轮基础教育课程改革的不断发展和深入,教育科研的作用与功能日益凸显,部分教师开始意识到提升自身科研素养与能力的重要性,并能够积极投身教育教学研究,努力使自己成为研究型、创新型的教师。然而,任何事物都具有相对性,目前仍然有相当一部分的教师科研意识淡薄,教育科研的积极性不高,科研能力不够强。

当前,许多中小学教师的教学工作也许能达到一个令人满意的程度,他们在学生的眼里是一位知识渊博、教学经验丰富、深受大家欢迎的好老师,但是这些教学经验丰富的老师却十年甚至几十年也没有一两篇属于自己的科研论文或一两项属于自己的科研成果。他们不能对自己的教学进行反思,不能把自己宝贵的教育教学经验进一步提炼和升华,长此以往一定是不利于教师的成长、教育科研能力的培养和教学质量的提高的。

(一)教育改革与发展的需要

教育工作者只有积极投身教育科研,在科研中求改革,在改革中求发展,在发展中求创新,才能使教育具有旺盛的生机和活力,才能紧扣时代的脉搏,跟上时代的步伐。

(二)提高教育教学质量的需要

教育科研必须以学校教育教学工作为中心,以提高教育教学质量为目的,植根于学校的教育教学工作之中,为学校的教育教学服务。

(三)教育科学化、高效化的需要

现在,我们很多老师在教育教学工作中,都存在着一些只会拼体力、拼汗水,高消耗、低效益的落后做法,如只凭经验,不注意科学;只知让学生用功,不讲究指导方法;只重知识传授,不重能力培养;只重智力因素,不重非智力因素;只重投入,不讲究效率、效益等。这些不科学的做法正迫切地等待着我们在教育科研中加以解决。

(四)提高教师素质的需要

古今中外教育历史的发展证明,著名的教育家都是从教育实践者中发展而来的。这些教育家都是在自己的实践工作中边实验、边总结、边研究取得成果的。一个教育工作者,特别是一名教师,不仅应该较为系统地掌握基本的教育规律和教育教学的基本技能技巧,还必须掌握关于开展教育科研的基本理论和方法,积极投身科研实践,善于通过教育科研活动不断取得新知识,探索新领域。这个探索研究的过程,对提高教师的综合素质具有重要的作用。

(五)创造人生价值的需要

思想有多远,就能走多远。教师只有在培养学生的同时不断积累经验、丰富成果、改革创新,将自己在多年的教育工作中对教育规律的认识和教育经验的总结,升华到教育理论的高度,撰写出各种教育科研成果,并加以推广应用,为教育改革贡献力量,才能创造完美的人生价值。

二、中小学教育科研存在的问题

中小学的教育科研不同于高校、研究院的科研。后者偏重于理论的宏大叙事,前者则以行动性、实践性和策略性为特点,是一种从教育问题中来、再回到教育问题中去的"实证 + 理论"研究。因此中小学教师在做科研时,不必把科研看得异常高不可攀,也不必贪高求大一味模仿高校、研究院的科研。

中小学教育科研必须立足于一线教育问题。中小学教师从事的工作是基础教育阶段的教育工作,其科研对象一定要与自己所从事的教育相关。英国课程论专家斯滕豪斯说:"教师作为教室的负责人,无论是从实验主义者的角度还是从自然观察研究者的角度而言,都充满了丰富的研究机会。"也就是说,教育本身就是一个极富研究空间的场域,教师有充足的条件去做此方面的研究。科研内容主要包括教材教法、课堂师生、教育规律、教育环境、教育管理等。

中小学教育科研选题必须是教育的真问题。什么是教育"真问题"？专家们见仁见智,没有定论。但我们可以从拒绝"假问题"的角度反向领会"真问题"的内涵。第一,有些问题虽出于教育,但却不是教育问题,仅是教育现象。比如大家熟知的课业过重的问题、教育内卷的问题等,都是社会问题,需要从国家层面自上而下地解决,单凭学校和教师解决不了,不适合作为选题。第二,已经研究过且成果已成定论的问题。比如,"重复刷题与学习效果之间的关系"问题,早在19世纪末美国教育家莱斯就将研究成果公布于众:过多的训练有害无益。因此,诸如"小学生抄写生字遍数与记忆效果的实验研究",就没有再进行的必要了。第三,不具备普遍意义的问题。比如"某某同学一考试就生病,怎么办"这种又具体又个别的现象,可以作为教育日志的素材,但不适合作为选题。教育研究要上升到"类"的高度去描述、解释、预测和控制,如"学生考试紧张问题及其应对策略探究",就具有了普遍意义,是可以作为选题进行研究的。

中小学教育科研要以解决和改进教育实践为目的。中小学教师的科研不是为了科研而科研,而是为了解决和改进教育实践中出现的问题。因此,与理论型科研相比,其选题具有鲜明的应用和实践指向。中小学教育科研的选题途径主要有以下几个方面:一是疑点,主要是教育中遇到的困惑,如"惩罚与奖赏对儿童良好行为养成效果研究""'先教后写'与'先写后教'两种写话模式比较研究";二是基点,主要是教育中的基本问题,如"教师课堂领导力的探索""提高小学生课外阅读兴趣的途径";三是积点,主要为个人平时教育经验的多方积累与思考,如"语文教材经典篇目在课堂教学中对学生思维的有效导引研究";四是新点,主要基于新的教育理念、方法、结论或视角等,如"逆向教学设计理念下初中英语有效教学研究""基于学科大概念的诸子散文单元优化设计与实践";五是热点,如针对当下火热的"双减"问题,可以考虑"'双减'政策下小学生作业质量的提升及评价研究""'双减'政策下初中生阅读能力提升的策略研究";六是盲点,即为教育所需但关注者很少或是研究空白的问题,如"小学阶段男女教师性别比失衡对学生和教学活动的影响"等。

三、中小学教育研究的主要方法

中小学常用的教育科学研究方法有观察法、调查法、文献法、历史法、比较法、统计法、实验研究法、行动研究法等。

(一)观察法

观察法是进行教育科学研究常用的一种方法。研究者依据一定的目的和计划,在自然条件下,对研究对象进行系统的连续的观察,并做出准确、具体和详尽的记录,以便全面而正确地掌握所要研究的情况。

观察法的一般步骤是:

(1)事先做好准备,先对观察的对象作一般的了解,然后根据研究任务和研究对象的特点,确定观察的目的、内容和重点,最后制定整个观察计划,确定进行观察全过程的步骤、次数、时间、记录用纸、表格,以及所用的仪器等。

(2)按计划进行实际观察,在进行观察的过程中,一般要严格按计划进行,必要时也可随机应变,观察时要选择最适宜的位置,集中注意力并及时记录。

(3)及时整理材料,对大量分散材料进行汇总加工,删去一切错误材料,然后对典型材料进行分析,如有遗漏,及时纠正,对反映特殊情况的材料另做处理。

(二)调查法

调查法是研究者有计划地通过亲身接触和广泛考察了解,掌握大量的第一手材料,并在这一基础上进行分析综合,研究有关教育实际的历史、现状及发展趋势,找出科学的结论,以指导教育实践的方法。调查法一般是在自然的过程中进行,通过访问、开调查会、发问卷、测验等方式去搜集反映研究现象的材料。调查法常同观察法、历史研究法、实验法等配合使用。

调查法的步骤是：

（1）选定调查对象，确定调查范围，了解调查对象的基本情况；研究有关理论和资料，拟定调查计划、表格、问卷和谈话提纲等，规划调查的程序、方法及各种必要的安排。

（2）按计划进行调查，通过各种手段搜集材料，必要时可根据实际情况对计划作相应的调整，以保证调查工作的正常开展。

（3）整理材料，研究情况，包括分类、统计、分析、综合，写出调查报告。

（三）文献法

通过阅读有关图书、资料和文件来全面地正确地掌握所要研究的情况。查阅的文件最好是第一手材料。如果是第二手材料，必须鉴别其真伪后才可选用。

（四）历史法

历史研究法是指通过搜集某种教育现象发生、发展和演变的历史事实，加以系统的分析研究，从而达成梳理、解释、评价、预测任务的一种方法。通过对人类历史上丰富的教育实践和教育思想进行分析研究，可以认识、总结教育发展的规律性，用于指导今天的教育工作。历史研究须广泛地查阅文献。它同文献法有关，但不等同于文献法。文献法不一定研究某一现象的全部过程，历史研究法也不限于查阅文献。

（五）比较法

比较法是对某类教育现象在不同时期、不同社会制度、不同地点、不同情况下的不同表现，进行比较研究，以揭示教育的普遍规律及其特殊表现的方法。采用比较法要注意各个国家的社会经济制度、政治制度、历史传统、科学技术、文化发展水平、教育理论及其在实践中的反映等等，明确可比较的指标，从而正确掌握某一国家教育发展的基本趋势，明确可以借鉴和学习什么。

运用比较法开展研究，一般遵循以下步骤：

（1）描述：准确、客观地描述所要比较的教育现象的外部特征，为进一步分析、比较提供必要的资料。

（2）整理：把搜集到的有关资料进行整理，如汇总统计材料，进行解释、分析、评价，设立比较的标准等。

（3）比较：对资料进行比较和对照，找出异同和差距，提出合理运用的意见。

比较法的使用要同其他方法互相配合。

（六）统计法

统计法是通过观察、测验、调查、实验，把得到的大量数据材料进行统计分类，以求得对所研究的教育现象进行数量分析的结果的方法。这是数理统计方法在教育方面的应用。在教育实际工作中，经常使用统计研究情况，如整理实验或调查来的大量数据，找出这些数据分布的特征，计算集中趋势、离中趋势或相关系数等，将大量数据简缩，找出其中所传递的信息。同时，还可进一步使用推断统计法，即利用描述统计取得的信息，通过局部去推断全局的情况。此外，随着近几十年来统计学的发展，实验设计被提了出来，要求在较严谨的实验研究中检验设计中所列的自变量和因变量之间的关系。

统计法一般分为两大步骤：

（1）统计分类：整理数据，列成系统，分类统计，制统计表或统计图。

（2）数量分析：通过数据进行计算，找出集中趋势、离中趋势或相关系数等，从中找出改进工作的措施。

使用统计法，必须学会科学的推理方法和掌握统计计算的技术。

（七）实验研究法

实验研究法是在人工控制教育现象的情况下，有目的有计划地观察教育现象的变化和结果的方法。实验研究法可分为实验室实验法和自然实验法。前者基本上是在人工设置的条件下进行，可借助各种仪器和现代技术；后者在日常教育工作的正常条件下进行。两者都要保证受试者处在正常的状态中。

实验研究法一般分三种：

（1）单组法：就一个组或班进行实验，看施加某一实验因子与不施加实验因子，或在不同时期施加另一实验因子在效果上有什么不同。

（2）等组法：就各方面情况相等的两个班或组，分别施以不同的实验因子，再来比较其效果。

（3）循环法：把几个不同的实验因子，按照预定的排列次序，分别施加在几个不同的班或组,然后把每个因子的几次效果加在一起,进行比较。

实验研究法进行的步骤是:

(1)确定实验目的、方法和组织形式,拟定实验计划。

(2)创造实验条件,准备实验用具。

(3)实验的进行,在实验过程中要做精确而详尽的记录,在各阶段中要做准确的测验。

(4)处理实验结果,考虑各种因素的作用,慎重核对结论,力求排除偶然因素作用。

与实验研究法有关的还有模拟法,即创设专门类似物(模型)或情境的办法。科学模拟便于进行精确分析,把所得结论用于现实环境。

(八)行动研究法

行动研究法是为了克服传统的教育研究脱离教育实际、脱离教师实际的弊端,教育实践的参与者与教育理论工作者或组织中的成员共同合作,为了解决实际问题,按照一定的操作程序,综合运用多种研究方法和技术,在真实、自然的教育环境中开展的一种教育科学研究模式。

(九)行为法

行为法是一种综合的研究方法,主要用于观察和访问,了解儿童的行为,进行分析研究,探求关于儿童行为的规律,从而采取具体措施,帮助儿童修改他的行为,故也称行为修改法。

(十)分析法

分析法也称逻辑分析法,即对所收集的材料进行分析研究的方法。这种方法本身包括分析、综合、抽象、概括、归纳、演绎等具体方法。

(十一)个案法

对单一的人或事进行深入具体的研究。研究的人或事可能是典型的,也可能不是典型的,可以通过若干个案研究,再进行比较,找出规律性的东西,以指导工作。

(十二)假说演绎法

假说演绎法是指在观察和分析的基础上提出问题,根据所提出的假说进行演绎推理,再通过实验验证演绎推理的结论。如果实验结果与预期相吻合,就证明假说是正确的,反之,则说明假说是错误的。

四、中小教师开展教育科研的进程

什么是教育科研？教育科研是以教育科学理论为武器，以教育领域中发生的现象为现象，以探索教育规律为目的的创造性的认识活动。简而言之，教育科研就是用教育理论去研究教育现象，探索新的未知的规律，以解决新问题、新情况。教育科研的范围非常广泛，它包括所有教育方面的宏观的和微观的问题。教育科研是有目的、有计划、连续和系统的探索活动。其常用的研究方法有观察法、调查法、实验研究法、文献法等。用什么样方法，便形成什么样的成果。常见的教育科研成果有教育观察报告、教育调查报告、教育实验报告、教育经验总结报告、教育论文或论著。教育科研的一般步骤为：确定研究课题—制订研究计划—实施研究工作—撰写研究报告。

中小学教育科研，是人们对中小学教育领域的对象、现象及其规律的一种创造性认识活动。科学研究也是一种认识客观世界的活动，只是它是一种更有意识、有目的、有计划、有系统地采用更严密的方法去认识客观世界、探索客观真理的活动。人们在科学研究中，有意识地搜集有关研究对象的事实，通过对充分事实的分析和概括，去揭露现象的本质，发现支配事物的规律性以及创立说明事物的理论。中小学教育科研就是在中小学教育领域揭露本质、发现规律性、创立理论的创造性认识活动。教育科研的过程就是对客观事物的认识过程，大体包括四个阶段，即发现问题、了解情况、深入思考和实践验证。一项科研可以包括这个全过程，也可以是只在其中的一个或多个阶段里进行工作并取得成果。

发现问题：人们在对客观事物的认识上产生了矛盾，也就是出现了问题。为了解决这个问题才需要进行科学研究。所以科学研究的第一步就是善于认清矛盾，或者说善于发现问题。问题有大有小，有待研究的、有价值的大小问题，不可胜数。因此，选择什么问题进行研究就是科研工作者首先要解决的一个大问题。选择什么问题不仅可看出研究者的水平，也一定程度上决定这项研究的价值。为了搞好教育科学研究，在科研过程的第一步，研究者应该注意选择一个有价值的问题。

了解情况：有了问题之后，还要对问题进行深入了解，了解来龙去脉，了解它与多方面的联系。为了取得事实材料，掌握真凭实据，研究工作者可以直接接触事物,也可以间接地进行了解。了解得越全面,越周详,取得的材料就越丰富。占有了丰富的材料之后,便可以在此基础上进行加工了。

深入思考:即脑力加工,对占有材料进行"去粗取精、去伪存真、由此及彼、由表及里"的思考。脑力加工形式主要有以下几种类型:①比较、归类与类推。即根据一定的标准,用比较的方法找出事物间的相同和相异之点,然后进行归类,再根据归类进行类推。②归纳与演绎。归纳是从同类事物中归纳出带有遍性的规律,演绎则是根据普遍性的规律去推论某一个别事物。二者都是运用逻辑推理,将事物的认识引向深入或扩大广度。③分析与综合,即就事物的性质——进行分析,然后在分析的基础上重新加以综合,借以找出事物的本质特点来。④抽象与概括。抽象是在思想中抽取事物的本质属性,撇开非本质属性。概括是在思想中把从事物中抽取出来的本质属性,推广到具有这些相同属性的一切事物,从而形成关于这类事物的普遍概念。科学的概念、范畴和一般原理都是通过抽象和概括形成的。⑤想象与假设。与想象相联系就可提出合理的假说来。假说虽还不一定能够马上得到证实,但它在科学研究过程中很有价值。在实际科学思维过程中,往往是将以上几种形式结合在一起或交替运用的,这样深入思考,便可对某一问题形成初步的某种理论或结论了。

实践验证:在上述第三阶段产生的假说、初步理论和结论是否可靠,或可靠度有多大,还必须付诸实践加以检验,看实际效果而定。实践验证可以采取许多途径。如重复前一段的研究,即仍用观察调查等研究方法而变更研究对象,看是否取得同样结果,也可把形成的初步理论应用于其他同类事物,再观察或测定其效果。比较精确的办法是按严密的程序组织实验,来测定某一假说、设想或初步理论的实际效果。

以上四个阶段是对科学研究思维过程的概括性描述。在实际中,各阶段可以反复、交叉、同步或结合。

五、中小学科研管理工作

教育科研是现代学校教育工作不可缺少的重要手段。2001 年发布的《国务院关于基础教育改革与发展的决定》指出:"基础教育是科教兴国的奠基工程,对提高中华民族素质、培养各级各类人才,促进社会主义现代化建设具有全局性、基础性和先导性作用"，要"积极开展基础展教育教学改革和教育科学研究"，"广大教师要积极参加教学实验和教育科研"。那么，如何提高中小学教师的教育科研能力？实践证明，作为学校的管理者，应该把教育科研工作当作一个系统工程，着力抓好以下六个方面，提升教育科研质量。

（一）抓组织

搞好教育科研工作，校长是关键。校长必须身先士卒，率先垂范，带头搞科研，具体参与到科研工作中，这样，校长才能真正成为教育科研的领导，教育科研的组织工作才能有实效。校长要成为教育科研的引路人，既要做教育科研的管理者，又要做教育科研的实践者。学校应成立教育科研工作领导小组，作为教育科研的管理者，校长要亲自挂帅担任组长并指导教育科研工作，由一名副校长专门负责这项工作，同时成立科研管理部门，组建一批专兼结合的教科研队伍具体落实教育科研的各项工作，使学校教育科研工作有组织、有步骤地顺利进行。

1. 建立科研的梯级网络体系

教育科研的网络体系主要有三级。第一级是"核心体系"，处于教育科研管理和实践的"领头羊"位置，并承担重要课题的研究工作。第二级是"骨干队伍"，由从事教育科研实践活动中选出的优秀教师组成，在群体性教育科研活动中起带头、引领作用。"骨干队伍"不但在实际工作中指导把关，更是市、区级课题的课题组成员，并且参与教师课题的评估。第三级是"群体队伍"，所有教师都必须参加教育科研活动。为了保证教育科研网络化体系的有效运行，首先要在制度上确立教育科研的地位，把它作为一项全校教师的基本功来评估，使其在教师的业务考评指标中占有一定的权重，成为评选先进教师等一系列荣誉称号的必备要求。根据不同类别教育科研成果的含金量和获得的难易程度制定相应的教育科研成果奖励方案，拿出一定的资金奖励在教育科研方面取得成果的教师。

2. 创建科研的科学管理机制

第一，抓制度建设。为保证科研工作顺利、有序、高效地进行，要制定相关制度，如学校的教育科研管理制度、课题组研究人员的职责等，为开展教育科研工作提供制度保障。在学校规划中，教科研工作要放到十分重要的位置,做到学期开始有计划,期末有总结,形成教育科研管理从选题、论证、申报、立项,到课题研究的开题、中期、后期检查指导,再到成果申报、鉴定、课题发布、成果推广的全程管理制度。

第二,抓队伍建设。学校要加强教育科研组织机构的建设,完善激励机制,规范过程管理,做到一题一档,明确职责。课题负责人要对课题研究的开展进行全面调控,并从各方面提供支持和帮助;学校教科研领导小组其他成员负责检查、督促、指导课题的全面实施;各课题组长具体负责课题的开展及档案的管理工作。教育科研过程中要做到分工明确,职责到人,为课题研究的顺利实施打下良好的基础。

第三,抓过程管理。首先是将研究中心下移到教研组,使课题研究和教育教学工作紧密结合,突出课题研究在课堂教学中的实践功效,倡导教科研课题不离开课堂教学这个中心环节,用教育科学的理论、方法、技术去审视、指导教育教学实践,将教育教学经验上升到理论的高度。其次是突出过程管理,要求教科研工作要有总体规划,以推动学校工作的整体优化服务为宗旨,课题研究要有具体目标;要建立各级课题档案,每学期按实施进程写出计划和总结,中期课题实施工作评估总结,及时校正实验方案,确保实验目标的达成。最后,开展个案研究研讨活动,对重点课题实行跟踪管理。

第四,抓推广转化。学校要采用走出去、请进来、自我挖潜等多种形式,加大对骨干教师教科研培训的力度。要根据教师的实际情况与培训专家联系具体培训事宜,设计培训内容,确定培训方式。内容包括教育科研发展动态、课题的选择与论证、调查问卷的设计、现代教育技术知识、课改理论、论文撰写及成果表述等等。对于已经取得成果的科研成果,要积极推进成果转化,缩短研究到实践之间的距离,以科研提升教育教学品质。

(二)抓评价

评价在中小学的教育教学管理中占有十分重要的地位,是推动各项工作质量提升的内驱力。

经过多年实践,许多学校初步构建了学校教师教育科研评价标准:一是要从教师的研究范围、研究方法、资料搜集整理、分析能力,以及在科研过程中的合作等方面进行评估;二是看科研成果,这是一项研究最显性的表现,成果形式可以是多样的,如课堂教学、科研报告、科研论文等,主要评估科研成果的科学性、创造性、实用性,对理论的发展和对实践的指导价值和整体效益的发挥;三是教师的科研能力,主要是指教师的科研意识、科研态度、科研组织能力和科研理论水平,以及理论联系实践的能力,核心指标是对自身教育教学工作的指导力度。

学校要成立科研工作评价委员会,在平时调查教师科研的情况,在期末召开科研工作总结大会,由个人或团体用实例来汇报科研进展情况和心得,对取得成效的教师进行表彰。我们现行的职称评定方案中对高级教师和中级教师的评价标准没有对课题研究提出硬性要求,但在推荐环节注重对课题研究的评价,以此提高教师对教育科研的重视。评价教师进行课题研究的方法要多元化,应兼顾课题立项的级别和参与的深度来综合评价。应对中小学教师参与科研课题的范围进行界定,按照其参与课题的级别和难易度分别赋分,在同一级别的课题中根据其在课题研究中发挥的作用分别进行赋分,而不仅仅考虑教师在课题组中的排位;根据课题结题后发挥作用的大小分别进行赋分;根据课题成果的获奖级别及其推广情况分别进行赋分。

(三)抓认识

基础教育阶段学校的老师们对搞教科研普遍感觉心里没底。在很多教师眼里,自己日复一日的工作没有什么研究价值。在这种情况下,学校要引导教师树立一种理念,即能把简单的事做好就是不简单,能把平凡的事做好就是不平凡。通过对教师进行教育,使他们逐渐打开心结。

要真正实施教育科研,当前的关键是要解决认识问题。要破除可有可无的随意性的教育科研,确立只有加强教育科研,才是教师立身之本、发展之基的生存观;破除教育科研高不可攀的神秘感,确立科研人人参与、人人受益的学术观;破除搞科研会影响教学质量的恐惧心理,确立没有教育科研就不可能有高质量,更不可能有持久的高质量的发展观;破除科研是不务正业的歪理邪说,确立开展教育科研是教师的必备能力的基本观念。学校管理者要引导教师把教育科研工作和其具体的实际工作结合起来,使之融为一体。

意识支配行动。教师只有在思想上意识到教育科研是"教师职业生活的新方式",是教师生活的重要组成部分,教师才会主动地以饱满的热情投入教育科研中去,这是整体提高教师教育科研水平的重要前提。要把教师转变为真正的研究者,就要让教育科研走进教师的实际生活。素质教育的推进也好,新课程的实施也罢,不只是改变学校的外在面貌、教学内容或教学媒介,更为重要的是在呼唤一种新型的学校文化,催生"教师新的职业生存方式"。它从根本上动摇了教师原有的角色定位,要求教师以研究者的姿态出现在学校的舞台上。就此来说,成为研究者是当今教师基本素养的一部分,是教师新的职业存在的基本表现形态。

所以,学校应该要给教师搭建这样的平台,营造科研氛围,树立榜样和典型,促使教师走进科研的大门,挑战困难,体验成功,形成习惯,这样教师的主动性才能被激发出来。同时,学校教育科研要有广泛的基础,要调动所有教师的积极性,通过做示范、压担子、交课题、"老带新"等方式,分层次给教师提供参与科研、参与锻炼的机会,使教师觉得有路可走,逐步走上科研的道路。

(四)抓氛围

教育科研是一种有意识、有目的、有计划、有系统地采取严密的方法,去认识教育现象的客观存在、探索教育科学规律的活动。中小学校的教育科研活动是依托每位教师展开的,但却不是教师个体研究的简单叠加,而是一项系统的组织行为。学校通过开展教育科研活动,不仅实施着学校各项变革活动,而且把身边的变革活动作为研究对象,有意识地认识和研究变革,促进学校各项变革活动有效地开展。因此,学校营造良好的组织氛围,改进科研管理就成为提高教师个体科研能力的助推器。

1. 严谨科学,提升科研认可度

加拿大著名教育家富兰在《变革的力量——透视教育改革》一书提出:"我们将认识到不可能解决'变革问题',但是我们可以学会预先了解它和更有效地和它相处。"这也正如我国著名学者叶澜教授说的,学校越是自觉清晰地认识社会变化着的需求和发展趋势,就越能认清变革的方向,有效地利用社会提供的发展条件和机遇,把外在的需求内化为学校的目标,走主动发展的变革之路。教育科研在促进学校发展过程中的引领、推动作用具体表现在两个方面:一是能够清楚地认识学校组织变革的发展现状以及面临的挑战,自觉捕捉到存在的关键问题,确定研究课题,启动变革;二是能够充分利用各种资源,在积极主动寻求解决问题的过程中,制定课题研究方向,设计变革。对于学校组织而言,受教育内外环境影响而在学校中生成了某一阶段需重点突破和解决的问题,学校要引导教师结合实际进一步聚焦,形成课题研究体系和探究团队,以科研引领学校发展和变革。同时,学校要对教师进行持续激励,提供条件保障,监控研究进程,整合转化成果,营造科研组织氛围,端正教师科研态度。

2. 提升科研参与度

中小学开展科研活动的目的是促进管理和育人能力的持续提高,其直接价值体现在帮助学校实现教育教学实践改进,从而提升学校办学效益上。由此,教育科研工作要研究真问题,要有国际视野,要有数据支撑,要有事实做基础。所谓的真问题是指所研究的问题是教学过程中实实在在发生的问题,研究者具备研究此课题的能力且对该课题研究有兴趣。中小学教师所研究的课题要与学校的发展紧密结合起来,让更多的人参与课题,创设科研的浓厚氛围,这样的课题投入才值得,也才能出成果。研究课题必须有明确的目的,课题研究不是作秀,而是要解决学校管理和教育教学中的实际问题。在学校开展科研兴校、科研立校的过程中,要善于总结和建立了科研工作的要点:要确立一个理念——从实际出发,以人为本;教育科研要保持两种身份——内在的参与者和外在的观察者;一个好的教育科研成果要具有三种力量——文化力量、科学力量、逻辑力量;教育科研要关注四个趋势——由经验性、资料性研究向科学性、思想性转变,由宏观、确定性研究向微观、动态性研究转变,由理想状态的诉求向现实问题扩展,从单一学科向多元发展转化;做教育科研要树立五种意识——主体意识、课题意识、问题意识、创新意识、生态意识;教育科研成果应避免六个倾向——研究结论的理想化、研究方法的目的化、文献方法的虚化、研究成果表达方式的官化、研究态度的情绪化、研究的语言表达西化;在教育科研方面要培养七种素质——自觉、良知、想象力、独立意识、注重体验、积累教育智慧、社会责任感;好的教育科研成果要坚持八个标准——论点要新颖、概念要准确、论证要严密、思想要深刻、论据要充分、结论要可靠、方法要科学、行文要流畅。

(五)抓导向

在教育科研工作中,要坚决抵制名利主义、形式主义和"假、大、空"倾向。在价值判断与导向、方法论等宏观决策上确立"求真务实、研以致用"的教育科研价值观,使之在揭示教育规律、运用教育规律办学治校、促进教师发展的实践中起到指导作用。我们要求学校课题研究必须结合教育教学实际来进行,必须重视课题研究成果的应用价值,使课题研究切实沿着源于实践、指导实践的轨道健康发展。

教育科研有没有生命力、能不能持久地进行,与选题有密切联系。选择科研课题要着眼于教学实践、学生长远发展、教师专业提升和改进学校工作效益,摒弃大而空洞的课题,力求体现"求真务实"的科研思路。一线教师进行教育科研活动是为了解决教育、教学工作中遇到的具体问题,以揭示教育规律,使之指导教育教学行为,因此要注重将教学过程中的典型问题转化为研究课题。

"问题中心"应是中小学教育科研的切入口。与研究所的专业研究人员不同,中小学教师的教育科研是以解决实际问题、促进学生形成健康丰富的精神世界为直接目的的一种科研活动。教师在实践中遇到的问题可分为三种类型:一是现实性问题,即学校明显存在、需要我们直接面对,又必须想办法加以解决的问题;二是探索性问题,即将教育理论、教育观念、教育成果转化为具体的教学实践活动时所遇到的问题;三是反思性问题,是具有"问题意识"的教师为改进提高自己的专业能力水平,通过对教学行为进行回顾和检讨所发现的问题。问题研究的方法有很多,但校本研究和反思性研究是比较切合实际的研究途径。

(六)抓路径

教学实践是教育理论观念的实验场,是教学智慧的发生地,教育观念的达成只有经由教学实践才能践其言、成其行。

1. 立足日常

立足日常的教学研究是实现教师观念和行动改变、促进发展的根本途径。教育科研的主阵地在课堂,没有课堂教学的实践,只能是纸上谈兵,不可能产生实际效果。学校以教学改革和课程改革为科研的核心导向,积极创设科研工作化、工作科研化的氛围,围绕课题开展相应的课堂教学竞赛活动、说课比赛活动、教学设计方案评比等活动,给教师们搭建平台,举办相应的研究课及不同层次教师的优秀课竞赛活动。学校可把在各项教学评比中获奖的优秀论文、课件等结集出版,并在校园网上发布。对重要的教学成果可以通过召开交流会进行更深层次的交流与研讨,要引导教师写教学反思,写理论学习随笔,编写教学反思集、教学案例集、理论学习随笔集,提高教师的教育教学研究能力。

2. 立足本校

学习是教育科研的重要基础,学校要通过请进来、走出去的方式给老师们提供机会。但是请专家、外出学习的机会毕竟有限,抓实教育科研还要把目光投向本校教师,依托身边的先行者,挖掘本土培训资源。学校可建立学术委员会,把各个学科中业务扎实、具有理论水平和实践能力的优秀教师集结起来,成为校内学术研究的"权威"组织,充分发挥他们在课题研究、论文评选、学术论坛、优秀课评比中的作用。各类教育教学评比不能由学校领导说了算,而要由学术委员会的成员集体评议决定,有益于创设良好的学术氛围。

3. 立足研究

校本研究是以学校所存在的突出问题和学校发展的实际需要为选题范围,以学校教师作为研究的主要力量,通过一定的研究程序取得研究成果,并且将研究成果直接用于学校教育教学的研究活动。可以说,学校教育中众多的活生生的教育现象都可能成为校本研究的对象。学校在发展中可能存在着一些由来已久或正在发生的教育"障碍",比如,顾及了个性,但会妨碍集体,关注到了学生的自主学习,却破坏了课堂教学常规等等,这些问题都可称为教育的"两难情境",没有现成的模式可供借鉴,学校通过研究寻找适合自身特色的做法就显得非常必要。对教师而言,在课堂教学、课堂管理、对学生实行的德育教育中发生的教育问题、教育难点都可以成为研究的对象,教师可以通过校本研究的方式来探索、验证某种教育教学设想,乃至自己的教育理念。

4. 立足整体

学校要营造校长和主任跟踪、学科主任引领、同学科教师集体办公、全员参与、专题研讨的科研环境。通过抓同学科教研,使不同层次的教师都有所进步。对于新教师,教学研究的重点是怎样把所学知识与教学实践结合起来,尽快完成角色转换,成为合格的教师;对于骨干教师而言,要从老教师身上汲取经验,从年轻教师身上吸收教育新观念,不断修正完善自己的教学思想和教学实践,打造独特的教学风格;对有志成为学者型、专家型的教师而言,要通过教研不断升华成功经验。通过教科研带动整个学校的教学发展,通过教科研凝聚一批人、培养一批人、锻炼一批人。

任何一所学校都有高素质教师,但要使学校形成合力,就必须有卓越的整体效应。教育家马卡连柯在《论共产主义教育》中这样描绘教师集体:"有共同的见解,有共同的信念,彼此之间相互帮助,彼此之间没有猜忌,只有这样的教师集体,才能够推进学校教育的发展。"团结协作、同心同德是搞好学校教育科研的关键。

5. 立足整合

为了使教科研工作有效开展,学校要注重引导教师树立"教学就是研究"的理念。整合教育科研与教学常规工作,提出一些具体明确的要求,比如提出"五个1"和"四个2"。"五个1"即每学期撰写1篇有深切感受的德育论文或教育案例;每学年主持或参与1项校级以上科研课题;每学年撰写1篇具有一定学术水平的教学研究论文;每学期做1节校级或以上研究课或专题讲座;每学年做1次校级或以上教材分析或参加1次读书论坛活动。"四个2"即每学期完成2篇以上课堂教学设计方案;每学期完成2篇以上2000字左右的教学反思;每学期编制2份以上高质量的单元检测试卷;每学期制作2节课以上的多媒体教学课件。这样的做法既把教育科研工作具体化,又有效规范了教学的常规工作①。

综上所述,抓好学校的教育科研工作是一项系统工程,学校管理者必须做好顶层设计,抓好每一个环节,要多年瞄准一个目标。只有这样,才能使学校形成浓厚的教育科研氛围,使教育科研工作持续发展,教师的教育科研水平也才能不断地提升。

① 潘怀林. 提升中小学教师教育科研能力要做到"六抓"[J]. 中小学校长,2018(2):24−28.

第九章　学校力量：教育科研

参 考 文 献

[1]萧宗六,余白.学校管理学新编[M].武汉:华中师范大学出版社,2001.

[2]柳斌,方亮.21世纪教师队伍建设与管理实施全书[M].北京:长城出版社,2000.

[3]傅树京.教育管理学导论[M].北京:中国原子能出版社,2007.

[4]斯蒂芬·P.罗宾斯,戴维·A.德森佐,亨利·穆恩.管理学原理[M].6版.毛蕴诗,译.北京:中国人民大学出版社,2008.

[5]沈振佳.中小学教育评价[M].广州:广东高等教育出版社,2000.

[6]梅新林,吴峰民.中国教师队伍建设问题与建议:基于天津、吉林、江苏、浙江、河南、贵州、甘肃七省(市)的调研[M].北京:中国社会科学出版社,2010.

[7]赵勇,王安琳,杨文中.美国中小学教师[M].北京:北京师范大学出版社,2008.

[8]王斌华.教师评价:绩效管理与专业发展[M].上海:上海教育出版社,2005.

[9]刘铭.当代教学管理引论[M].北京:教育科学出版社,1997.

[10]王守恒,姚运标.课程改革与教师专业发展[M].合肥:安徽教育出版社,2007.

[11]李克东.教育技术学研究方法[M].北京:北京师范大学出版社,2003.

[12]李方.现代教育科学研究方法[M].广州:广东高等教育出版社,1997.

[13]裴娣娜.教育研究方法导论[M].合肥:安徽教育出版社,2000.

[14]袁振国.教育研究方法[M].北京:高等教育出版社,2000.

[15]钟以俊,龙文祥.教育科学研究方法[M].合肥:安徽大学出版社,

1997.

[16] 王铁军. 中小学教育科学研究与应用 [M]. 南京:南京师范大学出版社,2002.

[17] 顾春. 中小学教育科学研究 [M]. 北京:知识出版社,1998.

[18] 叶澜. 教育研究方法论初探 [M]. 上海:上海教育出版社,1999.

[19] 张福建,牟树勋. 教育科学研究方法 [M]. 济南:山东人民出版社,1998.

[20] 杨小微. 教育研究的原理与方法 [M]. 上海:华东师范大学出版社,2002.

[21] 王守恒. 教育科学研究方法基础 [M]. 合肥:安徽大学出版社,2002.

[22] 周家骥. 教育科研方法 [M]. 上海:上海教育出版社,1999.

[23] 吴新武,何宝钢,纪红霞. 教育科学研究方法导论 [M]. 香港:香港教育出版社,2003.

[24] 邵永良,庄允吉,童国飞. 现代教育科研方法与应用 [M]. 宁波:宁波出版社,1999.

[25] 黄全明. 小学语文教育科研 [M]. 杭州:浙江教育出版社,2001.

[26] 董菊初. 语文教育研究方法学 [M]. 北京:语文出版社,1998.

[27] 张孔义,方龙云. 语文教育科研导论 [M]. 杭州:浙江大学出版社,2003.

[28] 杨章宏. 教育实验研究 [M]. 杭州:浙江教育出版社,1998.

[29] 陈向明. 质的研究方法与社会科学研究 [M]. 北京:教育科学出版社,2000.

[30] 陈向明. 教师如何作质的研究 [M]. 北京:教育科学出版社,2001.

[31] 李伟胜. 实验研究指导 [M]. 北京:教育科学出版社,2002.

[32] 陈瑶. 课堂观察指导 [M]. 北京:教育科学出版社,2002.

[33] 陈向明. 在行动中学作质的研究 [M]. 北京:教育科学出版社,2003.

[34] 白芸. 质的研究指导 [M]. 北京:教育科学出版社,2002.

[35] 蔡清田. 教育行动研究 [M]. 南京:南京师范大学出版社,2005.

[36]陈桂生.到中小学去研究教育:"教育行动研究"的尝试[M].上海:华东师范大学出版社,2000.

[37]王策三.教学实验论[M].北京:人民教育出版社,2000.

[38]李晶.社会调查方法[M].北京:中国人民大学出版社,2003.

[39]佟庆伟,胡迎宾,孙倩.教育科研中的量化方法[M].北京:中国科学技术出版社,1997.

[40]江洪春.中小学教育论文写作[M].济南:山东教育出版社,1994.

[41]欧阳周.实用学术论文写作[M].北京:中国水利水电出版社,1998.

[42]丁兴富.远程教育学[M].北京:北京师范大学出版社,2001.

[43]里查德·C.亨特,弗兰克·布朗,萨兰·达纳荷.学校治理[M].秦玉友,译.北京:北京师范大学出版社,2001.

[44]陈友松.当代西方教育哲学[M].北京:教育科学出版社,1982.

[45]黄向阳.德育原理[M].上海:华东师范大学出版社,2000.

[46]柳夕浪.课堂教学临床指导[M].北京:人民教育出版社,1998.

[47]何齐宗,胡青,胡平凡.高师教育改革与教师发展[M].北京:中国社会科学出版社,2006.

[48]蔡永红,黄天元.教师评价研究的缘起、问题及其发展趋势[J].北京师范大学学报(社科版),2003(1):130-136.

[49]杨传昌,蒋金魁.我国中小学教师评价制度研究综述[J].教育探索,2009(3):59-60.

[50]许放明.中学教师职称评定中观层面的合理性模式探讨[J].浙江师范大学学报(社会科学版),2002,27(5):111-114.

[51]杨鸿,沈群红.构建"岗位+能力"型中小学教师职务制度的思考[J].人民教育,2007(17):27-28.

[52]葛丽.中小学教师职称晋升应"评""考"结合[J].教学与管理,2008(19):43-44.

[53]张祥明.重建教育质量评价观[J].天津市教科院学报,2003(2):29-32.

[54]黄大龙,吴恒祥.教师职称评审工作改进的构想[J].教育发展研

究,2003,23(2):82 - 83.

[55]俞光虹.重视完善考核制度,推动教师队伍建设:上海市中小学教师职务评聘工作的回顾与思考[J].人民教育,1997(4):30 - 32.

[56]刘克汉.我说中小学教师职称评定[J].当代教育论坛,2004(1):54 - 55.

[57]彭春芸,林清玲.正确对待教师职称评定与论文的关系[J].当代教育科学,2003(17):49.

[58]钟和军.质疑教师职称终身制[J].广东教育,2001(7):69.

[59]姜学洙.教学成就应是教师职称评审的主要标准[J].教学与管理,2009(30):27 - 28.

[60]陈驾.美国对中小学教师的管理[J].外国教育资料,1993(1):43 - 49.

[61]刘彬.美国中小学教师管理的特点及启示[J].现代中小学教育,2009(5):63 - 65.

[62]于永会.新时代下中学德育教育创新途径探微[J].当代家庭教育,2020(30):171 - 172.

[63]杨言荣.新时代背景下中学德育教育的创新研究[J].中学课程辅导(教师通讯),2020(17):109 - 110.

[64]朱秀.基于新时代背景下中学德育教育的创新分析[J].科学咨询,2019(14):5 - 6.

[65]贺祖斌.推进高等教育治理体系和治理能力现代化建设[J].中国高等教育,2020(8):41 - 43.

[66]董立平,刘承波.推进高等教育治理体系和治理能力现代化[J].中国高等教育,2020(5):38 - 40.

[67]中共中央办公厅、国务院办公厅印发《加快推进教育现代化实施方案(2018—2022 年)》[J].人民教育,2019(5):11 - 13.

[68]阎光才.高校教师参与治理的困惑及其现实内涵[J].中国高教研究,2017(7):6 - 11.

[69]任新纲,罗伟.研究生校园文化活动项目管理模式的探索[J].山西高等学校社会科学学报,2007,19(8):100 - 103.

[70]韩流.研究生与校园文化:"时代"未至问题犹存:基于北京大学团委最新调研结果的再思考[J].中国青年研究,2008(1):107-109.

[71]刘伟兰,张熠.试论新形势下研究生与校园文化建设[J].化工高等教育,2006(1):72-73,78.

[72]朱永新.教师为立教之本和兴教之源:深入学习习近平总书记关于教师队伍建设的重要论述[J].人民教育,2019(17):7-11.

[73]王定华.新时代我国教师队伍建设的形势与任务[J].教育研究,2018,39(3):4-11.

[74]程建平.新时代"优师专项"的使命担当[J].教育研究,2021,42(6):16-20.

[75]程建平,张志勇.高质量基础教育教师队伍建设的任务和路径[J].教育研究,2022(4):132-136.

[76]梅兵,唐玉光,荀渊.世界教师教育发展模式的演变及我国的选择[J].教师教育研究,2021(5):1-7.

[77]王海东.美国当代成人学习理论述评[J].中国成人教育,2007(1):126-129.

[78]黄璨,霍玉文.成人学习特点论略[J].职教通讯,2007(1):58.

[79]李毅.网络远程教学平台设计探析[J].电子技术与软件工程,2014(9):52-53.

[80]吴慧芬.学习参与度低:电大开放教育学习问题的思考[J].吉林教育,2011(16):8-9.

[81]李爽,何字娟.基于学习参与度调查对远程学习支持服务的反思[J].中国远程教育,2010(3):24-29,79.

[82]陆璟.PISA学习参与度评价[J].上海教育科研,2009(12):4-9.

[83]李银玲,张超.教师远程培训中在线参与度的分析与计算[J].中国远程教育,2008(2):60-64,80.

[84]李松,张进宝,徐玲.在线学习活动设计研究[J].现代远程教育研究,2010(4):68-72.

[85]杨红燕.浅谈教育技术中行为主义学习理论的应用[J].科教文汇(中旬刊),2010(4):42,60.

[86]朱文辉,靳玉乐.网络化合作活动学习对教育硕士在线学习参与度影响的行动研究[J].中国电化教育,2013(8):48－53.

[87]方军.制度伦理与制度创新[J].中国社会科学,1997(3):54－66.

[88]高兆明.制度伦理与制度"善"[J].中国社会科学,2007(6):41－52.

[89]黄路阳,郇红.小学教育专业的专业定位和培养模式[J].继续教育研究,2009(3):122－124.

[90]黄丽.浅谈数学教学中良好软环境的营造[J].中学教研(数学),2000(8):13－15.

[91]刘久成.建构本科小学教育专业课程体系的思考[J].扬州大学学报(高教研究版),2004,8(1):88－90.

[92]李玉.新课程背景下中小学教师专业素质现状调查[J].继续教育研究,2009(9):129－132.

[93]刘兴杰.台湾小学教师素质培养及其启示[J].河南教育学院学报(哲学社会科学版),1997,16(4):6－9.

[94]刘瑞琼.高职高专英语教师教学素质提高与自我发展的策略分析[J].中国校外教育,2010(18):69.

[95]刘聪.区域中小学教师教育科研素养的现状及提高对策[J].新课程学习(综合),2010(12):192.

[96]蒋亦华.我国小学教师培养路径的现代特征与实践建构[J].教育理论与实践,2007(10):26－28.

[97]荣鸿利,王丽丽.论小学教师专业素质[J].现代中小学教育,2006(9):64－65.

[98]蔡秀玲.课程改革与小学教师专业素质能力要求[J].读写算(教育教学研究),2010(31):60.

[99]李瑾瑜.专业精神:教师的必备素质[J].中小学管理,1997(4):13－15.

[100]李伟诗.浅析小学教师专业素质的特殊性及其专业水准[J].教学与管理,2010(7):35－36.

[101]朱琼敏,洪明.近年来美国中小学教师素质状况和改进举措[J].

教师教育研究,2006(1):76-80.

[102]邱兴.以色列阿拉伯中小学教师素质研究[J].外国中小学教育,2004(9):25-30.

[103]清华大学苏世民学者项目启动仪式在京举行[N].人民日报,2013-04-22(1).

[104]赵小焕.积极促进教师参与高校内部治理[N].中国社会科学报,2018-10-18(6).

[105]中共中央国务院印发《中国教育现代化2035》[N].人民日报,2019-02-24(1).

[106]王婷婷.关于我国高中生认识论信念的初步研究[D].上海:华东师范大学,2004.

[107]吴晓颖.家庭环境影响学生创造力和学习成绩的调查研究[D].石家庄:河北师范大学,2005.

[108]王为民.影响学习成绩的四大因素的因果模型之研究[D].上海:上海师范大学,2005.

[109]辛红梅.蒙汉高中生学习成绩与人格特征、推理能力之间的相关研究[D].呼和浩特:内蒙古师范大学,2009.

[110]闫俊梅.高中生学业自我妨碍与学业效能感、成就归因及学习成绩的关系研究[D].曲阜:曲阜师范大学,2011.

[111]代丽娜.俄中大学生主观幸福感比较研究[D].哈尔滨:哈尔滨师范大学,2014.

[112]顾明远.教育大辞典[Z].上海:上海教育出版社,1998.

[113]陶西平.教育评价辞典[Z].北京:北京师范大学出版社,1998.